日本語 독해의 비결

저자 **홍성필**

이 책은 일본어 시험이라면 필수인 〈독해〉과목을 보다 이해하기 쉽도록 하기 위해 쓰여졌습니다.

독해 실력 향상을 위해서는 문자나 어휘·문법 등과 같은 단순 암기식 공부법만으로는 부족합니다. 또한 독해 공부법을 학교나 학원에서 물어보아도 "무조건 많이 읽어라"라는 대답만을 들었을 뿐, 구체적인 어떠한 방법을 얻지 못했다는 학생들을 많이 접하게 되었습니다. 이미 출간된 서적을 보아도 이를 위한 본질적인 도움을 주기에 필요한 책이 부족하다는 사실을 알게 되었습니다. 이에 따라 독해 문제를 위한 지침서가 필요하다는 생각에 그 동안 일본어능력시험(JLPT), 일본유학시험(EJU), JPT를 강의해오면서 얻어낸 독해 공략법을 체계화하여 정리해보기로 하였습니다.

2009년까지 실시된 일본어능력시험까지는 공부의 중점을 '문자·어휘·문법'에 맞추면 어느 정도 합격이 무난했으며, '문맥파악'이라는 말은 독해나 청해 만을 위해 존재했습니다. 그 이유는 문자·어휘 부분이 독해나 청해에 비해 훨씬 비중이 높았기 때문입니다. 그러나 새로워진 능력시험에서는 무게중심이 바뀌었습니다. 과거와는 달리 언어지식 분야에서는 단순한 한자나 어휘, 그리고 기능어 몇 개를 안다고 해서 풀 수 있는 문제는 줄어들고, 이를 바탕으로 문맥파악을 해야 하는 문제가 다수 출제되고 있습니다. 이를 바꾸어 말하면, 과거에는 문자·어휘를 중심으로 독해와 청해를 공부하면 되었으나, 이제는 독해를 중심으로 언어지식과 청해를 공부해야 하는 것입니다.

이 책에서는 각 장마다 예제와 연습문제 그리고 일본어능력시험(N1·N2 수준) 독해 파트와 일본유학시험 독해 파트를 담았으며, 주제도 가급적 다양하게 다루어 보았습니다. 연습

문제 번역문은 의역보다는 단어를 대조하여 의미 파악에 도움이 될 수 있도록 직역에 가깝게 하였습니다.

독해를 취약 과목으로 여기셨다면, 이제 가장 자신 있는 전략 과목으로 바꾸어 나갑시다. 일본어 시험(JLPT, JPT)을 준비하시는 분들께는 고득점 합격과 고득점 취득을, 일본유학시험(EJU)을 준비하는 학생 여러분께는 자신이 원하는 대학 합격을 위해 도움이 되었으면 하는 바람입니다.

감사 드려야 할 분이 많습니다. 무엇보다 집필과 출판을 허락하시고 부족한 저에게 순간순간마다 지혜로 채워주신 하나님께 무한한 감사를 드립니다. 일본에서 12년간을 지내며 일본어를 접할 기회를 주신 부모님께도 깊은 감사와 사랑을 전해드리며, 아울러 일본어 문제 교정을 세심하게 살펴주신 코이케 유지 선생님, 본인의 사연을 사용하는 것에 대해 흔쾌히 허락해 주신 마유코 님, 오리지널웨이브 김남희 대표님, 대학 동기 김윤숙 변호사님, 그리고 편집·출판을 위해 애써주신 일본어편집부 강희경 과장님과 나카하라 미나코 님, 오은정 님을 비롯한 시사일본어사 관계자 분들께 감사의 말씀을 드립니다.

저자 홍성필

목차

제1장

【독해문제의 우선순위 – 독해는 찾아내는 것】

〈독해〉라는 이름 때문에 〈독해〉문제를 〈읽고 푸는 문제〉로 알고 있는 수험생이 많다. 이것은 분명 바로 잡아야 한다.

독해문제 구성은 우선 〈본문〉, 〈질문〉, 〈선택지〉로 구성되는데, 독해문제를 대할 때 '독해는 읽고 푸는 문제 → 본문이 중요하다'는 생각에 처음부터 막무가내로 본문부터 읽어가는 경우가 있다. 〈본문〉, 〈질문〉, 〈선택지〉 중에서 우선순위는 어떻게 될까? 많은 학생들이 우선순위 1위로 〈본문〉을 꼽을 것이다. 바로 이 점에 대한 이해부족으로 〈본문〉부터 읽기 때문에 시간과 집중력을 낭비하게 되는 것이다. 독해문제의 본질은 〈질문〉에서 묻는 것을 〈선택지〉에서 고를 때 〈본문〉을 참조한다는 것이기 때문에 우선순위는 당연히 1. 〈질문〉 → 2. 〈선택지〉 → 3. 〈본문〉 순이어야 한다.

다음 문제를 보자.

> **예제**

「日本は冬も寒くなくていいですね。」これは日本を訪問された、ある外国の方から聞いた言葉である。話によるとその方は12月ごろに東京を訪問されたというが、ご自分の国では冬になると気温が氷点下にまで下がるそうだ。

東京の場合だと朝晩を除けば真冬といえども、なかなかそこまで寒くはならないだろう。だが、それはあくまで東京の話である。一口に日本の気候といってもその国土は縦に長い。ひらがなの「く」を左右対称にしたような格好をしており、地方によっても気温の開きはかなり大きいといえるだろう。

北海道の陸別町（りくべつちょう）では冬場に氷点下30度以下にまで下がる。そこまで寒いとどのようなことが起こるかというと、例えばシャボン玉は吹くと同時に凍ってそのまま地面に落ちて転がっていくという。濡れたタオルは30秒間ぐるぐる回すと棒のように硬くなる。カップ麺はお湯を入れてほぐした後、箸ですくいあげてから数分たつと、まるで作り物みたいにそのまま凍ってしまう。

一方、沖縄はというと気温が最も低い1月でも摂氏14度を下回らない。秋になっても

一定の気温以下には下がらないのでイチョウやモミジも色が染まらないそうだ。

　このように北と南では同じ季節でも気温が40度以上の差がある。国土の面積に比べて気温にこれほどの違いがある国も珍しいのではないだろうか。

問　東京の冬の気候の特徴として最も適当なものはどれか。

1　氷点下30度まで下がる。

2　摂氏14度以上を保つ。

3　川が凍るほどではない。

4　イチョウやモミジの色に変化はない。

　'일본은 겨울도 춥지 않고 좋군요.' 이것은 일본을 방문하신 어느 외국 분한테 들은 말이다. 말씀에 의하면 그 분은 12월경 동경을 방문하셨는데, 자신의 나라에서는 겨울이 되면 기온이 영하까지 떨어진다고 한다.

　도쿄의 경우, 아침·밤을 제외한다면 한겨울이라 하더라도 그렇게까지 추워지는 일은 좀처럼 없을 것이다. 하지만 그것은 어디까지나 도쿄의 이야기이다. 한 마디로 일본의 기후라고 해도 그 국토는 세로로 길다. 히라가나 'く'를 좌우대칭으로 한 듯한 모양을 하고 있으며, 지방에 따라서도 기온 폭은 상당히 크다고 할 수 있을 것이다.

　홋카이도 리쿠베츠쵸에서는 겨울철에 영하 30도 이하까지 떨어진다. 그렇게까지 추우면 어떤 일이 일어나는가 하면, 예를 들어 비누방울을 불면 불자마자 얼어서 그대로 땅 위로 떨어져 굴러간다고 한다. 젖은 타월은 30초 동안 빙빙 돌리면 막대기처럼 딱딱해진다. 컵라면은 뜨거운 물을 넣고 푼 다음 젓가락으로 집어 든 채로 몇 분 지나면, 마치 모조품처럼 그 상태로 얼어버린다.

　한편 오키나와는 기후가 가장 낮은 1월에도 섭씨 14도를 밑돌지 않는다. 가을이 되어도 일정 기온 밑으로는 내려가지 않기 때문에 은행나무나 단풍나무에도 색이 물들지 않는다고 한다.

　이와 같이 북쪽과 남쪽에서는 같은 계절이라 하더라도 기온이 40도 이상 차이가 있다. 국토의 면적에 비해 기온에 이토록 차이가 나는 나라도 보기 드물지 않을까?

문제　도쿄의 겨울 기후의 특징으로서 가장 적합한 것은 무엇인가?

1　영하 30도까지 내려간다.

2　섭씨 14도 이상을 유지한다.

3　강이 얼 정도는 아니다.

4　은행나무나 단풍나무 색에 변화는 없다.

정답 : 3

　위 문제에서 본문은 필자가 만났다는 외국인의 본국과, 일본 도쿄와 홋카이도, 오키나와의 기후에 대해서 말하고 있다. 그러나 질문은 오직 '도쿄 기후의 특징'을 묻고 있다.

　본문에서 살펴보면 「話によるとその方は12月ごろに東京を訪問されたというが、ご自分の国では冬になると気温が氷点下にまで下がるそうだ。東京の場合だと朝晩を除けば真冬といえども、なかなかそこまで寒くはならないだろう。(말씀에 의하면 그 분은 12월경 동경을 방문하셨다는데, 자신의 나라에서는 겨울이 되면 기온이 영하까지 떨어진다고 한다. 도쿄의 경우, 아침·밤을 제외한다면 한겨울이라 하더라도 그렇게까지 추워지는 일은 좀처럼 없을 것이다.)」라고 되어 있기 때문에 정답은 3번이다. 선택지 1번은 홋카이도에 있는 어떤 지역의 기후이며, 2번과 4번은 오키나와의 기후 특징에 대한 설명이다.

　이 질문에서 묻고 있는 답은 본문 첫째 단락 마지막 부분과 둘째 단락 첫 부분만 읽으면 충분히 고를 수 있음에도 불구하고 '본문이 중요하다'는 생각 때문에 불필요한 부분까지 읽으면서 귀한 시간을 낭비하고 만다.

　기억하자! 독해는 읽고 푸는 것이 아니라 찾아내는 것이다.

1

においで母親と赤ちゃんはお互いを認識できるかという実験が行われた。

赤ちゃんの顔の片方に母親が使用した(注)母乳パッドを、もう片方に他人の母乳パッドを置いて、どちらのほうに赤ちゃんが顔を向けているほうが長いか、時間を計った。生まれて1ヵ月半くらい経つと、母親の母乳パッドのほうに関心を示す時間が長くなり、どちらが母親のパッドなのかを識別できるということがわかった。

一方で、出産して間もない母親の視野をさえぎり、においで自分と他人の子どもを当てる実験では、自分の子どもを当てた母親が81％にのぼった。このことから、母親は自分の子どもをにおいで識別できるということが明らかになった。なお、父親が自分の子どもを当てた確率は40％にも満たなかったことから、父親にはこのような能力が備わっていないということがわかったという。

(注)母乳パッド：出産後、母乳が衣服に付着しないようにするパッド

問　本文の内容と合っているものはどれか。

1　赤ちゃんは、においで母親を識別できない。

2　赤ちゃんは、母親と父親のにおいを嗅ぎわけることができる。

3　赤ちゃんは、体温で母親を認識することができる。

4　赤ちゃんは、母親をにおいで嗅ぎわけられる。

2

　日本人にとって当たり前と思っている動作でも、世界的にはそうではない場合が多いようだ。日本では返事を言葉でしなくても首を縦に振る（うなずく）だけで「Yes」、横に振ると「No」の意味になるが、実はこれが万国共通ではない。ブルガリアの一部の地域ではこれとはまったく逆の意味になり、インドのほうだと「Yes」とは首を横に(注1)かしげるような動作をする。つまり、インドに行って相手と英語などで話す時、このようなことをあらかじめ知っておかないと、こちらがいくら説明しても相手は首をかしげてばかり、という妙なことが起こりうる。また、日本ではいわゆる「(注2)手招き」をする場合、手のひらを下に向けて動作をすることが一般的であるが、これを英語圏でやると「あっちに行きなさい」という、これまたまったく逆の意味になってしまう。それでは相手に対して「バイバイ」と手を振るとどうなるかというと、これは英語圏では「こっちに来なさい」という意味になる。

(注1) かしげる：かたむけること
(注2) 手招き：手先を上下に振って合図をすること

問　ブルガリアの一部の地域での動作の意味について、正しく説明しているものはどれか。

1　首を縦に振ると「Yes」を意味し、横に振ると「No」を表す。

2　首を横に振ると「Yes」を意味し、縦に振ると「No」を表す。

3　首をかしげると「Yes」を意味し、縦に振ると「No」を表す。

4　首を縦に振ると「Yes」を意味し、首をかしげると「No」を表す。

3

お金を節約するためには家計簿をつけることが効果的らしい。私もやってみたものの、これがなかなか長続きしないものである。まず、何を買うにしてもメモを取らなければならない。自動販売機でコーラを買ったり、コンビニで弁当を買ったりするたびに何百何十何円なんてつけていたら、それだけでも骨が折れる。それに、そんな大変な思いをしても必ず何円かが余ったり足りなかったりするので、結局あきらめてしまうのだ。

だが、先日の新聞に面白い家計簿のつけ方が載っていた。それは、間違いなく家計簿なのに数字を書き入れる必要がないというのだ。その内容はというと、その日にかかった費用で価値あるものが得られたと思われる出費が多ければ「〇」、無駄遣いが多かったと思えば「×」をつけるだけなのだという。つまり、単にその日いくら使ったということを書き入れるのではなく、用途に焦点を当てているのだ。そして、それを一週間単位で見たときに「〇」が多ければ、その週は「〇」というように続けていけば、もう少し慎重に検討した上でお金を使うようになるので、自然と節約につながるというのである。みなさんも一度、試してみてはどうか。

問　筆者がすすめる家計簿の特徴はどれか。

1　数字の代わりに記号を使って、収入を増やすことができる。

2　一週間単位で家計簿をつけることによって、ページ数を減らすことができる。

3　お金の使い道が明確になり、長期的な貯蓄計画を立てられるようになる。

4　無意味な支出を減らして、有効な使い道を考えるようになる。

4

　先日、新聞のコラムで「こぶしを開かなくては、握手はできない。」という一節を見つけた時、「なるほど」と思った。内容はアメリカとイスラム間の対立に関することであったが、この一節はそれ以外にも多くのことを(注)示唆するような気がしたからである。

　歴史を振り返ってみると、いつの時代にも多かれ少なかれ戦争や紛争のようなものは存在しており、歴史そのものがそのようなトラブルによって成り立っているとも言えるほどだ。このような対立はそれを避けることは出来なくとも、起こってしまった事態は収束させる必要がある。もちろん、片方がもう片方を完全に鎮圧できれば話は簡単だが、それに至るまでには多くの犠牲を払わなくてはならない。そこで「カギ」になるのが、「どのように和解するか」である。和解とはつまり「握手」である。

　握手をするためには、当然こぶしを開かなくてはならない。そして、この「こぶしを開く」という言葉の中には二つの意味が込められているように思える。まずは、攻撃をしないという意味だ。こぶしは「闘志」や「敵意」を象徴するが、「こぶしを開く」ことによって相手を攻撃する意思がないということを示すのである。もう一つは権利の譲歩である。こぶしは自分がすでに握っている「もの」や「力」も象徴するが、「こぶしを開く」ことで、すでに手に入れているものを和解のために譲歩する用意があることを示すのである。

(注) 示唆：それとなく知らせること

問　筆者が挙げているトラブルの解決方法としての「こぶしを開く」とは、どんな意味か。

　　1　対立を緩和させるために、自らの権利を主張し相手に譲歩を促すこと

　　2　争いを終結させるために、お互いの主張を抑え解決の道を見つけること

　　3　平和を実現させるために、争うことをあきらめて相手に服従すること

　　4　事態を収束させるために、闘志や敵意を主張する対象を変えること

5

　悩みを抱えている人に対して、何か一言でも慰めの言葉をかけたり、力になりたいという思いをもつことは、今のような(注)殺伐とした時代においてオアシスのような役割をも果たすことになるでしょう。だからといって、とにかく何か言葉をかければいいというものでもありません。それは、場合によって何気ない一言が、むしろ相手を傷つけたり悲しませたりすることもあるからです。

　私の知り合いに発達障害の息子を育てている母親がいます。彼女の話によれば、まず自分の息子のことを知人・友人に打ち明けると、相手は事の重大さに何と言えばいいか戸惑うそうです。そして、時には慰めの言葉も聞かれるそうですが、しかし、ここで決して言ってはいけない言葉があります。

　「あなたなら育てられるからあなたのところに生まれて来たのよ。」これは言われた人の孤立感が深まるそうです。障害を受け入れた時に親が自ら感じるならまだしも、他人の言うことではありません。

　「愚痴でも何でも聞くわよ！」このように言われても、同じ立場でないと絶対分からないので空しく感じるそうです。

　彼女によると、最も力になるのは「大変だね。手伝える事があれば何でも言ってね。」という一言だそうです。ただ、いたずらに言葉だけで慰めようとせず、素直に相手の身になって寄り添う気持ちを持ってくれるだけで、大変心強くありがたいという心境になると言います。

(注) 殺伐：ここでは、うるおいやあたたかみの感じられない様子

問　本文によると発達障害を抱えた子どもを持つ母親が最も言われたいという言葉はどれか。
1　障害を持つ子どもを育てる難しさを理解し、必要なことは快く引き受けてくれるという言葉
2　障害を抱えた子どもを授かったのは、必然的であるという使命感を思い出させてくれる言葉
3　同じ問題を分かち合いながら、挫折せずに乗り越えられる希望と勇気を与えてくれる言葉
4　日ごろのストレスや育児に関する悩みなどに関して、相談にのってあげられるという言葉

제2장

【선택지의 구성】

(1) 동의어를 찾아라!

단어에 동음이의어가 있듯이 〈세탁〉과 〈빨래를 하다〉, 〈독서〉와 〈책을 읽다〉와 같은 이음동의어도 있다. 독해문제에서는 본문과 선택지 사이에 단어와 글자는 다르나 의미가 같은 단어로 출제되는 경우가 많으므로 평소에 기본적인 어휘력을 갖추어 놓는 것이 중요하다.

예제

政治家に必要な資質とはいかなるものか。英国の元首相であるチャーチルは次のように言ったそうである。「政治家に必要なのは第一に5年後・10年後を予測できる才能であり、第二に5年後・10年後になってその予測が外れるしかなかった理由を述べられなければならない」。なかなかうまい話だ。とある政治ドラマに登場した台詞(せりふ)によると「政治家とは自分が言いたいことを言うのではなく、相手が聞きたがっていることを言える人物」なのだそうだ。これも(注)言い得て妙である。

日本や英国だけでなく世界中のジョークを見ても、政治や政治家を皮肉るユーモアは必ずといっていいほどあるものだが、考えてみるとちょっとおかしい。このようなユーモアのある国はほとんど民主的なシステムが築かれており、政治家たちも国民から公正な選挙によって選ばれた人たちである。ならば彼らは国民から尊敬されて当然ではあるまいか。もし、そんなに皮肉られるような人物なら選挙で選ばれるはずはないのだが、そのような人物に限って何度も議員をしている政界の有力者だったりする。つまり、国民は自ら選んだ政治家を自ら皮肉っているのである。自分らが選んだ政治家ならちゃんと仕事ができるように支持してあげるか、ふさわしくない人物なら次の選挙で票を入れないか、そのどちらかにするべきではないだろうか。

(注)言い得て妙：物事を言葉でうまく表現しているさま

筆者は政治家と国民に関してどのように思っているか。

1 国民が選んだからには政治家の政策に従うべきだ。

2 政治家を皮肉るなら再選させなければいい。

3 国民にとって政治がらみのユーモアは大切な素材だ。

4 政治家になるためには正確かつ長期的な予測ができなければならない。

예제 해석 및 정답

정치가에게 필요한 자질이란 어떤 것일까? 영국의 전 수상인 처칠은 다음과 같이 말했다고 한다. "정치가에게 필요한 것은 첫째로 5년 후, 10년 후를 예측할 수 있는 재능이며, 둘째로 5년 후·10년 후에 그 예측이 빗나갈 수밖에 없었던 이유를 말할 수 있어야만 한다." 꽤 괜찮은 말이다. 어떤 정치 드라마에 등장한 대사에 의하면 "정치가란 자신이 말하고 싶은 것을 말하는 것이 아니라, 상대방이 듣고 싶은 것을 말할 수 있는 인물"이라고 한다. 이것도 절묘한 표현이다.

일본이나 영국만이 아니라 전세계의 농담을 보더라도 정치나 정치가를 비꼬는 유머는 어디든 있는 법이지만, 생각해보면 조금 이상하다. 이와 같은 유머가 있는 나라는 대부분이 민주적인 시스템이 구축되어 있으며, 정치가들도 국민으로부터 공정한 선거에 의해 뽑힌 사람들이다. 그렇다면 그들은 국민으로부터 존경 받아 마땅하지 않는가? 만약 그런 비꼼을 당할만한 인물이라면 선거에서 당선될 리가 없겠으나, 그와 같은 사람일수록 몇 번이나 의원을 하고 있는 정계 유력인물이거나 한다. 즉, 국민은 스스로 선택한 정치가를 스스로 비꼬고 있는 것이다. 자신들이 선택한 정치가라면 제대로 일을 할 수 있도록 지지해주거나, 이에 걸맞지 않는 인물이라면 다음 선거에서 표를 찍지 말거나, 그 어느 쪽으로든 해야 하지 않는가?

문제 필자는 정치가와 국민에 관하여 어떻게 생각하고 있는가?

1 국민이 선택한 이상 정치가의 정책에 따라야 한다.

2 정치가를 비꼬려거든 재선시키지 않으면 된다.

3 국민에게 있어서 정치 관련 유머는 중요한 소재이다.

4 정치가가 되기 위해서는 정확하고도 장기적인 예측을 할 수 있어야만 한다.

정답 : 2

예제 해설

정치가와 국민에 대한 필자의 생각을 묻는 문제인데, 본문에서 첫째 단락은 필자가 아닌 다른 사람의 생각이며, 필자 자신의 의견은 둘째 단락에서 볼 수 있다. 필자는 마지막에 "자신들이 선택한 정치가라면 제대로 일을 할 수 있도록 지지해주거나, 이에 걸맞지 않는 인물이라면 다음 선거에서 표를 찍지 말거나, 그 어느 쪽으로든 해야 하지 않는가"라고 하고 있으므로 정답은 2번이 된다.

여기서, 본문에서는 어디에도 '재선을 시키지 않는다'는 말이 직접적으로 등장하지 않지만 '다음 선거에서 표를 찍지 않는다'는 것이 바로 같은 뜻이므로 이런 점을 놓치지 말아야겠다.

(2) 오답을 찾아라!

When you have eliminated the impossible, whatever remains, however improbable, must be the truth. - Arthur Conan Doyle

全ての不可能を消去して、最後に残ったものが如何に奇妙なことであっても、それが真実となる。 ― アーサー・コナン・ドイル

불가능한 것을 제외하고 남는 것이 아무리 믿을 수 없는 것일지라도 그것이 진실이다. – 아서 코난 도일

위 문장은 코난 도일의 대표작 셜록 홈즈 시리즈 중 '네 개의 서명(The Sign of Four 四つの署名)'에 나오는 홈즈의 대사이다. 이 원리는 독해문제 해법에도 적용할 수 있다.

독해 선택지에서는 100% 정답보다 95% 정도가 정답인 경우가 많다. 물론 중하위 레벨의 독해문제에서는 선택지가 본문에서 사용된 단어나 문장 등이 유사하면 대부분 정답일 경우가 많다. 그러나 난이도가 올라갈수록 95% 정답현상은 두드러진다. 그 이유는 중하위 레벨에서의 독해는 본문으로 난이도 조절이 가능하나, 난이도가 올라가면 더 이상 본문만으로는 난이도 조절이 어렵기 때문이다.

그렇기 때문에 난이도가 높은 독해문제에서는 〈1개의 정답〉을 찾아내는 것보다도 〈3개의 오답〉을 찾아내는 것이 더욱 중요하며, 오히려 본문에서 등장하는 단어가 많이 포함된 선택지는 '함정'일 수 있으니 신중한 판단이 필요하다.

예제

　人類の歴史は環境破壊の過程だといっても過言ではないだろう。人類はこの地球上に誕生して以来、いわゆる食物連鎖から外れた存在として君臨してきた。それと同時に環境の再生産というシステムからも除外されたと認識したようだ。それからというもの、環境の消費にのみ躍起になり、人類が生産するものといえば、そのほとんどが直接的・間接的に環境の破壊につながるものばかりである。

　このような現象に反省する気になったのか、最近は「環境にやさしい」というキャッチフレーズが目立って増えてきたが、これは「環境の改善に役に立つ」とか「環境に無

害だ」というのではない。ただ「他の製品より環境破壊の程度が多少低い」というだけのことである。

問　筆者が最も言いたいことはどれか。

1　人類は環境破壊を防ぐことができる。

2　環境破壊を緩和させる製品で地球上の環境を改善させるべきだ。

3　人類が食物連鎖のサイクルに参入することが環境改善につながる。

4　人類は環境改善について、より真剣に取り組むべきだ。

예제 해석 및 정답

인류 역사는 환경파괴의 과정이라 해도 과언은 아닐 것이다. 인류는 이 지구상에 탄생한 이래, 이른바 먹이사슬에서 제외된 존재로서 군림해왔다. 그와 동시에 환경의 재생산이라는 시스템에서도 제외된 것으로 인식한 것 같다. 그 이후 환경의 소비에만 열을 올리게 되어, 인류가 생산하는 것이라곤 그 대부분이 직·간접적으로 환경파괴로 이어지는 것뿐이다.

이와 같은 현상에 반성할 생각이 들었는지, 최근에는 '친환경'이라는 캐치프레이즈가 눈에 띄게 늘었으나, 이는 '환경 개선에 도움이 된다'거나 '환경에 해를 주지 않는다'라는 것이 아니다. 단지 '다른 제품보다 환경파괴의 정도가 다소 낮다'는 것뿐이다.

문제　필자가 가장 말하고 싶은 것은 무엇인가?

1 인류는 환경파괴를 막을 수 있다.

2 환경파괴를 완화시키는 제품으로 지구상의 환경을 개선하여야 한다.

3 인류가 먹이사슬 속으로 들어가는 것이 환경개선으로 이어진다.

4 인류는 환경개선에 대하여 보다 진지하게 임해야 한다.

정답 : 4

예제·해설

먼저 본문에서는 환경파괴를 막을 수 있다는 부분이 보이지 않으며, 친환경 제품도 환경개선에 도움을 주지 못한다고 한다. 그리고 인류가 먹이사슬 속으로 들어가야 한다는 엉뚱한 주장도 찾아볼 수 없다. 선택지 4번에서 '인류는 환경개선에 대해 더욱 진지하게 임해야 한다'고 하는 적극적이고도 직접적인 언급은 없으나 1~3번이 100% 정답이 아니기에 정답은 4번이 된다.

1

　歴史の宝庫といえる京都で古い建築物の修復に携わっている職人さんの話だ。何百年も経っている建物であるだけでなく、歴史的にも価値が高い文化財の場合は、ただ新しい丈夫な素材を使えばいいというわけではない。まず、修復の対象となる部位を選別し、本来のものに近い材質を選択することはもちろんだが、この職人さんは「昔の職人の仕事を残す」という点を大切にしたいのだそうだ。

　古い木材を取り出してみると、ときどき貼り紙がしてあるものが出てくるが、それは昔の職人がどの部分をどのように修復したか、という内容である。これは、つまりそれほど自分の仕事に責任感やプライドを持っていたという証であろう。修復作業にあたっては、その部位のすべてを取り出し新しい木材に取り替えれば一番(注)手っ取り早いのであるが、この職人さんはその証をそのまま残し、交換する木材を最低限にとどめるという。

(注) 手っ取り早い：手間がかからない

問　修復作業で職人が重視していることは何だと述べているか。

　　1　古い木材をはずして同じ材質を選ぶこと
　　2　過去に修復した跡を取り除かずに保つこと
　　3　修復した場所を傷まないようにすること
　　4　自分の責任感やプライドを残すこと

2

　ある自動車会社で、そこで製造販売している車がリコールされることとなった。原因はその自動車の設計ミスにあり、この件について記者会見が開かれたのだが、この席で社長は「きわめて遺憾（いかん）だ」という心境を発表しただけだった。しかし、このような対応には疑問が残る。「遺憾」とは一体どのような意味なのだろうか。手元の辞書でこの単語を調べてみると「期待したようにならず、心残りであること。残念に思うこと」だという意味らしい。だが、「残念に思う」のは製造した会社側ではなく、下手をすると大事故に巻き込まれることになったかもしれない消費者ではないだろうか。

　どうも、この「遺憾」という言葉はあいまいな意味で使われているような気がする。ネットのニュース検索で「遺憾」と打ち込んでみたら、「残念に思う方」も「残念に思わせた方」も両方で「遺憾」という言葉を使っている。前者が言うのはわかるが、後者の場合は変な言い方をせず素直にきちんと謝るべきだろう。それをただ「遺憾だ」というのは単にごまかしているだけだとも思えてくるのである。

問　筆者は、「遺憾（いかん）」という言葉についてどのように思っているか。

1　適切な表現によってわかりやすく話すために使われている。

2　言葉の意味が使い方によって加害者と被害者が変わってくる。

3　手落ちを認めず誤った言葉の使い方で責任逃れをしている。

4　過ちの原因の究明よりも結果だけにこだわるとき使用される。

3

　「エレベーターを扉の正面で待つ人とは仕事をしたくない」というタイトルの短いエッセイを見たことがあります。そのときは仕事に追われていてゆっくり読むことは出来なかったのですが、このタイトルだけで十分伝わってくるものがありました。私もときどき、エレベーターを待つとき扉の正面に立っている人を見かけたことがあります。でも、エレベーターというものは扉が開くと中から人が出てくるという可能性を持っています。もしそうだとしたら、お互いにぶつからないためにも扉の正面ではなく横に立って待つべきでしょう。それぐらいの予測は当然ではないでしょうか。

　ほとんどの仕事がそうですが、進めているうちに予想もしなかった事が起こることは不思議ではありません。むしろ、何もかもが最初から最後まで順調に終わる仕事のほうが珍しいくらいです。仕事のパートナーとしては、そのような不測の事態が発生したとしても、ある程度の予想と備えがあったほうがお互いに作業が円滑に進むはずです。ところが、わずか数十秒後のことも予測できない人となると、そのようなことは望めないでしょう。

問　筆者はどのような人を理想的な仕事のパートナーとして思っているか。

1　仕事を進める上で、想定外の事態にも対処できるような人

2　作業の円滑化を図るため、ある程度の過程は省くことのできる人

3　エレベーターのボタンを押してくれるような気を配ることができる人

4　起きる可能性のある問題を正確に予測できるような人

4

　講演を頼まれて町の小学校に招待されたときのことです。申し出があったときはほんの軽い気持ちでお受けしたのですが、さて、いつもは大人たちを相手にして話す機会が多かったので、幼い子どもたちにどんなテーマで話を進めようかと考え始めたら、なかなかアイデアが思い浮かびません。いろいろ思い悩んだ末に、最近の子どもは幼い頃からお金に執着<ruby>執着<rt>しゅうちゃく</rt></ruby>しすぎる傾向があるという話を聞いたので、「いくらお金がたくさんあったとしても全く役に立たないことがある」ということを教えてあげようとしました。

　そして、当日。

　「みなさんの乗っていた船が台風で沈没して、やっとのことで無人島にたどり着いたとしましょう。食べ物もなく、おなかがすいて目が回りそうです。そのとき目の前にケーキと1万円札が目に入りました。さあ、皆さんならどちらを選びますか。」

　私は、いくら最近の子どもたちでも、こんな状況になってまでお金を選ぶはずはない、と信じていました。ところが、返ってきた子どもたちの反応は意外なものでした。

　「両方！」

　そんな返事を聞いて私は、大変困ってしまったことをよく覚えています。

　近頃の子どもたちは私が考えていたよりも賢いのかもしれませんね。

問　筆者が講演を始める前まで予想していた子どもたちの反応はどれか。

1　金銭感覚が発達した子どもたちは、お金とケーキの両方を選ぶだろう。

2　お金に執着する子どもたちが多いので、無人島でもお金を欲しがるだろう。

3　金銭感覚が発達した子どもたちは、無人島でもお金でケーキを買うと言い張るだろう。

4　お金を欲しがる子どもたちでも、お金が役に立たない無人島ではケーキを選ぶだろう。

5

　人間には満足度と期待値がある。今では小学生の間でも当たり前となりつつある携帯電話も、1980年代までは電話とは家や事務所に固定されているもの、一部の富裕層が車の中に取り付けるものであり、私のような一般庶民が外で電話をかける時はもっぱら公衆電話であった。その際、最も困ったのは待ち合わせをした場合である。約束の時間に待ち合わせの場所まで出かけていっても相手が現れないと、特にその待ち合わせ場所が屋外だと本当に困ってしまう。相手の自宅や事務所に電話をかけ(注)言伝を頼んでおけたら多少は助かるのだが、そこが留守だったりしたらお手上げだ。そのまま待つか、あるいは帰るしかない。

　そんなことになったら気は悪くなるが、連絡が取れないことを当然と受け止め、それほど不便だとは思わなかった。でも、今はどうだろう。「携帯電話はいつでも持っているのが当然」「携帯電話に電話をかければ、いつでもつながるのが当たり前」という便利な時代になった。しかし、だからといって人間の満足度が上昇したとは思いがたい。たとえば、携帯電話に出なかったら不満も感じるし、場合によってはトラブルだって発生しかねない。つまり「期待値」があがったことにより過去には存在しなかった「失望感」が増えてしまったのではないかとさえ思われる。

　こうして考えてみると、必ずしも科学の進歩が人間の満足度において上昇をもたらすものではないのかもしれない。もちろん、すでに今の科学の現状に見合った満足度を持つ我々が、また過去のように携帯もインターネットもない時代に暮らすことになったら、少なからず不便を感じるだろうけれど、未来に空飛ぶ自動車が普及した世界になったとしても、やはり同じことになるのではなかろうか。

(注)言伝：人から伝え聞くこと、伝言

問　筆者は科学の進歩が人間に与えた影響をどのように思っているか。

　　1　科学の進歩により、人間が感じる不満が少なからず増加した。

　　2　科学が進歩したことにより、生活の中で失ったものがある。

　　3　科学の進歩と満足度との関連性は薄いといえる。

　　4　科学の進歩により、不便はある程度解消された。

【독해문제를 풀 때 버려야 하는 것】

(1) 내 생각을 버리자!

많은 독해문제를 대하다 보면 특히 〈본문〉이 내 생각과는 다르다고 느껴지는 경우가 있다.
예를 들어보자.

예제

　歳をとるにつれ家族の大切さを痛感するという人が多いようだが、私はそうは思わない。結婚をして子どもを育てるためには経済的にかなりの費用がかかる。まず、子どもの教育費だ。受験競争が年々激しさを増している中、ただ学校に通わせているだけではとても追いつけない。大学を出たところで、誰でもある程度の企業に就職できる時代ではないのだ。それに、家族が増えればそれに見合った家も持たねばならない。今や東京都心はおろか、東京までの通勤圏内でマイホームを持つとしても最低20年以上のローンを組まなければならない。そうなったらもう自分の人生なんて(注)二の次である。ローンの返済のための人生になってしまうではないか。だからといって老後は子どもたちに頼るといった甘い考えも禁物である。

　人間一人が生きていくにも大変なご時世である。自分の人生を歩むためには家族など邪魔になるばかりだ。

(注)二の次：あとまわし

問　筆者の考えとして最も適当なものはどれか。
1　家庭を築くより一人のほうが気楽だ。
2　入試や就職のために学校に行く必要はない。
3　結婚は自分の人生の中で二番目に重要なことだ。
4　家を買うためにも結婚をしなければならない。

　　나이를 먹어감에 따라 가족의 소중함을 통감한다는 사람이 많은 것 같지만 나는 그렇게 생각하지 않는다. 결혼을 하고 아이를 키우기 위해서는 경제적으로 상당한 비용이 든다. 우선 아이의 교육비이다. 입시전쟁은 해마다 극심해지고 있기에, 그저 학교만 다니게 해서는 도저히 따라갈 수 없다. 대학을 나와봤자 누구나 어느 정도의 기업에 취직할 수 있는 시대는 아니다. 더구나 가족이 늘면 거기에 걸맞은 집도 가져야 한다. 지금은 도쿄 도심은커녕 도쿄까지의 통근권 내에서 내 집 마련을 한다고 해도 최소한 20년 이상 대출을 해야만 한다. 그렇게 되면 이제 자신의 인생이라는 것은 후순위로 밀려난다. 대출 상환을 위한 인생이 되고 말지 않는가? 그렇다고 해서 노후를 아이들에게 의존한다고 하는 서툰 생각도 금물이다.

　　사람 하나가 살아가는 것도 벅찬 시대이다. 자신의 인생을 살아가기 위해 가족 등은 방해가 될 뿐이다.

　　문제　필자의 생각으로서 가장 적합한 것은 무엇인가?

　　　　1　가정을 이루기보다 혼자 사는 것이 속 편하다.

　　　　2　입시나 취직을 위해 학교에 갈 필요는 없다.

　　　　3　결혼은 자신의 인생에서 두 번째로 중요한 것이다.

　　　　4　집을 사기 위해서도 결혼을 하여야 한다.

정답 : 1

예제 해설

　　이와 같은 극단적인 견해를 갖는 글이라고 해도 우리는 본문에 공감할 필요도 필자의 의견에 반박할 필요도 없다. 우리는 단지 본문을 참조하며 묻는 질문에 맞는 답을 선택지에서 올바르게 고르기만 하면 되기 때문이다.

　　본문 마지막 단락에서 볼 수 있듯이 가족의 필요성을 부정하고 있으므로 정답은 1번이다. 입시전쟁이 극심해지고 있다고는 했으나 학교에 갈 필요가 없다고까지 주장하지 않는다. 또한 「二の次」란 두 번째로 소중하다는 것이 아니라 우선순위가 뒤로 밀려난다는 뜻이기에 2번과 3번은 정답이 될 수 없다. 집을 사기 위해 결혼을 해야 한다는 것이 아니라 가족이 늘어나면 거기에 걸맞은 집을 마련해야 한다는 것이므로 4번 역시 정답이 아니다.

　　여기서 우리가 독해문제를 대할 때 반드시 버려야 할 것이 있다. 그것은 바로 내 생각이다. 소논문이나 기술과 같은 문제는 「…についてあなたの考えを述べよ。(……에 대해서 당신의 생각을 논하라)」이지만, 독해문제에서 주인공은 나가 아닌 필자라는 점을 잊어서는 안 된다. 독해 질문

중 대부분은 「筆者は…(필자는…)」로 시작하는 경우가 많은 것도 바로 이와 같은 이유에 기인한다.

(2) 버려야 할 단어를 버리자!

독해 본문 주제는 문학, 철학, 생물학, 심리학과 같은 학문에서 행정, 건강, 요리, 환경, 취미 등 매우 다양하다. 뿐만 아니라 경우에 따라서는 듣도 보지도 못한 긴 한자 단어나 カタカナ들로 넘쳐나기도 하며, 평소에는 한 번도 생각해본 적이 없는 내용일 때도 드물지 않다. 그러나 우리가 잊어서는 안 될 점은 모든 일본어시험은 어디까지나 일본어 능력을 측정하기 위한 시험이라는 것이다. 그렇기 때문에 문제를 풀기 위해서는 어떠한 전문지식도, 특별한 경험도 필요 없고, 출제자들도 수험생들한테 그와 같은 것들이 갖춰져 있기를 기대하지도 않는다. 전문용어가 나온다 하더라도 본문이나 주석에서 설명을 해주고 있으며, 우리는 낯선 단어가 나오더라도 그것이 지명인지 인명인지 단체명인지 생물학적 명칭인지 정도만 이해하면 답을 찾는 데에 전혀 문제가 되지 않는다는 점을 잊지 말도록 하자.

다음 문제를 보자.

예제

いわゆる常識というものは、ある分野の専門家ではない人々が誰でも当然知っているような知識を言う。いや、そういう知識を言うものだと思われている。では書店に「一般常識」というタイトルのつく本の山は何なのか、当然気になってくる。こんな本を誰でも読んでいるのだろうか。というより、この中に収められている知識は本当に「<u>一般常識</u>」なのだろうか。私から言わせると、こんな分厚い本を読まなければ身につかないのであれば、それはすでに「常識」ではない。

本を開いてみる。「三大栄養素とは何か。」答えは「炭水化物・たんぱく質・脂肪」。「その国の海岸から200海里の水域の名称は何か」。答えは「(排他的)経済水域」。うむ、これぐらいならまだ許せる。しかし当然このような問題ばかりではない。「『所得の増加がある点を超えると、住居費に支出される割合は次第に減少する』という法則は何か。」答えを探してみると、シュワーベの法則というのだそうだ。「古代エジプトの文字を何と言うか」答えは「ヒエログリフ文字」。ここまで来ると「あ、なるほど、そうだったのか！」という喜びすらない。これらは本当に誰でも知っている「常

識」なのだろうか。

問　筆者は<u>一般常識</u>についてどのように思っているか。

1　多くの人々がすでに知っている知識

2　いくら本を読んでも身につけることのできない知識

3　一般人が考える常識よりもはるかに難しい知識

4　さまざまな法則と名称に関する知識

예제 해석 및 정답

　이른바 상식이라는 것은 어느 분야의 전문가가 아닌 사람들이 누구나 당연히 알고 있는 것과 같은 지식을 말한다. 아니, 그런 지식을 말하는 것이라고 생각되고 있다. 그렇다면 서점에 '일반상식'이라는 제목으로 쌓여 있는 책은 무엇인지 당연히 궁금해진다. 이런 책을 누구나 읽고 있는 것일까? 그렇다기보다도, 이 책에 수록된 지식은 정말로 '<u>일반상식</u>'인 것일까? 내 생각으로는 이런 두꺼운 책을 읽어야 익힐 수 있는 것이라면, 그것은 이미 '상식'이 아니다.

　책을 펼쳐본다. '3대 영양소란 무엇인가' 답은 '탄수화물 · 단백질 · 지방', '그 나라의 해안으로부터 200해리 수역 명칭은 무엇인가?', 답은 '(배타적) 경제수역'이다. 음. 이 정도라면 아직 용납할 수 있다. 그러나 당연히 이와 같은 문제만은 아니다. 〈소득 증가가 일정 시점을 초과하면 주거비로 지출되는 비율은 점차 감소한다〉는 법칙은 무엇인가?' 답을 찾아보면 '슈바베의 법칙'이라고 한다. '고대 이집트 문자를 무엇이라 하는가?' 답은 '히에로글리프 문자'이다. 여기까지 오면 '아 그렇군. 그거였구나!'라는 기쁨조차 없다. 이것은 정말로 누구나 알고 있는 '상식'인 것인가?

　문제　필자는 <u>일반상식</u>에 대하여 어떻게 생각하는가?

1　많은 사람들이 이미 알고 있는 지식

2　아무리 책을 읽어도 익힐 수 없는 지식

3　일반인이 생각하는 상식보다도 훨씬 더 어려운 지식

4　여러 법칙과 명칭에 관한 지식

정답 : 1

　우리에게 생소하고 낯선 단어들이 많이 나오지만 이와 같은 단어들과 이 문제의 핵심은 거리가 있다. 다음 본문을 보자.

　いわゆる常識というものはある分野の専門家ではない人々が誰でも当然知っているような知識を言う。いや、そういう知識を言うものだと思われている。では書店に「一般常識」というタイトルのつく本の山は何なのか、当然気になってくる。こんな本を誰でも読んでいるのだろうか。というより、この中に収められている知識は本当に「<u>一般常識</u>」なのだろうか。私から言わせるとこんな分厚い本を読まなければ身につかないのであれば、それはすでに「常識」ではない。
　本を開いてみる。「○○○○○とは何か。」答えは「○○○○・○○○○・○○」。「○○○○○○○○○○○○○○○○○○○○。」答えは「○○○○○○○」。うむ、これぐらいならまだ許せる。しかし当然このような問題ばかりではない。「『○○○○○○○○○○○○○○○○○○○○○○○○○○○○○○○○○○○○○○』○○○○○○○○。」答えを探してみると、○○○○○○○○というのだそうだ。「○○○○○○○○○○○○○○」答えは「○○○○○○○」。ここまで来ると「あ、なるほど、そうだったのか！」という喜びすらない。これは本当に誰でも知っている「常識」なのだろうか。

　이러한 단어를 모두 삭제하더라도 이 문제를 푸는 데에는 아무런 지장이 없다. 이 문제에서의 핵심은 오히려 다른 곳에 있다. 이 본문에는 '일반상식'이 두 번 등장한다. 먼저 「では書店に「一般常識」というタイトルのつく本の山は何なのか、当然気になってくる。(그렇다면 서점에 '일반상식'이라는 제목으로 쌓여 있는 책은 무엇인지 당연히 궁금해진다.)」
　두 번째는 「こんな本を誰でも読んでいるのだろうか。というより、この中に収められている知識は本当に「一般常識」なのだろうか。(이런 책을 누구나 읽고 있는 것일까? 그렇다기보다도, 이 책에 수록된 지식은 정말로 '일반상식'인 것일까?)」 그러나 이 두 단어가 시사하는 바는 다르다. 앞에 나오는 '일반상식'은 서점에 쌓여 있는 책 종류를 말한 것이며 뒤에 나오는 '일반상식'은 필자가 생각하는 '누구나 다 알만한 지식'이다. 즉, 밑줄이 그어진 '일반상식'은 후자에 속하기 때문에 정답은 1번이다. 생소한 단어로 정답을 가리는 문제에 현혹되지 않도록 하자.

1

　皆さんは、マグロという魚は眠らないという話を聞いたことがありますか。だからといって全く眠らないというわけではなく、正確には睡眠中にも泳ぎを止めないということです。それは、体がスピードにポイントをあわせたつくりになっているからです。普段のマグロは時速40〜60km程度のスピードで泳いでいるのですが、身の危険を感じると瞬間速度が時速160kmにもなります。これは水中翼船あるいは最新型の高速船の速度に匹敵します。

　一般的に、魚類には人間の肺に当たる「エラ」というものがあり、泳いでいないときにもエラを動かし新鮮な海水を取り入れ、その中に入っている酸素を吸収します。しかし、マグロはエラを動かすことができません。ということは、エラを動かして水を吸い込むことができないのです。ですから海水に含まれる酸素を摂取するためには、自ら前に進みながら口から海水を取り込むしかないのです。

　問　マグロの特徴について正しい説明はどれか。

　　1　前に進まなければ呼吸が出来ず生命を維持することができない。

　　2　マグロにとって泳ぐということは眠るために必要な行動である。

　　3　泳いでいない時にもエラを動かし呼吸することで睡眠の効率を上げる。

　　4　動いているときに睡眠をとることで泳ぐスピードを速めることが可能だ。

2

　行政とは強者のためというより弱者にその重点が置かれるべきだろう。しかし、現実には必ずしもそうではないらしい。たとえば道路だ。「歩行者優先」とは言うものの、道路の広さや開発の優先順位をみても、車道に比べ歩道はいつも後回しにされている傾向がある。本当に行政が弱者を配慮するのであれば、車道よりも歩道を中心とした都市開発が進められてもよいはずだが、狭く不便な歩道と違って、広くきれいに舗装された一直線の車道、横断歩道よりはるかに時間が長い自動車用の青信号などを見ると、どうもこの都市は歩行者(弱者)中心というよりは自動車(強者)の便利さを重視しているように思えてくる。私だってバスや、時にはタクシーにも乗るので、車中心の都市システムを全て否定するつもりはないが、都市開発において中心になるべき弱者が歩行者であることは言うまでもない。行政はこのような(注)理不尽な制度を改善させるために努めるべきである。

(注) 理不尽：道理に合わないこと

問　筆者の考えとして最も適当なものはどれか。

1　不便であっても自動車や歩行者は信号を守るべきだ。

2　自動車中心の都市システムを根本的に見直すべきだ。

3　横断歩道の信号時間を自動車用並みに改善すべきだ。

4　行政は歩行者の便宜を念頭に置いた開発をすべきだ。

3

　貴金属の代名詞である「金」に関する価値は古くから認められており、装飾品として人類が使用し始めたのは紀元前3000年代にまでさかのぼる。これを掘り出さずに安価な金属を掛け合わせることで作れないか、という試みが16世紀ごろのヨーロッパで盛んに行われた。これがいわゆる錬金術であるが、その方法は実にさまざまであった。もちろん、ある性質の異なる金属同士を掛け合わせて第3の金属を作り出すことは不可能ではない。だが、このような方法を通して「金」を作り出そうという試みはことごとく失敗に終わった。それもそのはずで、「金」とはいくつかの物質によってできているのではなく、単一の元素によって成り立っているため、他の金属をいくら混ぜ合わせても本物の「金」を得ることは不可能なのである。

　だからといって、この錬金術の試みが無駄であったかというと、そうではない。本来の目的は達成できなかったにしろ、この過程で偶然発見された薬品や合金も少なからずあったからだ。のみならず実験道具として発明された幾多の器具も広い意味では錬金術の成果といえるだろう。

問　錬金術の成果について、正しい説明はどれか。

1　他の金属を融合させても「金」は得られないという事実が証明された。

2　偶然発見された薬品や合金によって、不可能を可能にした記録として残る。

3　欲望や好奇心があっても学問的無知では成功できないということを悟った。

4　期待していた成果は得られなかったが、予想外の結果を残すことができた。

4

　アフリカの野生動物公園では、病気や怪我によって死を間近にした動物たちの介抱をすることはしない。それは人手不足などからではなく、自然を自然のままに残しておくことをモットーにしているからである。管理人は言う。「一匹が死ぬと何匹もの動物が生き延びられる。」事情を知らない私たちからすればかなり厳しい言葉のようにも聞こえるが、これが「自然の(注1)摂理」なのだという。死んだ動物たちは、病気や怪我によって狩りが出来ない肉食動物たちにとって、数少ない大切な餌となるのだそうだ。

　その一方で、積極的に管理をしているものもある。それは(注2)絶滅危惧種に当たる動物たちだ。日本だけでなく多くの国では絶滅危機にある動物を天然記念物に指定し、人為的な保護と繁殖を試みている。しかし、やはりそれも「自然の摂理」として受け入れなければならないのではないだろうか。新しい生命が誕生するのも自然ならば、この世から姿を消すのも自然である。いくら絶滅危機にあろうとも、そのようなことに人が手を加えるということは、本当の意味での自然保護だとは言えないからである。

(注1) 摂理：自然界を支配している法則
(注2) 絶滅危惧種：現在生存している個体数が減少しており、絶滅の恐れの極めて高い野生生物

問　筆者は動物の保護に関してどう思っているか。

1　天然記念物の指定範囲を広げ、指定基準を見直さなければならない。

2　絶滅の危機にある動物も、それ以外の動物と同様に扱う必要がある。

3　動物が絶滅の危機にある原因を解明し、解決していくことが自然の摂理だ。

4　動物の人為的な保護と管理は、健康でない動物たちが生きていくために必要だ。

5

　キラキラネームやＤＱＮ(ドキュン)ネームというのが話題になっている。命名権とはその親が持つ権利であり戸籍法上、問題がなければ受理^{じゅり}されるのであるが、行き過ぎた名前が目立ってきているという。戸籍法には使用する漢字に関する規定はあるが、漢字の読みに関する制限はないことから、かわいい、かっこいい、おしゃれという理由で「星音^{しおん}」「姫麗^{きらら}」「来夢^{らいむ}」など大変読みづらい名前が続出^{ぞくしゅつ}しているのが実情だ。「南国^{ぱらだいす}」という名を目にしたときは、呆れてただ笑ってしまった。特に頭を抱えているのが小学校の先生らしい。新しく入ってきた児童の名前が読めず、読み方を間違えたりすると親から抗議もされるというから困ったものだ。

　私が子どもの頃は「いちろう」「じろう」「さぶろう」や「ゆうこ」「ようこ」「まちこ」のような名前が多かったような気がするが、変われば変わるものである。生まれたばかりの赤ちゃんにかわいい名前を付けたがる親の気持ちは分からないでもない。だが、名前とはその子が40歳になっても80歳になっても変わらないものである。本当に自分の子のことを思うなら、もう少し読みやすく親しみやすい名前にしてもらえたらいいと思うのは、頭の固い中年の言い分だろうか。何十年か後には「しおんおじいさん」や「きららおばあさん」が当たり前になる日が来るかもしれない。

問　筆者は「キラキラネーム」についてどう思っているか。

1　いつの時代も名前にこめられた、かわいい子どもを思う親の愛情に変わりはない。

2　法律上の問題はなくても、学校の教師も読めない名前は付けるべきではない。

3　名前とは幼い頃だけでなく、一生使うものだということを認識してほしい。

4　現代にふさわしい斬新な名前をつける習慣は広めるべきだ。

제4장

【독해 본문 필자는 바쁘다 – 강조의 특징】

(1) 부사・부조사에 의한 강조

먼저 다음 문제를 보자.

예제

今日は朝6時に起きて歯を磨き、顔を洗った後、食事をしてから7時半ごろ家を出た。空はどんよりとしている。傘を取りに戻ろうかと思ったが、会社に予備のものがあることに気づいてやめた。駅は人でごった返している。昨日今日に限ったことではないので驚くにはあたらないが、朝から人ごみにまみれながら通勤するという生活も楽なものではない。しかし、このような愚痴を言っても仕方がない。これでも学生の頃、必死の就職活動の末、手に入れた職場である。卒業して2年になるが周りにはまだ就職浪人もいるのだ。ホームに立つと案内放送が入った。何かしらの事故で電車の到着が遅れるらしい。でも大丈夫だ。いつも出勤時間は1時間ほど余裕を見て出発しているから、たぶん間に合うだろう。もし1時間以上の電車の遅れだとしても会社では大目に見てくれるから問題はない。11時には簡単な会議があり、午後は得意先を回らなければならない。雨が降らなければいいのだが。

問　筆者が最も言いたいことはどれか。

1　傘を取りに家に戻ろうとしたが、その必要がなくなった。

2　毎日満員電車で通勤するのは疲れる。

3　電車のダイヤが乱れて予定の時間までに会社に到着できないかもしれない。

4　午前中には会議、午後には外回りの予定がある。

오늘은 아침 6시에 일어나 양치질을 하고 세수를 한 후 식사를 하고서 7시 반 무렵 집을 나섰다. 하늘은 흐려있다. 우산을 가지러 돌아갈까 생각도 했으나, 회사에 예비 우산이 있다는 것을 알고는 그만 두었다. 역은 사람으로 붐빈다. 어제 오늘 일은 아니기에 놀랄 일은 아니지만, 아침부터 인파에 떠밀리며 출근하는 생활도 여간 힘든게 아니다. 그러나 이와 같은 푸념을 늘어놓아봤자 소용없다. 그래도 학생 시절 열심히 구직활동을 한 끝에 얻은 직장이다. 졸업하고 2년이 지났지만, 주위에는 아직도 취업재수생들이 있다. 승강장에 서자 안내방송이 들려왔다. 어떤 사고 때문에 전철 도착이 지연된다고 한다. 그러나 괜찮다. 항상 출근시간은 1시간 정도 여유를 두고 출발하기 때문에 아마도 늦지 않겠지. 만약 1시간 이상 전철이 지연된다 하더라도 회사에서는 봐주니까 문제는 없다. 11시에는 간단한 회의가 있고 오후에는 단골 고객 방문을 해야 한다. 비가 내리지 않으면 좋으련만.

문제 필자가 가장 말하고 싶은 것은 무엇인가.

    1 우산을 가지러 집으로 돌아가려 했으나 그럴 필요가 없어졌다.
    2 매일처럼 붐비는 전철로 출근하는 것은 피곤하다.
    3 전철이 지연되어 예정 시간까지 회사에 도착하지 못할지도 모른다.
    4 오전에는 회의, 오후에는 외근 예정이 있다.

예제 해설

이 문제를 보고 단번에 답을 선택했다면, 이것은 본인의 독해력이 뛰어나서가 아니다. 오히려 본인의 독해 실력을 의심해보아야 한다.

독해문제에서 사용되는 본문에는 특징이 있다. 난이도가 올라갈수록 이러한 특징은 더욱 두드러지게 나타나며, 최소한 위와 같은 문제는 출제되지 않는다. **결론부터 말하자면 이 문제에는 답이 없다.**

이유는 왜일까. 그것은 선택지 내용 모두가 본문에 포함되어 있으나 모두가 단순히 나열되어 있을 뿐, 무엇 하나 〈강조〉된 부분을 찾을 수 없기 때문이다.

이렇게 한 번 생각해보자. "한가하지도 않을 것 같은 필자가 왜 굳이 이 글을 썼을까." 답은 필자가 그 글을 쓸 수밖에 없었던 이유와 목적이 있었기 때문이다. 즉, 독해문제에 사용되는 본문 속에는 필자가 주장하고자 하는 내용이 있기 때문에 반드시 〈강조〉부분이 숨어 있다.

먼저 다음 단어들을 숙지해두자.

A그룹：特に・最も・一番・なにより

B그룹：大事・大切・重要・やはり

C그룹：とは・それは・実は

D그룹：このように・つまり

E그룹：のみ・だけ・しか

A그룹 : 독해뿐만 아니라 청해에서도 이 단어는 매우 중요하다. 그 이유는 비교문형 중에서도 비교급(more)이 아니라 최상급(most)이기 때문이다. 이는 필자가 가장 강조하려는 부분에 사용된다.

私はリンゴもバナナもミカンも好きですが、特にトマトが好きです。

저는 사과도 바나나도 귤도 좋아하지만 특히 토마토를 좋아합니다.

問　「私」が最も好きなものはどれか。

　　　1　リンゴ

　　　2　バナナ

　　　3　ミカン

　　　4　トマト

정답 : 4

B그룹 : 강조 수위가 A그룹에 미치지는 않으나, 충분히 질문의 정답으로 출제될 수 있는 부분이다. 이와 같이 강조된 부분이 선택지에 포함되어 있는 경우에는 주의가 요망된다.

研究を始めるにあたっては実験に取り組むよりも、その実験を通して出したい結論の仮説を立てることが大切だ。

問　筆者が特に重要だといっていることは何か。

1　研究を始めること

2　実験を始めること

3　実験で仮説を証明すること

4　実験の結果を予想すること

연구를 시작함에 있어서는 실험을 하기보다도 그 실험을 통해서 얻고 싶은 결론의 가설을 설정하는 것이 중요하다.

〈문제〉 필자가 특히 중요하다고 하는 것은 무엇인가?

  1 연구를 시작하는 것

  2 실험을 시작하는 것

  3 실험에서 가설을 증명하는 것

  4 실험 결과를 예상하는 것

본문에서 '그 실험을 통해서 얻고 싶은 결론의 가설을 설정하는 것이 중요하다'고 하였으므로 이와 같은 내용인 4번이 정답이다.

C그룹 : 본문에서 특정 단어 또는 현상 등에 대해 설명하고 있는 부분이다. 개념을 묻거나 비교 대상으로 선택지에 출제된다.

真の技術とは単に手でものを作ったり動かすことだけではなく、その本人の価値観までもが一つになって現れてくるものである。

  問 筆者は「真の技術」について、どう思っているか。

    1 技術とは手でものを作ることである。

    2 価値観が伴うものも技術といえる。

    3 技術には本人の考え方も反映される。

    4 価値観があってこそ人間はものを作ったり動かすことができる。

진정한 기술이란 단순히 손으로 물건을 만들거나 움직이는 것이 아닌, 그 본인의 가치관까지도 하나가 되어 나타나는 것이다.

〈문제〉 필자는 '진정한 기술'에 대해서 어떻게 생각하는가?

  1 기술이란 손으로 물건을 만드는 것이다.

  2 가치관이 동반하는 것을 기술이라 할 수 있다.

  3 기술에는 본인의 생각도 반영된다.

  4 가치관이 있기에 인간은 물건을 만들거나 움직일 수가 있다.

기술은 본인의 가치관까지도 하나가 되어 나타나는 것이라고 하므로 정답은 3번이다.

D그룹 : 앞에 나온 내용의 요약이다. 각 문단이나 문장 전체 요약이 나올 수 있으므로 반드시 집중해야 할 부분이다. 선택지에는 이 접속사 뒤에 나오는 문장이 다른 동의어로 대체되어 출제되는 경우가 많다.

小説の共同執筆というのはまず一人がストーリーの流れと枠組みを設定し、もう一人が具体的に文章化していくという過程を経て行われる。

このように、お互いの得意とする分野を補っていくことで一つの作品が完成するわけである。

問 小説の共同執筆について最も適当な説明はどれか。

   1 物語の流れと文章の組み立てを共同で行う。

   2 それぞれができる仕事を一つにまとめて仕上げる。

   3 二つのストーリーと文章化されたものを基に作品化させる。

   4 二つの作品を比較し優れたほうを補強してまとめる。

소설의 공동집필이란 우선 한 사람이 스토리의 흐름과 틀을 설정하고, 또 한 사람이 구체적으로 문장화해 가는 과정을 거쳐서 이루어진다.

이와 같이 서로가 잘 하는 분야를 보완해감으로써 하나의 작품이 완성되는 것이다.

〈문제〉 소설의 공동집필에 대하여 가장 적합한 설명은 무엇인가?

  1 이야기 흐름과 문장 구성을 공동으로 한다.

  2 각각 할 수 있는 일을 하나로 모아서 완성시킨다.

  3 두 가지 이야기와 문장화된 것을 바탕으로 작품화 시킨다.

  4 두 작품을 비교하여 뛰어난 쪽을 보강해서 정리한다.

정답: 2

E그룹 : 〈제한〉을 나타내는 부조사들로서, 본문뿐만 아니라 선택지에서 필요 이상의 제한을 두어 오답으로 처리하는 경우가 많다.

私はリンゴもバナナもミカンもトマトも好きです。

問 本文の内容と合わないものはどれか。

   1 「私」はリンゴを好む。

   2 「私」はバナナを好む。

   3 「私」はミカンを好む。

   4 「私」はトマトだけを好む。

나는 사과도 바나나도 귤도 토마토도 좋아합니다.

〈문제〉 본문 내용과 맞지 않는 것은 무엇인가?

  1 '나'는 사과를 좋아한다.

  2 '나'는 바나나를 좋아한다.

  3 '나'는 귤을 좋아한다.

  4 '나'는 토마토만을 좋아한다.

정답: 4

(2) 의문문에 의한 강조

독해 본문에서 필자의 권한은 매우 강력하며, 모든 정답의 열쇠를 필자가 쓴 본문이 쥐고 있다. 그러나 간혹 본문에서 의문문이 등장할 때가 있다. 다음 글을 보자.

예제

　地球温暖化対策としてその原因とされる温室効果ガスの減少に努める動きが各国で見られる。温室効果ガスの中でも特に二酸化炭素の増加が懸念され日本も2020年までに1990年比で25％、2005年比で33.3％削減して地球温暖化を防ごうという。
　<u>だが、これで本当に地球温暖化が緩和されるのだろうか。</u>

예제 해석

　지구온난화 대책으로서 그 원인이라고 하는 온실효과가스 감소를 위해 노력하는 움직임이 각국에서 보인다. 온실효과 가스 중에서도 특히 이산화탄소의 증가가 우려되어, 일본에서도 2020년까지 1990년 기준으로 25％, 2005년 기준으로 33.3％ 감축하여 지구온난화를 방지하자고 한다.
　그러나 이것으로 정말 지구온난화가 완화될 것인가?

예제 해설

　이 글에서는 필자가 독자에게 의문을 던진다. 이와 같은 의문문의 등장은 우리에게 중요한 두 가지 힌트를 준다.
　첫째는, 이 다음에 필자가 자신의 주장을 할 것을 암시하고 있다.
　둘째는, 필자는 이와 같은 이산화탄소 감축계획으로는 지구온난화를 완화시킬 수 없다는 취지의 논리를 펼 것을 미리 시사하고 있다.
　즉, 필자가 가장 말하고 싶은 내용이자 본문의 핵심이 의문문 다음으로 나올 확률이 매우 높다고 할 수 있다.

1

　世界にはそれぞれの国が指定した国の宝、つまり国宝（こくほう）というものがある。もちろん、日本も数多くの絵画や彫刻、工芸品、書籍や資料、そして建造物（けんぞうぶつ）に至るまで、さまざまな種類の国宝を所有しており、これらは日本の文化保護法によって、重要文化財のうち「世界文化の見地から価値の高いもので、たぐいない国民の宝たるもの」を国宝に指定することができるとしている（第二十七条第2項）。このようなものの中にはそれこそ金や銀など、材料だけを見てもかなり高価だとわかるものもあるが、その反面、本当に値打ちがあるものなのかどうか素人の目には分かりづらいものも少なくない。

　しかし、国宝、つまり国の宝とは果たしてこのようなものだけなのだろうか。日常の中で自分の仕事をしっかりと一日一日こなしている国民一人ひとりこそがその国の本当の宝なのだ。人間にしても外見や学歴などが立派な人もいるが、人の価値はそんなものだけで判断できるものではない。いわゆる国宝は歴史に残り、我々に過去を物語ってくれるが、この真の国宝（こくほう）は我々の未来を築く力となっているのである。

　問　「真の国宝（こくほう）」の説明として最も適当なものはどれか。

　　1　法律によって定められた、世界的にみても貴重な文化財

　　2　その国の歴史を価値あるものとして、後世に伝える人物

　　3　社会の中で、与えられた自らの役割を担っている国民

　　4　絵画や工芸品、建物など歴史的に研究価値のあるもの

2

　今や「バイリンガルは基本中の基本、願わくばトライリンガル」というご時世である。本やテレビだけではなく、留学や語学研修などの機会をフルに活用して直接その国に赴き、体で学ぼうとする積極性が望まれる。海外の文化と接することのメリットとしては、自分の国にはない価値あるものを取り入れ、自分の中でより素晴らしいものにしていくことと言えるだろうが、外国に関して学ぶことの利点とはそれだけではない。

　最近の国内ニュースや新聞だけを見ていると、不祥事や対応の悪さなどで怒りもするし、情けなくなったりもする。一体こんな国が他にあるだろうかとあきれる時もあるが、実は外国といえども、そう大差はないのである。大抵の国にも(注)汚職はあるしエゴの塊のような政治家だって少なくない。人間の住む社会である以上、いくら素晴らしい国でも数百万数千万の人々すべてが素晴らしいという事はありえない。たとえば犯罪率の多い少ないの差はあるにしろ、そこにも他人に迷惑をかける人たちは必ず存在する。

　このように外国のマイナスの部分まで知るようになると、自分の国もまだ捨てたものでもないと思えてくるものだ。

(注) 汚職：公職にある人が、地位や職権を利用して金銭を受け取るなどの不正な行為をすること

問　筆者によると外国の文化を学ぶことの利点とは何か。
1　外国にも悪い点があり、自分の国だけが問題を抱えているのではないと知ること
2　外国と自国を比較して、良くない部分をお互いに取り除くことができること
3　海外の優れた文化を国内に導入して、豊かな国づくりに役立たせること
4　海外で起きた不祥事や事件などの解決方法を学び、自分の国にも取り入れるようになること

3

　一般的に、弱肉強食の世界の中で生き残るためには攻撃力や防御力が高くなければならない。草食動物は、肉食動物から身を守るために移動速度を伸ばし睡眠時間も削ってきた。現にキリンや象は1日に2〜3時間しか睡眠をとらないのに比べ、百獣の王といわれるライオンは寝ている間に襲われる心配がないので15時間も睡眠をとっている。

　しかし、ここにも例外がある。それはナマケモノという哺乳類動物だ。この動物の睡眠時間は15〜16時間とライオンに匹敵する。だからといってライオンのように食物連鎖の頂点に立っているわけでもない。それではチーターのように足が速いかというと、これはまったく逆で、移動速度は1分間に1.8〜2.4メートルというのだ。このように一見無防備ともいえる動物がどのようにして今まで生き延びてこられたのだろうか。

　それは、天敵から「発想の転換」で逃れていたのである。ほかの種族なら相手に立ち向かうための鋭い爪や角、あるいは素早さを養うことにより困難を切り抜けるのであるが、ナマケモノの場合は反対の道を選んだ。つまり、なるべくじっとして、移動する時ものろのろと動くことにより、天敵の目につきにくくする方法を身につけたのである。

問　ナマケモノが今まで生き残れた理由として最も適当なものはどれか。

　1　大きい体格を小さく見せかけて、敵の目を欺いた。

　2　動くスピードを落とし、気配を消すようにした。

　3　敵から逃れるスピードをあげる方法を身につけた。

　4　危険が近づくと、いち早く察知できる能力を獲得した。

4

「乗客300人を乗せた旅客船が予期せぬ故障を起こした。最も近い港まで、やっといける燃料しかない。その時、乗客の一人が海に転落してしまったことに気づいた。その乗客は海で助けを求めているが、旅客船が引き返したら燃料不足になってしまう。だからといってその乗客をそのままにしておくと助かる見込みはまったくない。」

船をとめて転落客を救助すれば300人全員が危険にさらされるが、その一人を見捨てれば299人は無事助けられることになる。もし、あなたが船長だったら、このようなとき、どうするだろうか。

ほとんどの人は船長になることもなければ、このような事故に巻き込まれることもないだろう。だが、実際には似たような選択を強いられる場合がある。そのようなときには一呼吸おいてから問題を再検討してみよう。上のように一見して二者択一のように思える問題でも、実はその他の選択肢もありうるのである。例として、救命具を投げてやることもできれば、船員の中の一人を救命ボートに乗せ、救助に向かわせることもできる。私たちは、問題に直面したとき答えは二つしかないと思い込み、極端な選択をしてしまうことがあるが、選択を迫られたら決断を急がずに、もう一度「隠れた第三の選択肢」はないか検討してみることが大切である。

問　筆者がすすめる考え方の説明として最も適当なものはどれか。

1　方法を限定しないで、選択の幅を広げて他の可能性も考えるべきだ。

2　自分ひとりで解決しようとせず、周りからの助言も考慮する必要がある。

3　問題に取り組むときには、海での事故の例を参考にすると解決しやすい。

4　問題にぶつかった場合、第三の選択肢を選んだほうが正しいことが多い。

5

日本の文学は独特な魅力を持っているが、殊に俳句の世界はその最たるものではないかと思う。一つの文字ごとに意味を成す漢字でもない、ただ「音」をもつ17の表音文字を用いただけであらゆる自然や感情を表現できる芸術が他にあろうか。

俳句の代表格ともいえる(注1)松尾芭蕉の「古池や　(注2)蛙飛びこむ　水の音」の句に深い感動を覚えた。私は20歳を過ぎるまで、この句がなぜ有名であり名句なのかを学んだ記憶がない。わずか17文字から成るこの句は、いくら読んでも「蛙が池に飛びこんだときの水の音」を述べているだけだ。しかし、ふとある日、なぞが解けたのである。この俳句は水の音について書かれているが、実は、ここに書かれていない「静寂」を詠んでいるのだ。つまり、池に蛙が飛びこむ小さな音が聞こえるためにはその前に限りない静寂があったはずで、飛びこむ音により壊れた静寂はまたすぐ元通りの姿に戻ったのである。

それだけではない。果たして作者は古池を見たのだろうか。蛙を本当に見たのだろうか。

もし古池や蛙を直接見たのなら、多分この句は世に出なかったのではないかと思う。芭蕉は何も見ず、ただ「ポチャン」という音を聞いただけではないだろうか。そしてその音を聞いてはじめてその音の前に存在していた静寂に気がつき、音の後に漂う静寂にも気づいたのではないかと思うのである。

(注1) 松尾芭蕉：〔1644～1694〕江戸前期の詩人
(注2) 蛙：両生類動物であるカエルの別名

問　筆者が、「古池や　蛙飛びこむ　水の音」の句に感動した理由とは何か。

1　見ていないものを、まるで見たかのように描いたから

2　水の音を表現することで、日本文学の味を高めたから

3　文字で書かれていないものも、文学的に表現したから

4　古池と蛙の調和は、絶妙なバランスを見せているから

제5장

【본론을 찾아라 - 위치 파악】

단문·중문·장문을 막론하고 문장 전반에 걸쳐 결론적으로 필자가 말하고자 하는 핵심 내용을 위치로 찾아낼 수 있는 경우가 많다.

(1) 본론이 마지막 부분에 있는 경우

모든 문장에서 60%~70%가 이에 해당한다. 문장 서두에서 문제제기를 하고 본론으로 넘어가 세부적인 예시와 함께 검토한 후 마지막에 결론을 내리는 형식이다.

예제

　学校で学ぶということ。国語や英語、科学や社会など、学校ではさまざまな知識を得る。文字や文法を学び外国語などを身につける。この国がどのような過程を経て今に至っているのか、社会の仕組みはどうなっているのか、そのほかにも音楽や美術まで教育課程には組み込まれている。学校で教わる分野は多岐にわたっている。もし学校というものが存在しなかったら、これだけの幅広い知識をまとめて学習する機会を得るのは難しいだろう。それだけではない。多くの同年代とのふれあいの中で「自分と他人」という価値観も培われ、社会性を養うためにも学校という場が貢献してきているという点は否定できまい。長い歴史の中でその姿も役割も多くの変遷を繰り返してきたが、いつの時代にも「学校」という学びの場は必要とされてきた。

　だが、最近とりわけ深刻になっている学校での「いじめ問題」に対して、関連機関ではこれといった解決策を見出せていないのが実情である。未だに学校の授業は生徒にとって当然の義務であると思われており、登校拒否でもしようものなら、それだけで不良扱いされ白い目で見られる場合も少なくない。学校は大事な学びの場であるのは間違いないが、学校という場が一部の生徒にとって「肉体的・精神的苦痛を伴う」ような場合は、代替的教育という方法論に関しても模索が必要なのではないかと思う。

예제 해석 및 정답

학교에서 배운다는 것. 국어나 영어, 과학이나 사회 등, 학교에서는 다양한 지식을 얻는다. 글자나 문법을 배우고 외국어 등을 익힌다. 이 나라가 어떠한 과정을 거쳐서 지금에 이르고 있는지, 사회 구조는 어떻게 되어 있는지, 그 밖에도 음악이나 미술까지 교육과정에 포함되어 있다. 학교에서 배우는 분야는 다양하다. 만약 학교라는 것이 존재하지 않았다면 이토록 폭넓은 지식을 한 번에 학습할 기회를 얻기란 어려울 것이다. 그 뿐만이 아니다. 많은 동년배들과의 교류 속에서 '자신과 타인'이라고 하는 가치관도 배우게 되고, 사회성을 기르기 위해서도 학교라는 장이 공헌하고 있다는 점을 부정할 수는 없을 것이다. 오랜 역사 속에서 그 모습도 역할도 많은 변천을 되풀이해 왔으나, 어느 시대에도 '학교'라는 배움의 터는 필요시 되어왔다.

그러나 최근 특히 심각해지고 있는 학교에서의 '집단 괴롭힘 문제'에 대해서 관련기관에서는 이렇다 할 해결책을 찾아내지 못하고 있는 것이 실정이다. 여전히 학교 수업은 학생에 있어서 당연한 의무로 여겨지고 있으며, 등교 거부라도 할 것 같으면 그것만으로 비행 취급을 당하여 냉대를 받게 되는 경우도 적지 않다. 학교가 소중한 배움의 터전이라는 점은 분명하지만, 학교라는 공간이 일부 학생에게 있어서 '육체적·정신적 고통을 동반'하는 경우에는 대체 교육이라는 방법론에 관해서도 모색이 필요하지 않을까 한다.

문제 이 글에서 필자가 말하고 싶은 것은 무엇인가?

1 다양한 지식을 얻을 수 있는 학교는 빼놓을 수 없다.

2 예외를 인정하고 교육방법의 다양화가 요망된다.

3 많은 문제를 일으키는 학교의 필요성은 의문시 되고 있다.

4 학교에서의 교육과목을 보다 다양화할 필요가 있다.

정답 : 2

예제 해설

본 문제의 질문은 〈이 글을 통해 필자가 가장 말하고 싶은 것〉을 묻고 있다.

전체 두 단락으로 되어 있는 이 문장의 구성을 보면, 먼저 첫째 단락에서는 '학교'에 대한 일반론이며, 여기에는 필자의 차별화된 주장이 포함되어 있지 않다. 필자가 주장하고 싶은 내용은 둘째 단락에 등장한다.

첫째 단락에서 보아왔던 것처럼 학교에는 장점은 있으나, '학교에 있어서 육체적·정신적 고통을 느끼는 학생들을 위해서는 대체 교육이 필요하다'는 것이야말로 필자가 본문을 통해서 가장 주장하고 싶은 내용이라 할 수 있다. 그러므로 '예외를 인정하고 교육방법의 다양화가 요망된다'는 2번이 정답이다. 1번은 일반론에 포함되어 있는 내용이기에 정답이 될 수 없고, 학교의 필요성에 대해 의문시 하고 있지는 않으므로 3번도 정답이 아니다. 교육 과목을 늘려야 한다는 내용은 없기에 4번 역시 오답이다.

(2) 본론이 첫 부분에 있는 경우

시작부분에서 먼저 결론을 말한 후 세부적인 사례나 예시로 문장을 구성한다. 10%~20%가 이에 해당한다.

예제

数値やグラフによるデータは一見客観的に見えるかもしれないが、その裏に隠された事実をも汲み取ることができなければならない。ある犯罪発生率の上昇を示すグラフがあったとしよう。このデータによると調査し始めた10年前から2年前まではそれほど変化がなかったにもかかわらず、1年前から急激な上昇を示していた。これを単にその犯罪そのものが突然増えだしたということもできるだろうが、それ以外の可能性まで否定してしまうと数字の罠にはまってしまう。わかりやすくするために、「ある犯罪」というものを「スピード違反」とすると、2年前までは120キロ以上を違反だとしていたものが、規制の強化で100キロを違反とするように法律の改正が行われたのかもしれない。もしくは、スピード違反を取り締まる人員や地域を増やしたためとか、監視カメラの精密度が高まった可能性も想定できる。

問　データの分析について、筆者の考えに合うものはどれか。

1　分析結果の表面だけを見るのでは不十分だ。

2　犯罪の増減にはスピード違反が関連している。

3　交通事故を減少させるためには規制強化が必要だ。

4　あらゆる分析結果は資料として役に立たない。

47

수치나 그래프에 의한 데이터는 얼핏 보기에 객관적으로 보일 지도 모르지만, 그 뒤에 숨겨진 사실까지도 헤아려야 한다. 어떤 범죄발생률의 상승을 나타내는 그래프가 있다고 하자. 이 데이터에 의하면 조사를 시작하고 10년 전부터 2년 전까지는 그리 변화가 없었음에도 불구하고 1년 전부터 급격한 상승을 나타내고 있었다. 이를 두고 단순히 그 범죄 자체가 갑자기 증가했다고도 할 수 있겠으나, 그 이외의 가능성까지 부정해버리면 숫자의 덫에 걸리고 만다. 알기 쉽도록 하기 위해 '어느 범죄'라는 것을 '속도위반'이라 한다면, 2년 전까지는 120킬로 이상을 위반이라고 했던 것을 규제 강화로 인하여 100킬로를 위반이라 하는 것으로 법률이 개정되었을지도 모른다. 또는 속도위반을 단속하는 인원이나 지역을 늘렸기 때문이거나, 감시카메라의 정밀도가 높아졌을 가능성도 상정할 수 있다.

문제 데이터 분석에 대하여 필자 생각에 맞는 것은 무엇인가?

　　1 분석 결과의 표면만을 보는 것으로는 불충분하다.

　　2 범죄 증감은 속도 위반과 관련있다.

　　3 교통사고를 감소시키기 위해서는 규제 강화가 필요하다.

　　4 모든 분석결과는 자료로서 도움이 되지 못한다.

정답 : 1

예제 해설

　본문에서는 이미 첫 문장에서 「数値やグラフによるデータは一見客観的に見えるかもしれないが、その裏に隠された事実をも汲み取ることができなければならない。(수치나 그래프에 의한 데이터는 얼핏 보기에 객관적으로 보일지도 모르지만, 그 뒤에 숨겨진 사실까지도 헤아려야 한다)」라고 결론을 내리고 있기 때문에 '분석결과의 표면만 보는 것은 불충분하다'라고 한 1번이 정답이다. 본문에서는 속도위반을 하나의 예로 제시했을 뿐이며, 교통사고 감소를 위한 규제 강화를 역설하고 있지도 않다. 또한 분석결과의 가치를 모두 부정하고 있는 것도 아니기에 그 외의 선택지는 정답이 아니다.

※ 한편 본론이 중간에 있는 경우에 대해서는 제10장에서 자세히 설명한다.

1

　「褒める」ということは大事だが、とにかく褒めればいいというものでもないようだ。(注)落語で「子ほめ」「牛ほめ」などは有名な題目だ。お馴染みの「与太郎」という人物が出てきて、「褒める」に関わるさまざまなハプニングを巻き起こし、多くの人々を笑わせてきた。褒め方にもいろいろあるが、これにもコツが必要だ。例えばピアニストに「ピアノがうまいですね」とか、美術家に対して「絵が上手ですね」などと言うのは大変失礼なのだそうだ。褒めるのもなかなか難しい。

　先日、知り合いの声楽家にこんな話をしたら、彼も公演が終わった後、最も聞きたくない褒め言葉があるそうだ。それは「本当に一生懸命、歌っていたね」というコメントらしい。その理由をたずねたら、彼はこう答えた。「一生懸命歌うのは当然なんです。いつも必死に心を込めて歌っているんです。でも、その言葉は、自分の歌に何の感動も、胸を打たれることもなく、ただ見かけだけの姿しか認めてもらえなかったということだからですよ。」

　(注) 落語：日本古来の話芸の一つ

　問　筆者は「褒める」ということに対して、どのように考えているか。

　　1　日本固有の文化である落語では、欠かすことのできないテーマである。
　　2　褒め言葉が相手に快く受け入れられるとは一概には言えない。
　　3　音楽や芸術関連の仕事をしている人には、より大きな励みになる。
　　4　専門分野以外に関して褒めるということは極めて失礼な行為だ。

2

　今日も通勤電車は満員で息が詰まりそうだ。私の前の女性は左右から押されながらも慣れた手つきで化粧をしている。道路はどこも車でごった返している。いつものように繰り返されるこのような日常を好んでいる人なんていないだろう。敢えて言えば鉄道会社の職員たちだろうか。こんな有様なのに人々は飽きもせず、よくも毎朝頑張れるなあ、と感心する。バスに電車に乗り換えながら、ひいては新幹線で通勤する人もいるというから驚きである。そんなに会社へ行くのが大変なら、いっそのこと会社の近くに引っ越せばいいものを、とも思うのだが、そこにはさまざまな事情があるのだろう。私だってそうだ。夫婦共働きの家庭なので中間地点を選んで住居を構えた。それでも片道１時間はかかる。

　どうしてこうも移動しなくてはいけないのかと愚痴をこぼしているうちに、一つの疑問が思い浮かんだ。果たして移動しているのは人間だけなのだろうか。郵便やら宅配便やらファクス、お金も同じだ。それだけではない。空気や電波なども絶え間なく移動している。こう考えると、この世界は何もかもが移動だらけだ。では、私の体はというと、心臓から出発した血液は約25秒で心臓に戻ってくるそうである。これを計算すると時速216kmだという。これはもう超特急並みだ。このような血液の流れに支えられながら私が今こうしていられるのと同様にこの世界もまたさまざまな移動によって成り立っている。そう、移動とはつまり、人間も世界も生きているという証なのだと言えるかもしれない。

問　本文の内容と合っているものはどれか。

1　毎朝、満員電車に乗っているのは、自分が生きているという証拠である。

2　動くということは生きているということと同じ意味を持つ。

3　システムを変えることでより移動を最小限に抑えることができる。

4　動くということは人間と世界とで、その作用では違いがある。

3

　最近は自分の車を持つ若者が増えてきた。ひと目で大学生だとわかるような男性が、バイトで稼いだお金ではその車のタイヤ一つも買えないような外車（がいしゃ）を乗り回しているのを見ると複雑な気分になる。運転をし始めた頃は、それは楽しいだろう。隣に彼女でも乗せていたら都内の地獄のような渋滞だってファーストクラス並みの快適さに感じられるかもしれない。別に悪いことをして買ったわけでもなく、その両親が買い与えたのであろうから、ここで文句を言ってもしょうがないが、このことだけは理解してもらいたい。車とは本当は怖い乗り物だという実感があるか、である。

　何百Kgもする鉄の塊（かたまり）が80km/hも100km/hも出しながら道路を突（つ）っ走（ばし）るのであるが、ところで、人と車がぶつかったとき、歩行者（ほこうしゃ）の命に関わるスピードはどれくらいだろうか。専門家によると驚くことに、わずか30km/hほどだということだった。交通事故の統計をみると、最も事故を起こしやすいのは運転歴3年目の20代なのだそうだ。初心者（しょしんしゃ）のときは、ある程度安全運転もするが、3年目ぐらいになると車もハンドルも自分の思い通りに操ることができる。いや、少なくとも本人はそう思うようになってくるのだろう。だが、そんな時こそ、もう一度気を引（ひ）き締（し）めて初心（しょしん）に戻り、車とは場合によってとんでもない凶器（きょうき）となりうるということを肝（きも）に銘（めい）じて欲しいのだ。

問　運転をするにあたって、心がけなければならないのはどういう点か。

1　車は自力で購入したのではないから、扱いには十分注意すべきだ。
2　車を運転する場合は特にスピードの出しすぎに気をつけるべきだ。
3　車の運転は3年を過ぎるまで気を抜くと事故につながりかねない。
4　車は事故を起こす可能性があるということを忘れてはならない。

4

　人生は思い通りにならないと思ったことがありますか。でも、実をいうと人生は確かに思い通りに、正確に言うと「思った通りになる」「思い描いた通りになる」と私は確信しています。

　こんな話があります。とある郊外に浮浪者の少年がいました。学校にも通っておらず、ときどき路上で物乞いをしたり、街中を意味もなくぶらつくことだけが彼の日課でした。そんなある日、近所の川辺に行ってみると、一人の青年が川の風景をキャンバスに描いていました。浮浪者の少年がものめずらしい光景にひかれ遠巻きに見ていると、青年が彼のほうを振り向き「君を描いてあげよう」といったのです。それからしばらくして彼は完成したばかりの絵を少年に差し出しましたが、少年はその絵を見て驚きました。そこに描かれていたのは、(注)みすぼらしい浮浪者の少年ではなく立派な紳士だったからです。「これが僕なの？　全然ちがうよ」すると青年は「それは未来の君の姿なんだ」と言ったそうです。それから少年はその絵を大事に持って行き、自分の寝床の横にある壁に貼った後、いつも眺めていました。その絵を見た仲間たちが不思議がってたずねると、さも誇らしげに「これが未来の僕なんだよ」と答えました。当然彼らはあざ笑います。「なに寝ぼけたことを言っているんだ。お前は浮浪者でしかないんだぜ」しかし、何と言われようとも少年はそれをはがそうとしませんでした。そのうち少年は「こんな紳士のようになるためには、どうしたらいいんだろう」と思うようになりました。考えた末に少年は浮浪者の生活から足を洗って、昼は工場で働きながら、夜は夜間学校に通い、それから20年後には青年が描いてくれた絵よりももっと立派な紳士になったということです。

(注) みすぼらしい：外見が貧しげである

問　筆者が本文で挙げたエピソードから考えられることはどれか。
1　未来に対する目標を定めることが成功に導くカギとなる。
2　人生を変えるためには日常とは違う分野に挑戦してみるべきだ。
3　人生のすべてにおいて夢を描くことより素晴らしいものはない。
4　将来の夢を実現させるためにはチャンスにめぐり合う必要がある。

5

世の中には消防士や警察官など、大変な仕事がたくさんある。「大変な仕事」というようなものは見掛けだけで判断できない。いわゆる高級官僚や企業の管理職、医者や法律家だって結構大変だろう。だが、これは見る視点によって変わってくるらしい。

この前、大学の同窓会で裁判官として勤めている友人と会ったが、彼の顔は数年前に比べてひどくやつれたように見えた。彼の話によれば、それまでは地方勤務だったのだが去年から大都市の方に(注1)異動させられ、仕事の量が3倍くらいに増えたそうだ。もちろん本人が望めばそのまま地方に残れるのだが、問題は子どもの教育だったらしい。教育なんて地方だろうが都会だろうが大差はない、地方にいた方がよりよい環境で勉強できる、と言ってはみたものの、妻がどうしてもと聞かなかったそうである。ストレスのあまり裁判官を辞めて弁護士としての出発も考えたが、不景気の中で開業するのは無謀だと周りから止められたそうだ。

すると隣に座っていた高校の教師が、自分は2年前から高校3年生のクラスを受け持っているのだが、有名大学に進学させるようにという「上」からの圧力と、生徒たちやその親から受けるストレスに悩まされていると言う。私からしてみれば二人ともうらやましい限りだが、彼らがほとんど同時に漏らした言葉がある。なんと私がうらやましいというのだ。ちょっと待ってくれ、私の生活環境など人並み以下だ。会社では上司や取引先にぺこぺこしながら、家では妻の顔色を伺いながらの毎日である。社会的な地位だって裁判官はもちろん教師より下の、いつ(注2)リストラされてもおかしくない中小企業の万年課長である。いつも、こんなに辛い人生なんて他にあるのだろうか、とも思ってしまう。その私がうらやましいとは信じられない。冗談だと思ったが彼らの表情は真剣そのものだった。何だ、みんな同じように思っていたんだ、と少しは心が軽くなったような気がした。

(注1) 異動：人事異動
(注2) リストラ：ここでは、会社で退職を余儀なくされること

問　仕事について筆者が最も言いたいことはどれか。

1　自分は上司からのストレスがないので、友人たちよりは楽なほうだ。

2　どのような職業であれ、他人の仕事のほうが楽に見える。

3　勤務地としては、地方のほうが大都市よりも理想的だ。

4　職業は景気の善し悪しによって好みは変わるものだ。

제6장

【문장을 외모로 판단하자 – 밑줄 문제 공략】

중문 이상의 글은 대략 3~5개 단락으로 구성된다. 이와 같은 단락구성에는 모두 의미가 있어 내용 전개에 따라 구분이 된다. 특히 밑줄 문제 같은 경우, 밑줄이 있는 단어나 문장이 문단 어디에 위치해 있는지에 따라 해답이 있는 위치가 결정된다.

(1) 지시어가 있는 경우
  1) 밑줄 부분이 지시어를 포함한 경우

예제

　就職活動中の学生たちに、どのような企業を探しているのかを尋ねると、時として「自分を必要としている会社」という答が返ってくる。本人には直接このようなことは言わないが、自惚れもいいところである。問題は自分を必要としている会社を探すことではなく、自分がその会社で必要とされている人材かということだ。<u>この点を理解していなければ</u>、いつまで経っても自分にあった就職先は見つけられないだろう。何のキャリアもなければ、これといった資格もなく、持ち合わせているものといえば、せいぜい大学での成績表と卒業見込証明書だけの自分を必要としている会社があると信じているとしたら、勘違いも甚だしいとしか言いようがない。

　問　<u>この点を理解していなければ</u>とあるが、<u>この点</u>とは何を指しているか。
　　　1　自分がその会社を必要としているか
　　　2　その会社が自分を必要としているか
　　　3　自分が必要としているものを見つけられる会社か
　　　4　その会社が必要としているものを自分が見つけられるか

　구직활동중인 학생들한테 어떤 기업을 찾고 있는지를 물으면, 간혹 '자신을 필요로 하고 있는 회사'라는 대답이 돌아온다. 본인에게는 직접 이런 말은 안 하지만, 대단한 오만이다. 문제는 자신을 필요로 하고 있는 회사를 찾는 것이 아니라, 자신이 그 회사에서 필요로 하는 인재인가 하는 점이다. <u>이 점을 이해하지 못한다면</u> 언제까지나 자신에게 맞는 취직자리는 찾아낼 수 없을 것이다. 아무런 경력도 없을 뿐만 아니라 이렇다 할 자격도 없고, 갖고 있는 것이라곤 기껏해야 대학에서의 성적표와 졸업예정증명서 뿐인 자신을 필요로 하는 회사가 있다고 믿는다면 큰 착각이라고밖에 할 수 없다.

문제　<u>이 점을 이해하지 못한다면</u>에서 <u>이 점</u>이란 무엇을 가리키고 있는가.

　　1 자신이 그 회사를 필요로 하고 있는가

　　2 그 회사가 자신을 필요로 하고 있는가

　　3 자신이 필요로 하고 있는 것을 찾아낼 수 있는 회사인가

　　4 그 회사가 필요로 하고 있는 것을 자신이 찾아낼 수 있는가

정답 : 2

예제 해설

　밑줄부분은 '이 점을 이해하지 못한다면'에서 '이 점'이라는 지시어가 들어 있으므로, 이보다 앞부분에서 찾아야 한다.　앞에는「問題は自分を必要としている会社を探すことではなく、自分が必要とされている人材かということだ。(문제는 자신을 필요로 하고 있는 회사를 찾는 것이 아니라, 자신이 그 회사에서 필요로 하는 인재인가 하는 점이다.)」라고 되어 있으므로 정답은 2번이다.

　2) 밑줄 부분이 지시어를 포함하지 않은 경우

　同じバイオリンやピアノなら同じ音がする。私は長年これを当然のように思ってきた。演奏者や作曲家、そして曲によって多少の違いはあるにせよ楽器の演奏法は同じである。バイオリンなら弓で弦を擦るものであり、ピアノなら鍵盤を叩く。いくら有名奏者がストラディヴァリやグァダニーニを弾くといってもほかに演奏方法がないではないか、と考えていたのである。だが、それが大変な間違いだということがわかった。

あるコンサートでベートーベンとモーツァルトの曲を続けて聴く機会があったのだが、確かにオーケストラのバイオリン奏者やメンバーの数も同じなのに、まるで全く違う別の楽器で弾いているような錯覚を起こしたのである。ベートーベンの曲はバイオリンの弓を上下させるたび、情熱と躍動感が湧き出してくるのだが、モーツァルトの曲になると先ほどの力強さはどこへやら、ガラリと変わってチャーミングな音色を奏でるのである。

問　<u>大変な間違いだ</u>とあるが、何が大変な間違いだったのか。
1　バイオリンは弓で弾くものであり、ピアノは鍵盤を叩くと思っていたこと
2　ベートーベンの曲とモーツァルトの曲とはバイオリンの音に違いがあると思っていたこと
3　楽器が同じなら似たような音が出ると思っていたこと
4　交響曲には協奏曲にない情熱と躍動感があると思っていたこと

예제 해석 및 정답

　같은 바이올린이나 피아노라면 같은 소리가 난다. 나는 오랜 동안 그것을 당연하게 생각해왔다. 연주자나 작곡가, 그리고 곡에 따라 다소 차이가 있긴 해도 악기의 연주법은 같다. 바이올린이라면 채로 현을 비비는 것이며, 피아노라면 건반을 두드린다. 아무리 유명 연주자가 스트라디바리우스나 과다니니를 연주한다 하더라도 달리 연주방법이 없지 않는가? 라고 생각했던 것이다. 그러나 그것이 <u>큰 잘못이었다</u>는 것을 알았다.

　어느 콘서트에서 베토벤과 모차르트의 곡을 연이어 들을 기회가 있었는데, 분명 오케스트라의 바이올린 주자와 단원수도 같았는데도, 마치 전혀 다른 별개의 악기를 연주하고 있는 것과 같은 착각을 불러 일으킨 것이다. 베토벤의 곡은 채를 위아래로 움직일 때마다 정열과 약동감이 솟아올랐으나, 모차르트의 곡이 되자 그전의 강인함은 어디로 갔는지 완전히 다른 모습으로 귀여운 음색을 내는 것이었다.

문제　<u>큰 잘못이다</u>라고 하는데 무엇이 큰 잘못이었다는 것인가?
1 바이올린은 활로 켜는 것이며, 피아노는 건반을 두드린다고 생각했던 점
2 베토벤 곡과 모차르트 곡과는 바이올린 소리에 차이가 있다고 생각했던 점
3 악기가 같다면 비슷한 소리가 나온다고 생각했던 점
4 교향곡에는 협주곡에 없는 정열과 약동감이 있다는 것

정답 : 3

밑줄이 포함된 문장 「だが、それが大変な間違いだということがわかった。(그러나 그것이 큰 잘못이었다는 것을 알았다.)」에서는 비단 「それ」가 밑줄에 포함되지 않았다 하더라도 「大変な間違い(큰 잘못)」는 곧 「それ」가 가리키는 것이므로, 이와 같은 경우에도 지시어가 밑줄에 포함된 경우와 같이 본 문장 앞에서 찾아야 한다. 필자는 본문 처음부터 '같은 바이올린이나 피아노라면 같은 소리가 난다고 하는 자신의 기존 생각'을 반복적으로 설명한다. 그리고 그 문장 바로 뒤에 '그것이 큰 잘못이었다' 즉, 앞에서 계속해서 설명해왔던 자신의 기존 생각이 잘못되었다는 사실을 알게 되었다는 것이므로 정답은 3번이다.

(2) 지시어가 없는 경우

밑줄 문제에서 지시어가 없는 경우는, 밑줄에 대한 내용이 앞에 있는 경우와 뒤에 있는 경우가 있다.

1) 밑줄에 대한 내용이 앞에 있는 경우

예제

　ＳＦ小説というとその名の通りサイエンス・フィクション、つまり科学的空想小説ということで、現実的な科学とは無関係のように思われがちですが、必ずしもそうとは言えません。

　ここで人工衛星を例に挙げてみましょう。2011年12月現在、宇宙に浮かんでいる人工衛星の数は3,000を超えるといいます。日本も126個もの人工衛星を保有しております。人工衛星は今日、通信や気象、放送や軍事目的などさまざまな用途で使用されています。このように人工衛星は、21世紀において私たちの生活に密着した存在であり、日常でも必要不可欠といえるでしょう。

　人類初の人工衛星は1957年10月4日に旧ソ連によって打ち上げられたスプートニク1号でしたが、それより88年前の1869年に発表されたエドワード・エヴァレット・ヘイル著『レンガの月(The Brick Moon)』で人工衛星の発想が紹介されているのです。つまり、この小説こそが人工衛星の実現へとつながっていったきっかけというわけです。

問　<ruby>人工衛星<rt>じんこうえいせい</rt></ruby>を例に挙げてみましょうとあるが、筆者がこの例によって最も言いたいことは何か。

1　科学と文学とは関連性がある場合もある。

2　科学の進歩により数多くの衛星が今も宇宙に存在する。

3　文学は科学を先導する役割を担っている。

4　科学的才能と文学的才能は少なからず共通点を持つ。

예제 해석 및 정답

　SF소설이라고 하면 이름 그대로 사이언스 픽션, 즉 공상과학소설이라고 해서 현실적인 과학과는 무관한 듯 여겨지기 쉬우나, 꼭 그런 것만은 아닙니다.

　여기서 인공위성을 예로 들어봅시다. 2011년 12월 현재, 우주에 떠 있는 인공위성 수는 3,000을 넘는다고 합니다. 일본도 126개나 되는 인공위성을 보유하고 있습니다. 인공위성은 오늘날, 통신이나 기상 방송이나 군사목적 등 여러 용도로 사용되고 있습니다. 이처럼 인공위성은 21세기에 있어서 우리 생활에 밀착된 존재이며 일상에서도 필수불가결일 것입니다.

　인류 최초의 인공위성은 1957년 10월 4일에 구 소련에 의해 발사된 스푸트니크 1호였지만, 그것보다 88년 전인 1869년에 발표된 SF소설인'벽돌의 달'에서 인공위성의 발상이 소개되어 있는 것입니다. 즉, 이 SF소설이야말로 인공위성의 실현으로 이어지는 계기가 된 것입니다.

　문제　인공위성을 예로 들어봅시다고 했는데, 필자가 이 예를 통하여 가장 말하고 싶은 것은 무엇인가?

　　1 과학과 문학과는 관련성이 있는 경우도 있다.

　　2 과학의 발전에 의해 수많은 위성이 지금도 우주에 존재한다.

　　3 문학은 과학을 선도하는 역할을 맡고 있다.

　　4 과학적 재능과 문학적 재능은 적지 않은 공통점을 갖는다.

정답 : 1

예제 해설

　본문에서 '예시'가 등장하는 경우, 이는 필자가 말하고자 하는 내용을 다른 방법으로 보다 쉽게 이해시키려 할 때이다. 본문 내용을 보면 먼저 첫 문장을 보자. 「ＳＦ小説というとその名の通りサイエンス・フィクション、つまり科学的空想小説ということで、現実的な科学とは

無関係のように思われがちでが、必ずしもそうとは言えません。(SF소설이라고 하면 이름 그대로 사이언스 픽션, 즉 공상과학소설이라고 해서 현실적인 과학과는 무관한 듯 여겨지기 쉬우나, 꼭 그런 것만은 아닙니다.)」즉, 필자는 'SF소설과 과학이 무관하지는 않다'는 것을 설명하기 위해 인공위성을 예로 든 것이기 때문에 정답은 1번이다. 여기서는 과학 발전에 대한 내용이 본론이 아니기 때문에 2번은 정답이 될 수 없고, 문학이 과학을 선도한다는 주장도 아니며, 재능과도 무관하기 때문에 3번과 4번도 오답이다.

2) 밑줄에 대한 내용이 뒤에 있는 경우

예제

人生を楽しみたい、喜怒哀楽（きどあいらく）の中の「喜」と「楽」だけに包まれて生活したい、というのは誰もが望むことだ。怒りや悲しみを抱きたいという人はいないだろう。いや、少なくとも毎日のように繰り返される生活においてストレスだけでも減らしたいと思うのが人情（にんじょう）である。ある調査によれば、最もストレスを感じるのは「仕事関係」、次が「人間関係」「夫婦関係」と、上位がすべて「人とのかかわり」の中で生まれるストレスだということがわかる。ストレスとは人間にとって必要のないものと思いがちだが、私は逆にストレスこそ活力の源（みなもと）だと言いたい。

ラジオやパソコンのような電気機器を分解してみた方ならお分かりだろうが、その中身は電子回路基板（きばん）と呼ばれる薄い板の上に大小のパーツが無数に差し込まれている。それらの多くはさまざまな形をした抵抗器と呼ばれるものだ。抵抗器とは、電流が流れるとき抵抗を加えて生まれた力をエネルギーとして働かせるものである。もし、この抵抗器がなければ電流はただ回路上を流れるだけであり何のパワーも作り出せない。ストレスとは私たちにとってこういった抵抗器のようなものではないかと思うのである。何の心配もない人生なら確かに過ごしやすいだろうが、ストレスがあるおかげで時には悩み、時には怒ったり悲しんだりしながら人間は一歩ずつ成長できるのだ。

問　ストレスこそ活力の源（みなもと）とはどういう意味か。

1　ストレスを排除することで活力を得ることができる。

2　ストレスを活用することで電化製品を動かせる。

3　ストレスを減らすことで人間関係は改善される。

4　ストレスは人間にとって正の作用もある。

　　인생을 즐기고 싶다, 희로애락 중에서 '희'와 '락'만으로 가득 찬 생활을 하고 싶다는 것은 누구나 바라는 일이다. 노여움이나 슬픔을 느끼고 싶다는 사람은 없을 것이다. 아니, 적어도 매일같이 되풀이되는 생활 속에서 스트레스만이라도 줄이고 싶다는 것이 인지상정이다. 어느 조사에 의하면 가장 스트레스를 느끼는 것은 '일 관계', 다음이 '인간관계', '부부관계'로 상위 모두가 '사람과의 연관' 속에서 발생하는 스트레스라는 것을 알 수 있다. 스트레스란 인간에게 있어서 불필요한 것이라 생각하기 십상이지만, 나는 반대로 <u>스트레스야말로 활력의 근원</u>이라고 말하고 싶다.

　　라디오나 개인용 컴퓨터와 같은 전기기기를 분해해 본 분이라면 아시겠지만, 그 속은 전자회로기판이라 불리는 얇은 판 위에 크고 작은 부품이 무수히 꽂혀 있다. 그것들 중 대부분은 여러 모양을 한 저항기라고 불리는 것이다. 이러한 저항기란 전류가 흐를 때 저항을 가해서 발생하는 힘을 에너지로서 작동시키는 것이다. 만약 이 저항기가 없다면 전류는 그저 회로 위를 흐를 뿐이며, 아무런 힘도 만들어낼 수 없다. 스트레스란 우리에게 있어서 이와 같은 저항기와 같은 것이 아닐까 한다. 아무런 걱정도 없는 인생이라면 분명 지내기 쉽겠지만, 스트레스가 있는 덕분에 때로는 고민하고 때로는 화를 내거나 슬퍼하면서 인간은 한 발자국씩 성장해갈 수 있는 것이다.

　문제　<u>스트레스야말로 활력의 근원</u>이란 무슨 뜻인가?

　　　　1　스트레스를 배제함으로써 활력을 얻을 수가 있다.

　　　　2　스트레스를 활용함으로써 가전제품을 움직일 수 있다.

　　　　3　스트레스를 감소시킴으로써 인간관계는 개선된다.

　　　　4　스트레스는 인간에게 있어서 긍정적 작용도 한다.

정답 : 4

예제 해설

　　이 문제는 '스트레스야말로 활력의 근원'이 무슨 의미인지를 묻고 있는데, 이는 다시 말해서 '스트레스는 활력의 근원'이라고 필자가 생각하는 이유를 묻고 있는 것이다.

　　밑줄 앞부분에는 "많은 사람들이 인생을 편하게 살고 싶어 한다, 인간관계 속에서 스트레스를 많이 느낀다" 등의 일반론으로 이루어져 있다. 그리고 첫 번째 문단 마지막에 비로소 필자의 생각이 등장한다. 그렇다면 이 밑줄 부분에 대한 설명은 당연히 후반에 위치하게 된다.

　　둘째 문단에서는 저항기를 예로 들어 스트레스의 긍정적 부분을 부각시킨다. 그리고 마지막에는 '스트레스 덕분에 인간이 성장할 수 있다'고 하는 주장으로 마무리 된다. 즉 '인간에게 있어서 스트레스는 긍정적인 작용도 있다'고 하는 선택지 4번이 정답이다.

본문에서는 스트레스를 배제할 대상으로 삼고 있지 않고, 전기제품에 대한 내용은 예시에 불과하기에 1번과 2번, 3번은 모두 정답이 될 수 없다.

　　여기서 기억하자. 필자의 의견을 묻는 문제에서 일반론이 필자의 주장이 되는 경우는 극히 드물다.

1

　最近は専門家でなくても「アリバイ」という言葉を知っています。これを日本語に訳すと多少不自然な気はしますが「不在証明」というそうです。この言葉をより詳しく表現するならば「事件発生時犯行現場不在証明」といえるでしょう。つまり、事件が発生したその時刻に現場ではないほかの場所にいたということが証明されると、一応犯人である可能性は低くなるということです。

　推理作家はこの「アリバイ」という壁に挑戦します。たとえば、犯行が発生したとき犯人は様々なトリックを駆使して別の場所にいたようにみせかけますが、このように仕組まれたトリックを警察や探偵が解明していくというものです。今も書店にはいわゆる「アリバイ関連の推理小説」は少なくありませんが、実際の犯罪でこのような問題が焦点になることはあまりないそうです。

問　このような問題とは何を指しているか。
　　1　犯人を逮捕するために、被疑者の不在証明を崩すこと
　　2　事件が発生した場合に犯人の不在証明を確認すること
　　3　アリバイを題材にした推理小説のトリックを解くこと
　　4　事件の動機や背後関係を明確にして犯人を逮捕すること

2

アマチュアとプロの違いとは何であろうか。もちろん、アマチュアは金銭的利益を受け取らず、それに比べプロはそれを職業として営んでいるという違いはあるが、それだけではない。アマチュアは自分がいやになればいつでもやめられるが、プロの場合①そうはいかない。自分がやるべき仕事は好みによらず、最後までやり遂げるのが本当のプロである。つまり「やりたい事」と「やるべき事」の両方を(注)秤にかけたとき、前者に重点を置くほうをアマチュアだとすれば後者のほうはプロといえるだろう。

数年前にミャンマーで激しい紛争が起こった時、その取材中に被害にあった日本人ジャーナリストの口癖は「誰も行かない所に誰かが行かなければならない」だったという。内乱が起きているところや戦地などは、ただのアマチュア的な好奇心程度ではとても足を踏み入れられる場所ではないはずだ。しかし、「行くべき場所」「いるべき現場」「やるべき仕事」を見抜き、そこに行き、その現場でやるべきことをやる、それが②本物のプロではないだろうか。

(注)秤にかける ここでは、物事を比べてその利害・得失を考える

問1　①そうはいかないとあるが、何がそうはいかないのか。

1　自分の気分しだいで職業を選択すること

2　自分の事情で仕事を投げ出すこと

3　他人の頼みで会社を辞めること

4　他人の要求で趣味を選ぶこと

問2　②本物のプロというのは、何か。

1　自分がやりたい仕事とやるべき仕事を見分けられる人

2　行きたくない場所に行き、やりたくない仕事をこなせる人

3　自らの犠牲を顧みず、やらなければならない使命を果たせる人

4　戦地などで取材をしながら、危険を乗り越えられる人

3

アメリカで(注1)アパレル関連の店を経営する方から興味深い話を聞いた。彼女の商売の秘訣とは、「いい服を外に展示する」ということらしい。展示といっても豪華なショーウィンドウの中に飾るのではなく、それこそ店頭に10数着の服を掛けられる置きハンガーに、さも安物のように掛けておくというのである。そうすると通りかかった客は「こんな素敵な服が外に掛けてあるくらいだから、中にはさぞいい服がそろっているでしょう」と思って入ってくるらしい。そうしたらもうこっちのもの。客が今着ている服のデザイン、肌の色（アメリカだから肌の色もさまざまだ）、身につけているアクセサリー、化粧の仕方から好みを(注2)割り出し、数着を選んで勧める。私から言わせるとそのほうがよっぽど難しいように思えるのだが、彼女は言う。

「この業界で6～7年ほど働けば、誰でもそれくらいの(注3)眼力は持てるものです。それにお客様を相手にするのもコツさえつかめば誰でもできます。問題は前を通り過ぎる方を店の中へ招き入れることです。店の外にいらっしゃる方は通行人でしかありません。通行人の方をお客様としてお相手はできないでしょう。しかし、お店の中にお入りになったときに、はじめてお客様になられるのです。」

(注1) アパレル：衣装
(注2) 割り出す：ここでは、ある根拠に基づいて推論し、結論を導き出すこと
(注3) 眼力：目でものを見る力。または、物事の真偽・成否などを見抜く能力

問　よっぽど難しいとあるが、何が難しいのか。

1　値段の安い服を中に入れて高い服を店の外に飾ること

2　店の前を通りかかった人を店の中に入るようにすること

3　店の中に入ってきた客に似合いそうな服を選び出すこと

4　外に掛けてある高価な服を安物のように見せること

4

　小学生の娘ユキは友だちとの付き合い方において、(注)ずば抜けた才能を持っている。ある日、そのコツを何気なくたずねてみると自分の秘訣を伝授してくれるという。

　「友だちがね、自分の悩みを話してるときはね、口を挟まないで最後まで聞いてあげるのが大事なのよ。でないと悩みを聞いてるうちに、その友だちとケンカになっちゃうこともあるの。」

　「ママはそれがなかなか出来ないのよね……」ここまで言って、しまった、と思ったがもう手遅れ。娘はびっくりしたように目を大きく開けて、「わたしはそれ、2年生の時にわかっちゃったわよ。この前もね、マミちゃんが自分の悩みを打ち明けてるのにね、チカちゃんが口を挟んでくるのよ。だから、何度もチカちゃんに目くばせをしたんだけど、ちっとも気づかなくてね。結局マミちゃんが怒って出てっちゃったの。そのあと、わたしがマミちゃんを呼んで、続きを言ってごらんってことになって……。もう、本当に大変だったんだから。ママはほかの人の悩みをたくさん聞いてあげてるって言ってたくせに……」と、疑るような目つきで私を見つめる。

　その様子を隣で聞いていた夫が娘に「だったら、ユキは悩みがあると誰に相談するの？」と話を逸らしてくれた。面目がつぶれるところだったのでほっとして娘を見ると、彼女は何とも明るい表情で言った。

　「わたし？ 悩みなんてないもん！」

　まったく、こののんきな性格は誰に似たのかしら。

(注) ずば抜ける：普通よりずっとすぐれている。

　問　びっくりしたように目を大きく開けてとあるが、なぜか。
　　　1　ママは人の相談にのるのが得意だと思っていたが、そうではないことを知ったから
　　　2　自分が友だちの相談にのって相手を怒らせてしまったことをママが知ったから
　　　3　ママが自分が2年生のときに友だちと話した内容を今まで覚えていたから
　　　4　自分に悩みがないということを今までママが知らなかったから

5

　昔から伝わることわざだからと言って、今も同じように通用するとは限らない。あるテレビ番組で、長い人生を生きてきたお年寄りに「『これは嘘だ』と思えるようなことわざ」を選んでもらったのだが、そのベスト３は「果報は寝て待て」「老いては子に従え」「渡る世間に鬼はなし」だったそうだ。なるほど、果報つまりいいことは寝ながら待つのではなく自分から積極的に探すものであり、老いても従うべき優れた子がいるとは限らない。それに世間には悪い人間もいるということか。

　しかし、ことわざの中には本当に納得がいくものもある。例えば「ただより高いものはない」ということわざは、これはどうも本当のようだ。友人や知り合い同士で金のやり取りはするべきではないと言うが、もし私が親しい友人か誰かにある仕事を任せて報酬を払わなかったとしたらそれで終わりかというと、そこには妙な「借り」というものができてしまう。そしてその「借り」というのは少なくても相手は覚えていて、後になってとんだ仕事を頼まれたあげく「借り」を返す(注1)羽目になることだってある。「借り」や「貸し」というような面倒なものなどは作らず、お金に換算できるものなら払ってしまったほうがよっぽど潔いのではないだろうか。

　前の話に戻るが、その三つもまんざら「嘘」ではなさそうな気もする。毎週毎週あくせくと働き、宝くじ屋に通いつめる苦労人や、「俺はまだ若いもんにゃ負けねえ」と無理に張り切る(注2)ご老公殿は実際に少なからずいるのが現状だ。こんな方を戒めるには、そんなことわざも必要だろう。それに完璧な善人などいるはずもないから一人ひとりを「鬼」と見始めたらキリがない。このようにしてみると先人の知恵も全くの無駄でもないのかもしれない。

(注1) 羽目：困った状況
(注2) ご老公殿：お年寄り

問　これはどうも本当のようだとあるが、何が本当なのか。

1　親しい間柄の人には金銭を払って仕事を頼むことはよくないということ

2　昔から伝わることわざは、今の時代においても役に立つということ

3　仕事を頼まれたときに報酬を約束しないと、もらえなくなってしまうということ

4　費用がかからなかったといっても、もっと高くつく場合があるということ

제7장

【흐름을 파악하자 – 접속사 이해】

접속사는 본문의 흐름을 가늠하는 주요한 단서가 된다. 본문 전체를 읽지 않더라도 접속사, 특히 각 단락의 처음에 위치한 접속사는 문맥 파악에 있어서 매우 중요하다.

(1) 역접 – しかし・だが・けれども・が

역접 중에서도 본문 후반에 등장하는 역접은 반드시 주목해야 한다. 그 이유는 역접 뒤에 필자가 말하고자 하는 내용, 즉 「筆者が最も言いたいこと」가 나오는 경우가 적지 않기 때문이다.

예제

健康にいいという食品は実にたくさんあるようだ。テレビや新聞・雑誌などには毎日のようにヘルシーな料理の紹介であふれている。このような食品をあえて否定しようというのではない。料理や栄養学の専門家らが科学的な根拠に基づいて割り出したものだということは間違いないだろう。しかし、本当にいい食べ物とは自分がそのとき欲するものではないかと思うのである。いくら素晴らしい健康食品だといっても気が向かず、口にしたくないとしたら本来の効果は期待できないだろう。

問　筆者が最も言いたいことはどれか。
1　体が求める食べ物こそ自分にあった食品だ。
2　健康維持のために積極的に健康食品を摂取すべきだ。
3　メディアで紹介されているものには信頼が置けない。
4　医学的な方法以外にも健康を保つ方法はある。

예제 해석 및 정답

건강에 좋다는 음식은 실로 많이 있는 것 같다. 텔레비전이나 신문·잡지 등에는 매일같이 건강에 좋다는 요리 소개로 넘쳐나고 있다. 이와 같은 음식을 굳이 부정하려는 것은 아니다. 요리나 영양학 전문가들이 과학적인 근거에 입각해서 산출해낸 것은 틀림없을 것이다. 그러나 정말로 좋은 음식이란 자신이 그 때 원하는 것이 아닐까 생각한다. 아무리 훌륭한 건강식품이라고 해도 마음에 내키지 않고 먹고 싶지 않다면 본래 효과는 기대할 수 없을 것이다.

문제 필자가 가장 말하고 싶은 것은 무엇인가?

　　　1 몸이 요구하는 음식이야말로 자신한테 잘 맞는 음식이다.

　　　2 건강 유지를 위해서 적극적으로 건강식품을 섭취하여야 한다.

　　　3 미디어에서 소개하는 것은 믿을 수가 없다.

　　　4 의학적 방법 외에도 건강을 유지하는 방법은 있다.

정답 : 1

예제 해설

　본문에서 등장하는 「しかし」를 사이에 두고 앞에서는 '건강에 좋다는 음식'에 대한 일반론을 말하고 있지만, 역접 뒤에서는 필자의 의견이 나온다. 필자는 '좋은 음식이란 자신이 그 때 원하는 것'이라고 주장하고 있기 때문에 1번이 정답이다.

(2) 예상외의 전개용 접속사 – ところが・それが

　같은 역접이긴 하나 본문 흐름이 처음에 예상했던 것과는 다른 전개로 넘어갈 때에 사용된다. 다음과 같은 본문 흐름을 살펴보자.

　今朝は傘を持たずに家を出た。それは朝、雨が降っておらず、天気予報でも雨になるとは一言も言わなかったからだ。つまり、私はこのような理由で夕方に帰宅するまで雨は降らないだろうと確信した。

　오늘 아침에는 우산을 들지 않고 집을 나섰다. 그것은 아침에 비가 오지 않았고 일기예보에서도 비소식이 없었기 때문이다. 즉, 나는 위와 같은 이유로 저녁에 내가 집으로 돌아올 때까지 비가 오지 않을 것이라 믿었다.

이와 같은 글 다음에 「ところが・それが」라는 단어가 온다면, 그 다음 전개는 읽지 않더라도 충분히 짐작이 가능하다. 뒤에 올 수 있는 문장은 자신의 예상과는 달리 비가 왔다는 내용뿐이다.

　フランスにあるミレーの『晩鐘』が来るというので早速美術館に足を運んだ時のことである。会場には平日にもかかわらず、朝早くから大勢の観覧客が押し寄せていた。ほかの作品を鑑賞した後、今回の主役である『晩鐘』の展示室に向かった。薄暗い場所に入り込むと広い壁にぽつんとかかっている一枚の油絵の前に多くの人が群がっていた。初めの印象は照明のせいか、ただ「ちょっと落ち着いた色の絵だなあ」と感じただけである。それにサイズも55.5cm×66.0cmというから、それほど大きくもないので全体的に目立たない。まあ、一口に名画といっても見る人それぞれによるものなのかもしれないと思い、多少興ざめして外に出ると記念品売り場があって、例の『晩鐘』をモチーフにしたポスターやパズルなどを売っていた。ところが、それもこれもオリジナルの作品に比べてあまりにも色彩が単調だ。どれを見ても色の深みがない。やはりあれは名画だったのだとその時になってはじめて気がついたのである。

　問　筆者は『晩鐘』についてどのように思っているか。

　　1　思ったより大きさも小さく感動を得られなかった。

　　2　ポスターやパズルに最も適している芸術品だ。

　　3　決してまねのできないすばらしい作品だ。

　　4　色彩に深みがなく単調な絵だ。

　프랑스에 있는 밀레의 '만종'이 온다고 해서 당장 미술관을 찾았을 때의 일이다. 전시장은 평일임에도 불구하고 아침 일찍부터 많은 관람객으로 붐볐다. 다른 작품을 감상한 후 이번 전시회의 주인공인 만종 전시실로 향했다. 어두컴컴한 장소로 들어가자 넓은 벽에 덩그러니 걸려 있는 한 장의 유화 앞에 많은 사람들이 무리지어 있었다. 처음 인상은 조명 때문인지 '그저 차분한 색의 그림이다'라고 느꼈을 뿐이었다. 더구나 사이즈도 55.5cm × 60.0cm라고 하니 그다지 크지도 않았기 때문에 전체적으로 눈에 띄지 않는다. 아무리 명화라 하더라도 보는 사람에 따라서 다른지도 모른다고 생각하고, 다소 허무한 마음으로 바깥에 나오자 기념품 매장이 있어, 그 '만종'을 주제로 한 포스터나 퍼즐 등을 팔고 있었다. 그러나 이것저것 모두 오리지널 작품에 비해 너무나도 색채가 단조롭다. 무엇을 보아도 색에 깊이가 없다. 역시 그것은 명화였구나 하고, 그 때 비로소 알아차린 것이었다.

　문제　필자는 '만종'에 대해서 어떻게 생각하고 있는가?

1 생각보다 크기도 작아서 감동을 받지 못했다.

2 포스터나 퍼즐에 가장 적합한 예술품이다.

3 절대 흉내 낼 수 없는 훌륭한 작품이다.

4 색채에 깊이가 없어 단조로운 그림이다.

정답 : 3

예제 해설

본문 초반부터 중반까지는 '만종'이라는 그림에 대한 기대를 가지고 미술관을 찾았으나, 실제 그림을 보고는 실망을 하게 된다. 그와 같은 실망감을 가지고 있었다면 연장선상에서 기념품 판매장에 있었던 상품들을 보아도 감흥을 느끼지 않을 것이라는 '예상'을 할 수 있겠으나, 「ところが」이후에서 이 예상을 깨고 '역시 만종은 명작이다'는 느낌을 갖게 된다. 그러므로 정답은 3번이다.

(3) 동급을 나타내는 접속사 – つまり・すなわち

우리말로 번역하면 '즉'이라는 뜻을 나타내는 접속사인데, 이 접속사를 주목해야 하는 이유는 두 가지가 있다. 먼저, 첫째는 밑줄 있는 단어 또는 문장의 경우,

Ａということは、つまり（すなわち）Ｂである。

위와 같은 문장에서 Ｂ에 밑줄이 있고 이에 대한 의미 또는 해설을 묻는 질문에서는 Ａ와 Ｂ가 동급이므로 답은 Ａ를 설명한 선택지가 정답이 된다.

둘째는 강조 표현이라는 점에 주목해야 한다. 장문이라 하더라도 그리 넉넉하지 않은 지면에서 두 번이나 반복하고 있다는 것은 필자의 강조 의지를 보여주는 대목이라 할 수 있다.

예제

現代を生きる私たちにとって故郷とはどんなものでしょう。小学校のときに習う「故郷（ふるさと）」という曲は「ウサギ追いし彼（か）の山」と始まりますが、都会生まれで都会育ちの人たちには、野山を駆（か）け巡（めぐ）りながらウサギを追（お）い回（まわ）した記憶などはないはずです。

ある会社で22歳から34歳の女性を対象に「どんなときに故郷があってよかったな、と思うか」というアンケートをとったところ、4割近い人たちが「休みに帰省（きせい）する場所がある」と答えたそうです。お盆休みともなると帰省ラッシュで渋滞の激しい高速道路や混み合う東京駅などを思い浮かべてしまい、帰省する田舎がない私は気楽なものだと考

えていましたが、そんな混雑の中でも見え隠れする笑顔にはわけがあったんですね。帰省するといってもせいぜい年に一度か二度でしょうけれど、「帰省できる故郷がある」「帰れば自分を迎えてくれる人たちがいる」という思いはいつでも持っているということです。つまり、その人たちは都会の雑踏の中にいるときでさえ故郷にいられる幸せ者と言えるでしょう。

問　都会の雑踏の中にいるときでさえ故郷にいられるとは、どういうことか。

1　故郷に帰る日を待ち望んで生活できるということ

2　故郷があることが癒しになっているということ

3　帰省ラッシュのことを心配しているということ

4　帰省しない人を気楽だと思っているということ

예제 해석 및 정답

현대를 살아가는 우리에게 있어서 고향이란 어떤 것일까요? 초등학교 때 배우는 '고향'이라는 곡은 '토끼를 쫓아가던 그 산'으로 시작하지만, 도시에서 태어나고 도시에서 자란 사람들은 산을 뛰어다니며 토끼를 쫓아다니던 기억 같은 건 없을 것입니다.

어느 회사에서 22세 부터 34세 까지의 여성을 대상으로 '어떤 때에 고향이 있어서 좋다고 생각하는가?' 라는 설문조사를 한 결과, 40% 가까운 사람들이 '쉬는 날에 귀성할 곳이 있다'고 답했다고 합니다. 명절이 되면 귀성차량으로 정체가 심한 고속도로나 혼잡한 도쿄 역 등을 떠올리게 되어, 귀성할 시골이 없는 나는 속 편하다고 생각했었습니다만, 그와 같은 혼잡 속에서도 엿보이는 웃는 얼굴에는 이유가 있었던 거군요. 귀성한다고 하더라도 기껏해야 1년에 한 두 번이겠지만, '귀성할 고향이 있다', '돌아가면 나를 맞아줄 사람들이 있다'는 생각은 항상 가지고 있다는 것입니다. 즉, 그 사람들은 도시의 혼잡 속에 있을 때조차도 고향에 있을 수 있다는 행복한 사람들이라고 할 수 있겠지요.

문제 <u>도시의 혼잡 속에 있을 때조차도 고향에 있을 수 있다</u>란 무슨 뜻인가?

1 고향으로 돌아가는 날을 기다리며 생활할 수 있다는 것

2 고향이 있다는 것이 위안이 되고 있다는 것

3 귀성 혼잡을 걱정하고 있다는 것

4 귀성하지 않는 사람을 속 편하다고 생각한다는 것

정답 : 2

본문을 살펴보면 밑줄 앞에 「つまり」가 있다는 점을 확인할 수 있다. 이 밑줄 부분은 앞에서 살펴본 바와 같이 「A つまり(すなわち) B」에서 B에 해당하며, 질문에서는 B를 묻고 있기 때문에 답을 찾기 위해서는 「つまり」의 앞부분 즉 A에 해당하는 부분을 찾을 필요가 있다. 이 부분에 해당하는 문장은 「帰省するといってもせいぜい年に一度か二度でしょうけれど、「帰省できる故郷がある」「帰れば自分を迎えてくれる人たちがいる」という思いはいつでも持っているということです。」는 부분이 되기에, '귀성할 고향이 있으며 돌아가면 자신을 맞아줄 사람이 있다는 생각'이 곧 도시에서 살아도 고향에 있을 수 있다는 점이라는 것을 파악하면 문제는 어렵지 않게 풀 수 있다. 정답은 '고향이 있다는 것으로 위안이 되고 있다'고 하는 2번이다. 본문에서는 고향에 돌아가는 날을 기다리며 생활한다는 부분이 없으며, 귀성혼잡을 걱정하거나 귀성하지 않는 사람을 속 편하게 생각한다는 점이 없기에 1번 3번 4번은 모두 정답이 될 수 없다.

(4) 예외를 나타내는 접속사 – ただし

어떤 큰 원칙이 있으나 그 중 일부 예외를 가리킬 때 사용되는 접속사이다.

다음 문장 흐름을 보자.

この道は24時間、誰でも自由に通行できる道です。

ただし、毎月第2木曜日の夜2時から4時までは誰も通行できません。

이 길은 24시간 누구나 자유롭게 지날 수 있는 길입니다.

단, 매월 둘째 주 목요일 밤 2~4시 사이에는 아무도 다닐 수 없습니다.

여기서 나오는 '길'은 대부분의 시간 동안 누구나 다닐 수 있다는 큰 원칙이 있다. 그러나 한 달에 단 2시간 동안만은 통행이 불가하다는 예외규정을 두고 있는 것이다. 독해에서는 원칙보다도 예외가 중요하다.

(5) 문제 해결을 위한 접속사 – そこで

본문에서 다루어지는 내용 중에는 환경이나 사회구조 등에 대한 구체적 문제점을 제시하는 경우가 있다. 그러나 독해문제에서 인용되는 본문에는 단순히 '이러이러한 문제가 있다'는 것으로 끝나지 않고, 필자 나름의 해결방식을 제기하는 글이 대부분이며 또한 질문에서도 이 점을 지적하는 경우가 많다. 이와 같은 문제제기와 해결책을 본문에서 찾아내는 방법에 대해서 알아보자.

外国語を勉強するに当たって単語の暗記は大事であるが、なかなかうまくいかない。「単語帳を作ってみても長続きしない」、「市販されている単語集を読んでも頭の中に入ってこない」と、英語の勉強が苦手という生徒たちがときどき愚痴をこぼすが、私も同じ悩みを長年抱えていたので、その気持ちは誰よりもよくわかる。そこで、私は短い小説を翻訳してみようと思い、試してみたが、これが結構面白い。わからない単語が出てきたときにはもちろん辞書を引いてみるのだが、自分が調べた単語の意味をただ暗記する時とは違い、それを実際に使って文章を書いてみることで、単語の意味をより深く理解できただけでなく、一度自分が訳した単語はなかなか忘れにくいという点にも気づいた。

問　本文で筆者が行った英語の勉強法とは何か。

1　外国語で小説を書いてみること

2　外国語を母国語に書き換えてみること

3　実際に外国語を使って話してみること

4　わからない単語を見つけて単語帳をつくること

　외국어를 공부함에 있어서 단어 암기는 중요하긴 하나 좀처럼 잘 되질 않는다. "단어장을 만들어 보아도 오래 가지 않는다", "시판되고 있는 단어집을 읽어도 머릿속에 들어오지 않는다"며, 영어 공부를 잘 못한다는 학생들이 간혹 투덜거리지만, 나도 같은 고민을 오랫동안 가지고 있었기 때문에 그 심정은 누구보다도 잘 안다. 그래서 나는 짧은 소설을 번역하려고 생각하여 시도해보았는데, 이것이 꽤 재미있다. 모르는 단어가 나왔을 때에는 물론 사전을 찾아보지만, 자신이 찾아본 단어의 뜻을 그저 암기할 때와는 달리 그것을 실제로 사용하여 문장을 써 봄으로써 단어의 뜻을 보다 깊이 이해했을 뿐만 아니라 한 번 자기가 번역한 단어는 좀처럼 잊혀지지 않는다는 점도 알게 되었다.

　문제　본문에서 필자가 했던 영어 공부법이란 무엇인가?

　　　1 외국어로 소설을 써 보는 것

　　　2 외국어를 모국어로 옮겨 보는 것

　　　3 실제로 외국어를 써서 대화해 보는 것

　　　4 모르는 단어를 찾아서 단어장을 만드는 것

정답 : 2

　위 글의 흐름을 보면 「そこで」를 사이에 두고 그 앞에서는 외국어 공부의 어려움이 나오며, 「そこで」 뒤에는 이와 같은 어려움에 대한 하나의 해결책을 제시해주고 있다. 즉, 다음과 같은 공식으로 나타낼 수 있다.

　해결해야 할 문제점 + 「そこで」 + 문제점을 해결하기 위한 방법·해결책 제시

　외국어를 번역해보는 것이 단어의 이해를 깊게 하며, 번역한 단어는 좀처럼 잊혀지지 않는다고 하므로 정답은 외국어를 모국어로 바꾸어 본다는 것, 즉 번역해본다는 2번이다.

　여기서의 「そこで」는 '그곳'이라는 뜻의 장소를 나타내는 대명사가 아닌 접속사로 사용되었다는 점을 유의해야 할 필요가 있다.

1

　「あなたはどうして山に登るのか」という質問に対して、ある登山家が「そこに山があるから」と答えたことが有名らしいが、私には(注)しっくりこない。同じ質問に対して、ある無名の登山家は「有名になりたいから」と言ったそうである。有名になり名声が高まればそれによってスポンサーがつくので、自分の好きな登山を存分に楽しめるからだというのだ。どちらかといえば私は後者の方がもっと素直な気がする。もちろん前者に比べればあまりにも現実的過ぎてロマンや格好良さは欠けるかもしれないが、しかしまさにそれが現実であるから仕方がない。この世の中には様々な形の「幸せ」があるだろうが、そのうち自分の好きなことを自分の職業として持てるのもすばらしい幸運の一つである。だが、いくらそうだとしても、そのためにはやはり相応の努力が必要なのである。

(注) しっくりこない：ここでは、自然な感じがしない、納得がいかない

問　筆者の考えとして、最も適当なものはどれか。
　　1　職業を選ぶ上では名声を獲得する方法も考えるべきだ。
　　2　職業は現実性を抜きにして考えることは出来ない。
　　3　将来の夢を持つには仕事に対するロマンが必要だ。
　　4　自分の望む道を進むには努力が不可欠だ。

2

　東京の新宿や渋谷といった都心には、いくつもの超高層ビルが立ち並ぶ。耐震をはじめとする建築技術の進歩によって素晴らしいデザインの建物が建設されるようになった。市内に出てみると、これは私が小学校の頃に漠然と描いていた未来都市さながらである。地上はもとより地下にも多くの施設が設けられるようになった。

　しかし、このような建物に問題が起きているという。奈良の法隆寺は創建から1400年以上が経つというのに未だ健在であり、それ以外にも日本には数百年を越す歴史的な建造物が少なくない。その反面、現代の建物は、果たしてどれくらいその姿をとどめていられるだろう。寺院のように特別な意味が込められたものでなくても、例えば総理官邸をみるとわずか70年後に再建築された。1957年に竣工した東京都庁も取り壊され1991年に移転した。日本の心臓といえる首都東京の都庁であり、デザインの(注)粋を極めた庁舎でありながら、完成から16年経ってから雨漏りがひどくなり、その補修に1,000億円以上がかかるというから情けない。最新技術も斬新なデザインも結構だが、遠い未来までも見越した昔の建造物に比べて、今は建物に対する思い入れが少なくなってきたのではないだろうか。

(注) 粋を極める：すべてを込める。

問　筆者は昔と今の建築物とでは、何が一番違いがあると述べているか。
　1　昔は意味を込めて建てられたが、今は何の意味も持たない建物が増えている。
　2　昔は長期間保たれることを考えて建てられたが、今はその点が考慮されていない。
　3　昔は耐震に関して無防備だったが、今は最新技術で地震にも耐えうる建物が建てられている。
　4　昔は寺院のような建築物に重点が置かれていたが、今は建物の種類も多様化している。

3

1930年代の後半、アメリカのあるフリーウェイで車が止まっていた。走っていたら急に故障を起こし、そのまま(注1)立ち往生したのである。ドライバーは車の修理工だったのでボンネットを開け修理を試みたのであるが、なかなかうまくいかない。どうしたらいいものかと(注2)途方に暮れていたところ、ある車が彼の前に止まり、初老の紳士が降りてきた。

「車の故障ですか。私がみて差し上げましょう」

「いや、こう見えても私は修理工です。この私の手に負えないのに、無駄ですよ」

「まぁ、いいから。ちょっと見せて御覧なさい」

若い修理工からスパナを受け取ると、その紳士はボンネットをのぞいて数ヶ所のネジを調整した後、「試しに一度エンジンを掛けてみなさい」と言った。

ドライバーは無駄だとは思いながらも断りきれず、キーを回してみた。ところが、エンジンがかかったのである。

「よかったですね。また、車にトラブルが起きたらこちらに連絡してください」

目を丸くしている彼に老紳士は笑いながら一枚の名刺を渡した。その名刺を見た若い修理工は飛び上がらんばかりに驚いた。そう、その老紳士こそ自動車王と呼ばれたフォード・モーターの創業者ヘンリー・フォードだったのである。

(注1) 立ち往生：ここでは、途中で身動きが取れなくなってしまうこと
(注2) 途方に暮れる：どうしたらいいのか、わからなくなる。

問　本文の内容と合っているものはどれか。

1　修理工が渡した道具では車を修理できないと思っていたのに、直った。

2　修理工の車は故障したと思っていたのに、何の異常もないことが分かった。

3　老紳士には車を修理できる技術がないと思っていたのに、そうではなかった。

4　老紳士は連絡先を知らせてくれないと思っていたのに、名刺を渡された。

4

　女性層を中心にダイエットは今や「ブーム」を通り越し「常識」にまでなってきている。20代の女性らがダイエットに夢中になる心境はある程度理解できるにしても、小学校2年の児童の口から「さいきん　ちょっと　ふとりぎみだから」などと言われると、何とも不思議な気がしてくる。さらに「結婚前の服が着たい」という女性、これだけならまだ分かるが、これが身ごもっている、つまり妊婦の台詞だとしたら皆さんはいかがだろうか。どんなスリムな女性でも、妊娠中はおなかの中で赤ちゃんが育っているのだから、ある程度体が大きくなるというのは当然過ぎる話なのに、どうも納得がいかない。ダイエットのためには、妊娠中にもかかわらず食べる量を減らすというが、そこまでしてダイエットにこだわるとなると、体は大丈夫なのだろうかと心配になってくる。

　厚生労働省の国民健康・栄養調査によると、日本人1人の1日当たりのエネルギー摂取量が1975年には2,188kcalであったのが2009年には1,861kcalに減少したという。この数字は何と栄養状態の悪化が深刻だった終戦直後の1946年に調べた摂取量1,903kcalを下回っているのだ。「日本全体が低栄養化に入っているといえなくもない状況だ」と人間総合科学大学大学院の柴田博教授は指摘する。当然ながら原因は食糧難などではなく、過度なダイエットにある。

　雑誌などでは肥満は万病の元とか、粗食が体にいいとかという内容でいっぱいだ。しかし、やせすぎも健康には良くない。食べ盛りの子どもが必要な栄養をとらないと、大人になってから健康を害することにもなりかねないし、特に妊婦の場合、美しい体を求めて無理なダイエットをした挙句、自分やおなかの中の赤ちゃんの健康を損ねたりしたら、元も子もないではないか。健康な体の秘訣は摂取する栄養のバランスと規則的な食習慣、そして適度な運動であることを忘れてはならない。

問　筆者が、この文章で最も言いたいことはどれか。

　1　新聞や雑誌などはダイエットに関する内容を減らすべきだ。
　2　日本人が終戦後よりもやせすぎているのは粗食がいいという認識からだ。
　3　ダイエットは体に良くないが肥満よりは健康に与える影響は少ない。
　4　過剰なダイエットは本人や胎児の体に支障をきたすこともある。

5

　ある町がありました。市の中心部から車で1時間、人口約2,000人、高齢者比率49.5％。数字から見る限りここは過疎化の見本みたいな町です。若者は徐々に村を離れ、都会へと去っていきます。観光客を集めようにも、町にあるものといったらありふれた山や田んぼや森ばかり。産業施設を誘致しようとしても山奥なので容易ではありません。主力産業だった林業は海外からの安価な木材の輸入におされ、ミカン栽培は生産過剰のために衰退の一途をたどっていました。老人たちは酒ばかり飲み、隣近所と家族の悪口ばかり、意欲も希望もなくした人たちでいっぱいでした。そんな折に農協の営農指導員としてその町に赴任したのが横石知二さんでした。横石さんはこの町を何とか立て直したかったのですが、いくら新しい提案をしても当時はまだ20代だった彼の言葉に耳を貸す人はいませんでした。

　赴任して2年後、町に大きな転機が訪れます。冬場に氷点下13度という異常寒波に襲われ、ミカンの木のほとんどが枯死してしまいました。これではもう何もすることができません。それまでにあった一握りの希望さえも消えうせたのです。周りには何も残っておらず、ただ、葉っぱを茂らせた森だけがありました。

　そのとき、ふと横石さんの頭に浮かんだものがありました。「そうだ、葉っぱを売ろう！」

　そこで、彼は高級レストランや料亭などで出される料理に添えられる「葉っぱ」を売ることにしたのです。これだったら高齢者にも十分できる仕事だと思いました。

　「ある日、すし屋さんで、隣の女の子たちが料理に添えられたもみじの葉っぱを『かわいい』と言いながらハンカチに包むのを見たんです。そこで葉っぱを売ろうと思いつきました。」

　それまでも葉っぱは誰もが目にしていたものですが、それを生かそうとする人はいませんでした。しかし、このアイディア一つで、そこはそれまでにあった老人ホームが無用になるくらい活気のある町になりました。今では年間1,000万円の収入を得る高齢者もいるそうです。

問　横石さんが危機を迎えた町を立て直した方法は何か。

1　寒さのために枯れたミカンの木を再生させ、森一面に茂らせた。

2　町の中でありふれたものを使い、商品として開発することに成功した。

3　荒れ放題になっていた町に果物や木材を植え、観光地として開発させた。

4　料理の食材として町に多くあるものを利用することで収益を上げた。

제8장

【논리 구조를 찾아내자 – 일부 긍정 구문】

글에서 필자가 자신의 주장을 피력하는 방법 중에 일부 긍정 구문 방식이 있다. 이는 기존 생각이나 일반론에 대해 전체를 부정하는 것이 아니라 일부만을 부정함으로써 자신이 주장하는 내용의 차별성을 부각시키는 기법이라고 할 수 있다. 이 경우에는「確かに」「もちろん」「なるほど」등의 부사와 역접이 결합해서 사용된다.「確かに」「もちろん」「なるほど」라는 부사만을 본다면 각각 '분명' '물론' '그렇군'정도로 번역되어 동일한 용법으로 나타내지 못할 것 같으나, 역접과 결합됨과 동시에 일부 긍정 구문을 만들어낸다.

確かに
もちろん   +   A   +   역접   +   B
なるほど

위와 같은 구문의 경우, A에 대해 언급을 하면서 이를 일부 긍정하면서도, 필자가 강조하고자 하는 부분은 역접 후반부에 위치한 B이다. 이와 같은 일부 긍정 구문을 찾는 이유는 필자의 주장이 있는 바로 'B'를 찾아내기 위해서이다.

(1) 전형적 일부 긍정 구문

예제

人間の人生というのはモノを獲得(かくとく)する過程ともいえる。一定の教育を修(おさ)めれば社会に出て働かなければならない。これはボランティアなどではなく、あくまで収入を得るためである。収入を得るために残業(ざんぎょう)も惜(お)しまず、時には休日も返上(へんじょう)しながら働くのである。職場で働きながらもそれぞれの目標はあるだろうが、どれも皆収入、つまり「オカネ」のために働くといっても過言ではあるまい。そして、多くの人たちはたくさんの収入を得ることで財産を蓄積(ちくせき)し幸福を得られると思っているようだ。もちろん、人生において財貨(ざいか)は必要だ。体の調子が悪くて病院に行くこともあるだろうし、教育を受けるためには授業料も払わねばなるまい。しかし、お金というものは単に道具に過ぎないので

あって、お金で幸せを獲得できるという考えは大変危ういものであるということを忘れてはならないであろう。

問　筆者が最も言いたいことは何か。

1　人が生きていく中でお金は必要だ。

2　お金は人生の目的ではない。

3　財産の蓄えによって得られる幸福も大事なものだ。

4　現代の貨幣制度は見直すべきだ。

인간의 인생이라는 것은 물건을 획득하는 과정이라고 할 수 있다. 일정한 교육을 마치면 사회에 나가서 일해야만 한다. 이것은 자원봉사가 아니라 어디까지나 수입을 얻기 위해서이다. 수입을 얻기 위해서는 야근도 가리지 않고, 때로는 휴일도 반납하면서 일하는 것이다. 직장에서 일하면서도 각각 목표가 있겠지만, 모두가 다 수입 즉 '돈'을 위해서 일한다고 해도 과언은 아닐 것이다. 그리고 대다수의 사람들은 많은 수입을 얻음으로써 재산을 축적하고 행복을 얻을 수 있다고 생각하는 것 같다. 물론 인생에 있어서 재화는 필요하다. 몸이 안좋으면 병원에도 가야 하고, 교육을 받으려면 등록금도 내야 한다. 그러나, 돈이라는 것은 단순히 도구에 지나지 않으므로 돈으로 행복을 획득할 수 있다는 생각은 매우 위험하다는 것을 잊어서는 안될 것이다.

문제　필자가 가장 말하고 싶은 것은 무엇인가.

1 사람이 살아가는 중에서 돈은 필요하다.

2 돈은 인생의 목적이 아니다.

3 재산 축적에 의해 얻어지는 행복도 소중한 것이다.

4 현대 화폐제도는 재검토 되어야 한다.

정답 : 2

예제 해설

여기서 본문 「もちろん」이하에 나오는 부분을 필자가 부정을 한다면 「人生において財貨は必要ない」라고 되었을 것이지만, 필자는 이 부분에 있어서 어느 정도는 수긍을 하고 있다. 하지만 진정으로 이 글에서 주장을 하고 싶은 것은 역접 뒤에 나오는 「お金というものは単に道具に

過ぎないのであって、お金で幸せを獲得できるという考えは大変危ういものであるとい
うことを忘れてはならないであろう。(돈이라는 것은 단순히 도구에 지나지 않으므로 돈으로
행복을 획득할 수 있다는 생각은 매우 위험하다는 것을 잊어서는 안될 것이다)」라는 부분이다. 즉,
필자가 이 글을 쓴 목적은 바로 이 마지막 부분을 주장하고 싶었기 때문이다.   정답은 2번.

(2) 변형적 일부 긍정 구문

일부 긍정 구문은 앞에서 본 것처럼 알아보기 쉽게 나타나 있는 경우가 있는 반면, 분명 일부 긍정 구문임
에도 불구하고 「確かに」「もちろん」「なるほど」라는 부사가 포함되지 않은 경우가 있다.

비록 이와 같은 부사가 보이지 않더라도 문장 해석상 일부 긍정 구문이 되는 경우가 있으므로 주의해야 한
다.

이해를 돕기 위해 (1)에서 본 본문을 변형하면 다음과 같이 된다.

人間の人生というのはモノを獲得する過程ともいえる。一定の教育を修めれば社会に出て
働かなければならない。これはボランティアなどではなく、あくまで収入を得るためであ
る。収入を得るために残業も惜しまず、時には休日も返上しながら働くのである。職場で働
きながらもそれぞれの目標はあるだろうが、どれも皆収入、つまり「オカネ」のために働く
といっても過言ではあるまい。そして、多くの人はたくさんの収入を得ることで財産を蓄積
し幸福を得られると思っているようだ。人生において財貨は必要だ。体の調子が悪くて病院
に行くこともあるだろうし、教育を受けるためには授業料も払わねばなるまい。ただ、お金
というものは単に道具に過ぎないのであって、お金で幸せを獲得できるという考えは大変危
ういものであるということを忘れてはならないであろう。

여기에는 앞에서 보았던 「確かに」「もちろん」「なるほど」도 없으며, 역접도 「ただ」라는 접속사로 대
체되어 있는 것을 볼 수 있다. 그러나 의미상으로는 (1)에서 본 것과 전혀 다를 바가 없으며, (1)과 동일한 선
택지가 나와도 정답은 역시 같다.

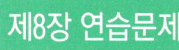

1

ある会社は新入社員の選考において、願書以外の書類は一切受け取らず、面接だけで採用を決定するという。次は人事担当者の言葉である。

「最近の学生たちは就職活動の一環として英語や漢字検定などのような資格を取ることに(注)躍起になっているようです。大学院で勉強するとか外国語やその資格に相応する知識を用いる職場であるなら、そういうのも必要でしょう。しかし、ここは製品を開発し販売する会社です。もちろん、外国のバイヤーなどとも取引はありますが、そのときに必要とされる外国語は、わが社の研修プログラムで充分身につけることが出来ます。会社は机の前に座って勉強するところではありません。広い世界を見つめ、今そして未来に必要とされる新しいアイデアを生み出し、全社員が一丸となって歩んでいけるかということが最も大事なことだと思うのです。」

(注) 躍起になる：あせって何かを必死にすること

問　本文で人事担当者は、会社で特に何が必要な能力だと述べているか。
1　斬新な発想とチームワーク
2　製品開発と販売を促進できる推進力
3　自分がとった資格を仕事で生かせる能力
4　海外との取引でコミュニケーションがとれる言語力

2

　まだ幼いころ、早く年をとりたい、大人になりたいと願っていたのは私だけではないはずだ。ときどき、次の誕生日まで残ったカレンダーの枚数を数えてみてはがっかりした。どんなに日にちの経つのが遅かったことかしれない。しかし、そんな私でも50を超えてみると、いつからか新年を迎えるたびにため息をついていた。去年に比べて著しく体力が落ちたように感じたり、白髪や目じりのしわを気にしだす。ふと、果たしてこれでいいのだろうか、ちょっと間違っていないかという疑問がわいた。

　確かに体力が衰えているという事実だけを見ると複雑な気分になるのは自然なことかもしれない。だが、少し視野を広げてみようではないか。日本を含め世界には事故や病に冒され、50はおろか20や30を超えたくても超えられず生を終える命が幾多もあるということを忘れてはいけない。つまり「今年も無事に年をとることができた」ということは悲しむべきではなく、むしろ喜ばしいことなのである。

　問　筆者の考える「年をとる」とはどのようなことか。
　　1　衰えを気にしだしたり、体の変化に疑問が生まれはじめること
　　2　若くしてこの世を去った人々が多いという点を思い返すこと
　　3　何事もなく一年を終えられることに感謝すべきこと
　　4　白髪やしわを見ながら月日が経つのを実感すること

3

長い間、翻訳という仕事に携わっていると、言葉とは単なるコミュニケーションとしての道具だけではなく、もっと深いものだと感じるときがある。同じ日本語であってもその言葉を操る人によってこうも違ってくるのかと思えて、「神秘的」に感じることさえある。

だが最近の若者たちの間で使われている、いわゆる若者言葉をときどき耳にするとなんとなく不安な心持ちになる。確かに彼らが使う言葉の中には既存の単語では言い表せないような微妙なニュアンスを捉えた奇抜なものも見受けられ、そのような時は感心もするのだが、最近はどうも形容の仕方が単純化されてきたようだ。例えば強調の表現をとってみても「すさまじい」「想像を絶する」「感動的な」「驚くような」「目覚ましい」「輝かしい」など様々な言い表し方があるのだが、これをひとまとめにして「すっげえ」なのだそうだ。これではせっかくのすばらしい「言語」というものを台無しにしてしまう。

問　筆者は、最近の若者言葉について何と述べているか。

1　最近の若者言葉は、それまで存在しなかった感覚に対する表現力に富んでいる。

2　最近の若者言葉は、コミュニケーションの道具としては適切ではない。

3　最近の若者言葉は、一つの意味をいろいろな言葉で表現している。

4　最近の若者言葉は、多様な言語的表現を簡素化する傾向がある。

4

「(注)働かざるもの食うべからず」ということわざがある。これは「働けるのに働かないような怠け者は食べる資格がない」という意味からきているのだが、これには「働けば食べられる」ということが前提になっていなければならない。

だが今の社会ではこのことわざが当てはまらなくなってきている。まず、ワーキング・プアの問題について考えてみよう。「働く貧困層」とも言われるワーキング・プアは2006年頃から社会的問題として浮上してきた。ワーキング・プアに当たる階層は、人並みかそれ以上に長時間働いているにもかかわらず、生活の維持さえも困難な状況にあるのだ。このような階層の出現は、企業がリストラと新規採用削減によって賃金の高い正社員数を減少させ、低賃金でまかなえる非正社員の数を増加させていることに起因する。

国税庁の『民間給与実態統計調査』によると、1999年には労働者の75.1％が正規雇用であったが、10年後の2009年には66.3％にまで減少している。そして、その減少した分を非正社員がまかなっているのである。一般的に企業では派遣労働やアルバイトなどの経験をキャリアとして認めない傾向にあるため、非正社員から正社員への道は年々険しさを増すばかりとなっている。

(注) 働かざるもの食うべからず 怠けて働こうとしない人は、食べてはならない

問1 働かざるもの食うべからずのことわざが戒める例は何か。

1 働いている職場から退職させられ、仕事を探しているがまだ見つけられない人

2 会社を辞めたあと、就職活動をせずに親からの仕送りに頼っている人

3 家の仕事を継がず大学院に入り、法律家になるための勉強をしている人

4 大学を卒業したが、正社員になれずアルバイトなどで生活をしている人

問2 この文章によると、昔と今はどのように変化しているか。

1 昔は働かなくても生きていけたが、今は働かなくてはならないほど生活費が増加した。

2 昔は働いても成果がなかったが、今は結果に見合った成果が認められるようになった。

3 昔は働けば生活が維持できたが、今はいくら働いても維持できない人たちが増えた。

4 昔は働きたくても働けない人が多かったが、今は働ける職場が増えた。

5

「先入観」といえば一概に悪いイメージを持ちがちだが、実は脳の重要な機能の一つである。限られた情報の断片を今までの経験と照らし合わせて余白を埋め合わせるか、または判断に要する時間を縮める役割を果たしているのである。これは言語の面でも現れる。例えば、ある人に何かを頼んだとき「これはちょっと…」といえば、その次に来る言葉は大抵予想がつく。だが、問題はこの機能が完璧ではないという点にある。

例えば、ちょっとしたクイズを出してみよう。男性Aは東の方を、男性Bは西の方を向いて立っている。ふいに男性Aが男性Bに「君の上着の上から2番目のボタンが外れているよ」と言った。男性Bが見てみると本当に外れていた。鏡などの道具は使わなかった。さて、男性Aはどうしてわかったのだろうか。

答えは簡単で、男性Aと男性Bは向かい合って立っていたのである。ここで話し手は意図的に「東」と「西」という相反する概念を聞き手に対して植え付け、聞き手は「東」と「西」が対義語であるということを意識し、当然二人はお互いに背を向けて立っていると思い込んでしまうところに落とし穴があるのだ。

では次に、この絵を見てみよう。右と左の絵を比べてみると、どちらの実線が長いだろうか。

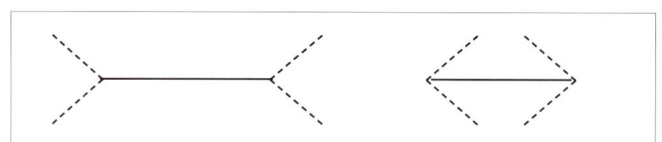

「この絵は目の錯覚を説明するときに例として取り上げられる有名なものである。左の線が長く見えるのは目の錯覚だ。長さが違うように見えるが実は同じ長さだ。」

もしこのように考えたのなら、申し訳ないが間違いである。定規でもあれば測ってみるとよろしい。実際に左の線の方がほんの少し長いはずである。

これは「過剰学習」というもので、ある程度の知識を習得した場合、その間に一定の変化が生じたにもかかわらず、既に身につけている知識を基準にして判断してしまうことを言う。

このような先入観の罠にはまらないためには「当然を当然のこととして見ない知恵」が必要になってくる。つまり、過去に得た知識に基づく主観的な「当たり前」の後にクエスチョンマークをつけ、その判断が「正解」なのか、思い込みによる誤りの入る余地がないのかを検討する過程を踏むようにしなければならないのである。

問1 過剰学習による失敗を回避できた例として最も適当なものはどれか。

1 取引先に発送する注文書をファクスで送り、受け取りの確認連絡をした。

2 新しく購入した機器と古いものとの操作の違いをマニュアルで確かめた。

3 寝る前に一日の出来事をノートに書き、次の日のスケジュールを確認した。

4 外出時に消灯とガスのチェックを忘れないように玄関にメモを貼り付けた。

問2 過剰学習の原因を適切に示しているのはどれか。

1 過剰学習 ＝ 客観的事実 ＋ 主観的判断

2 過剰学習 ＝ 過去の経験 ＋ 客観的事実

3 過剰学習 ＝ 主観的事実 ＋ 客観的判断

4 過剰学習 ＝ 過去の経験 ＋ 主観的判断

제9장

【본문 내용과 필자 주장의 특징】

우선 다음 문제를 풀어보도록 하자.

예제

科学の進歩はそれこそ目覚しいという一言に尽きる。私が中高校生の頃までは、今では当たり前になっているスマートフォンにしても、ＳＦ映画に出てくるようなものだった。一昔前までは大きな研究所の奥深くで仰々しく動いていたコンピューターの性能も、最近は小学生でも使うパソコンより劣っていたという。このような現実を、私は行き過ぎた科学の進歩だと思っていたものだ。「子どもは外で遊んだほうが良い、新聞や本は紙で読んだほうがよっぽど人間味があっていいではないか」と。しかし、今朝、地下鉄でスマートフォンを片手に妙な手振りをしている女性を見かけた。気になったので注意してみていたら、スマートフォンで相手とビデオ電話機能を利用して手話でコミュニケーションをとっていたのである。たぶんご本人か相手が耳の不自由な方だったのだろう。この様子を見て私は、科学の進歩が人類にとってそれほど無駄でもないか、と思うようになった。

問1　本文の内容と合っているものはどれか。

　　1　今でもスマートフォンはＳＦ映画でしか見ることができない。

　　2　スマートフォンは従来の電話に比べて不便だ。

　　3　スマートフォンを使って手話で話している人を見かけた。

　　4　科学の進歩は人類にとって無益なだけだ。

問2　筆者が最も言いたいことはどれか。

　　1　今でもスマートフォンはＳＦ映画でしか見ることができない。

　　2　スマートフォンは従来の電話に比べて不便だ。

　　3　スマートフォンを使って手話で話している人を見かけた。

　　4　科学の進歩は人類にとって無益なだけではない。

　과학의 발전은 그야말로 눈부시다고 밖에 말할 수 없다. 내가 중고등학교 때만 해도 지금은 당연시되고 있는 스마트폰은 SF영화에서나 나오는 것이었다. 예전에는 큰 연구소 깊은 곳에서 거창하게 작동되던 컴퓨터의 성능도, 지금은 초등학생도 사용하는 개인용 컴퓨터보다도 못했다고 한다. 이와 같은 현실을 나는 지나친 과학 발전이라고 생각하곤 했었다. "애들은 밖에서 노는 게 좋다. 신문이나 책은 종이로 읽는 편이 훨씬 더 인간미가 있어서 좋지 않은가"라고. 그러나 오늘 아침 지하철에서 스마트폰을 한 손에 들고 묘한 손짓을 하고 있는 여성을 보았다. 궁금했기에 주의해 보자, 스마트폰으로 상대방과 화상통화를 하고 있었던 것이다. 아마도 본인이나 상대방이 귀에 장애가 있는 분이었나 보다. 이 모습을 본 나는, 과학의 발전이 인류에 있어서 그다지 불필요한 것만은 아니라고 생각하게 되었다.

　문제1　본문 내용과 같은 것은 무엇인가?
　　　　1　지금도 스마트폰은 SF영화에서밖에 볼 수가 없다.
　　　　2　스마트폰은 기존 전화에 비해 불편하다.
　　　　3　스마트폰을 사용하여 수화로 대화하는 사람을 보았다.
　　　　4　과학발전은 인류에게 있어서 무익할 뿐이다.

　　　　　　　　　　　　　　　　　　　　　　　　　　　　　　정답 : 3

　문제2　필자가 가장 말하고 싶은 것은 무엇인가?
　　　　1　지금도 스마트폰은 SF영화에서밖에 볼 수가 없다.
　　　　2　스마트폰은 기존 전화에 비해 불편하다.
　　　　3　스마트폰을 사용하여 수화로 대화하는 사람을 보았다.
　　　　4　과학발전은 인류에게 있어서 무익하지만은 않다.

　　　　　　　　　　　　　　　　　　　　　　　　　　　　　　정답 : 4

예제 해설

　문제 1에서는 본문 내용과 같은 것을, 그리고 문제 2에서는 필자가 가장 말하고 싶은 내용을 묻고 있으나, 두 문제의 선택지가 매우 유사하다는 점을 주목하자.
　'본문 내용과 같은 것'을 묻는 문제에서는 강조를 하든 안 하든, 문자 그대로 '본문에 있는 내용'이 선택지에 있으면 그것이 정답이다. 본문에는 전철에서 스마트폰 이용해 수화로 대화하고 있는 사람을 보았다는 내용이 있으므로 문제 1의 정답은 3번이다.

그러나 문제 2에서는 필자가 가장 말하고자 하는 내용을 묻고 있다. 분명 본문에는 전철에서 스마트폰을 이용해 수화로 대화하는 사람을 보았으나, 단지 그 사실만을 말하려고 이 글을 쓴 것은 아니다. 그 모습을 보고 기존에 회의적이었던 과학 발전에 대한 시각을 달리 하게 되었다는 것이 본문의 핵심이므로 정답은 4번이 된다.

1

就職するべきか、あるいは大学に残るべきか。就活シーズンが近づくにつれて悩む学生も多くなるだろう。大学で機械設計を専攻した知人から聞いた話だ。学部を経て修士課程を終えた彼は、研究課題でもあったロボット製造に関する研究を続けるつもりでいたが、諸事情により就職を余儀なくされた。当初は企業に入っても自分の研究を続けられると思ったのだが、彼が配属された部署は洗濯機開発部門だった。結局5年後、彼は退職して、ロボット開発の会社を立ち上げ、今では自分の望む研究とビジネスをうまく融合させ、のびのびと活動している。

彼が私に、こんなことを言ってくれた。「大学や研究機関は『研究したい分野』に専念できるが、企業では『研究すべき分野』しかできない。」

それは、大学と違って企業では「売り上げを伸ばせる商品」を開発しなければならないからであろう。

問1 本文の内容と合っているものはどれか。

1 ロボットを研究したかった人が、企業では違う分野を任された。

2 大学と研究機関とでは、関心分野が同じではない。

3 大学や研究機関と違って、企業は研究に重点が置かれている。

4 ロボットに関する知識は、企業で応用できる分野がない。

問2 筆者が最も言いたいことはどれか。

1 ロボットを研究したかった人が、企業では違う分野を任された。

2 大学と研究機関とでは、関心分野が同じだ。

3 大学や研究機関と違って、企業は収益に重点が置かれている。

4 ロボットに関する知識は、企業で応用できる分野がない。

2

「ちょっと僕を描いてくれないか」「知り合ってどれくらい経てば絵をもらえるの？」「売れ残った絵なんかない？」「私の部屋がちょっと閑散としているのよね。絵いっぱい持ってるんでしょ？」

絵を描く仕事をしていると、時として知り合いからこんな頼みごとをされる場合がある。私は趣味で絵を描いているのではない。色をひとつ選ぶにしても、筆ひとつをとるにしても考えに考えを重ね、作品をひとつ仕上げるにも(注1)渾身を込めて取り組んでいる。これは私の職業だ。作品を完成させ、お客様に喜んでいただき、その代価としてお金をもらい生計を営んでいるのである。私の作品を誰かに贈るときにしても幾度の熟慮の末に選ぶ。それをあたかも安物のポスターのように言われると不機嫌になるというより、その人の人となりを疑ってしまうのは当然ではないだろうか。それはまるで歌手にひとつ歌を歌ってみろとか、俳優にちょっと演技をしてみろとかというのと何ら変わりはない。

この前、外国語を教えている友人にこのような話をしたら、彼も同じような体験をしたことがあるそうだ。こちらの職業を言ったとたん「ちょっとしゃべってみて」と言われたという。そのとき彼は「私はインコや(注2)九官鳥じゃないんだ」と激怒したらしいが、私にはその気持ちが痛いほどわかった。

(注1) 渾身を込めて：全力を込めて
(注2) 九官鳥：人間の言葉をよくまねる鳥

問1　本文の内容と合っているものはどれか。

1　画家に絵を頼むことは相手に対して失礼な行為だ。

2　芸術や外国語を職業としている人は社会的に尊重される。

3　どんな職業であれ相手の仕事には敬意を払えないものだ。

4　「私」は自分の作品を軽く見られると怒りを覚える。

問2　筆者が最も言いたいことはどれか。

1　画家に絵を頼むことは相手に対して失礼な行為だ。

2　芸術や外国語を職業としている人は社会的に尊重される。

3　どんな職業であれ相手の仕事には敬意を払うべきである。

4　「私」は自分の作品を軽く見られると怒りを覚える。

3

　世界には数多くの冒険家がいる。ある冒険家は世界の名だたる最高峰を狙い、またある冒険家は酷寒に耐えながら北極点や南極点を目指す。

　山を登るにしても単に頂上を踏むだけでなく「単独登頂」や「厳冬期登頂」というように、その方法や時期によっても冒険の仕方が分かれるようだ。そもそも「冒険」とはなにかと聞かれれば前人未到の奥地や酸素の薄い高峰を征服することだと答える人は多いだろう。もちろん、それは間違いではない。しかし、いくら高い山だといっても、年に20〜30万人もの観光客が訪れる富士山を登山コースに沿って登ったのでは「冒険」とは言えまい。

　「アマゾン河6,000km単独筏下り」や「世界初の五大陸最高峰登頂」など有数の記録をいくつも残した植村直己氏はこう言い残した。

　「冒険で死んではいけない。生きて戻ってくるのが絶対条件、何よりの前提である」

　冒険家にとって記録や目標の達成は大事なことだ。何ヶ月や何年もかけて準備をし、訓練に取り組み、そして挑戦するのであるから当然のことだろう。けれども、そこに「生きて戻ってくる」ということが前提にない挑戦は単なる無謀な行為であり冒険とは言えない。真の冒険とは「生還」という究極の目標達成あってのものである。

問1　本文の内容と合っているものはどれか。

1　冒険とはだれも行ったことのない危険な場所に行くことではない。

2　多くの観光客が訪問する地域も冒険として挑むことができる。

3　冒険は場所だけではなく様々な条件を設定することで別の冒険となる。

4　生きて戻れないかもしれないという覚悟こそが冒険では必須条件だ。

問2　筆者が最も言いたいことはどれか。

1　冒険とはだれも行ったことのない危険な場所に行くことではない。

2　多くの観光客が訪問する地域も冒険として挑戦することができる。

3　冒険は場所だけではなく様々な要素を盛り込むことで別の冒険となる。

4　生きて戻って来るという覚悟こそが冒険では必須条件だ。

4

「邯鄲の歩み」という故事がある。その昔、燕の都である寿陵に一人の少年が住んでいた。彼は趙の都、邯鄲の人々の歩みが優美かつ軽快であるという話を聞き、山を越え谷を越え、千里もの遠き道をものともせず歩いていった。苦労の末にたどりついたものの、なかなか彼らの歩みを覚えられない。いくら特徴をつかもうとしても思い通りにはいかなかった。その原因を彼は自分が身につけている歩みだと思い、それまで習った従来の歩みをすべて忘れることにし、新しい邯鄲の歩みのみを自分のものにしようと専念した。だが、過去の知識を消し去っても依然として新しい歩みは上達しない。結局、彼はあきらめて故郷に戻ることにした。ところが、足を一歩踏み出そうとしたが、どうしたことか歩くことができない。邯鄲の歩みも学べず、もともと自分が身につけていた歩みも忘れた彼はうまく歩くことができず、とうとう這って故郷まで帰ってきたという故事である。

　この話は中国の『荘子』に収められているものであるが、私は折に触れ、この故事を外国語を学んでいる学生たちに言って聞かせた。言語にとどまらず海外の文化や知識の中には素晴しいものが多々ある。しかし、外国語を学ぶとき自分の国の言語や文化を(注)蔑ろにするケースをときどき目にしてきたからだ。外国の知識を得ることも大切であるが、自国の言語や文化などを軽んじると自分のアイデンティティーそのものが崩れ、新しく取り入れた学問が生かされないということにもなりかねないのである。

(注) 蔑ろにする：無視したり、軽く見ること

問1　本文の内容と合っているものはどれか。

1　昔の中国には歩みを習うために苦労した青年がいた。

2　昔の中国では歩みを習う風習が流行していた。

3　荘子の教えは外国の文化や言語を学ぶ上で役に立たない。

4　過去の知識が現代に至っては無用のものとなっている。

問2 筆者が最も言いたいことはどれか。

1 昔の中国には歩みを習うために苦労した青年がいた。

2 昔の中国では歩みを習う学問が流行していた。

3 荘子の教えは外国の文化や言語を学ぶ上でも重要だ。

4 過去の知識が現代に至っては役に立たないものとなっている。

5

「好奇心を持て！（Be curious！）」

　2012年のロンドンで開催されたパラリンピックの開会式で、世界的な物理学者であるスティーブン・ホーキング博士が発したメッセージである。コンピューターによる合成音声が会場に鳴り響いたときには心を打たれた。

　クラーク博士の「少年よ、大志を抱け」より、スティーブ・ジョブスの「ハングリーであり続けろ」より、チャーチルの「ネバー、ネバー、ネバー、ネバーギブアップ」よりも彼の言葉には感慨深いものがあった。それは好奇心こそがすべての根源であると思われたからである。好奇心があればこそ少年は大志を抱くことができ、好奇心があるがゆえにハングリーであり続けられるのであり、また、好奇心があるがためにネバーギブアップできるのである。

　われわれが未来に向けて一歩を踏み出すことができるのも、この好奇心があるからこそであり、もし明日に対して何の好奇心も抱いていなければ、そこには夢も希望もないに等しいものになってしまうだろう。もちろん、不確かなものに対する不安も共存するが、不安のない夢や不安のない希望があるとしたら、それはその時点でもうすでに夢や希望ではなくなってしまうのではないだろうか。過去に対しては不安を抱くこともなければ夢や希望を持つこともない。不安があるというのは未来があるという証拠だ。人間は未来には進めるが過去には戻れないという「時間順序保護仮説」を唱えたのがホーキング博士だという点は興味深い。

　未来に対する好奇心とは、われわれに一歩進むきっかけを作り上げ、不安に立ち向かう勇気を奮い起こしてくれる大事な要素と言えるだろう。

問1　本文の内容と合っているものはどれか。

　　1　夢や希望を抱くことによって好奇心は不安となる。

　　2　物理学者はパラリンピックで好奇心を強調する演説をした。

　　3　好奇心を持つことは未来を切り開くこととなりえない。

　　4　未来に対する不安は夢や希望を持つことで解消されない。

問2 筆者が最も言いたいことはどれか。

　1　夢や希望を抱くことによって不安は好奇心となる。

　2　物理学者はパラリンピックで好奇心を強調する演説をした。

　3　好奇心を持つことは未来を切り開くこととなりうる。

　4　未来に対する不安は夢や希望を持つことで解消されない。

제10장

【특별한 독해형식 – 편지·안내문】

(1) 본론은 중간 부분에 있다

본론이 마지막이나 첫 부분에 있는 일반적인 본문과 달리, 시험에 자주 등장하는 사무적인 편지인 경우「毎度、お引き立ていただきありがとうございます」「貴社ますますご盛栄のこととお慶び申し上げます」 등과 같이 본론과는 무관한 안부인사로 시작하여 마지막 역시 정형화된 인사말 등으로 마감한다. 따라서 편지 또는 안내문에서는 본론이 본문 중간 부분에 있는 경우가 많다.

편지문의 흐름 : 시작인사 → 본론 → 맺음인사

(2) 화제전환용 부사 さて·ところで·実は

화제전환용 부사는 주로 편지문에서 주목하여야 한다. 대부분의 접속사는 앞 문단 내용 흐름과 관련이 깊다. 그 흐름을 받아서 내용을 이어가기 위해서는 순접이 사용되고 이를 반박하기 위해서는 역접이 쓰인다. 그러나 편지문에 있어는 그 흐름이 다른 글과는 다르다. 먼저 상투적인 안부인사로 시작하지만, 편지의 주 목적은 다른 곳에 있으므로 여기서는 화제전환용 부사에 주목하여야 한다. 특히 시험에 자주 출제 되는 격식을 갖춘 편지 또는 메일의 경우 서두부터 바로 본론으로 들어가지 않는다.

즉, 편지문에서는 화제전환용 부사 뒤에 필자의 본론이 들어가게 되기 때문에 놓쳐서는 안 될 중요한 점이라고 할 수 있다.

※ 拝啓·敬具

일본식 편지 작성법 중 하나에 「拝啓」와 「敬具」를 사용하는 경우가 있다. 이 단어를 쓰는 경우에는 단지 격식을 갖추었다는 것 외에 다른 특별한 뜻은 없다.

「拝啓」는 문장의 시작에 위치하며 「敬具」는 마지막에 쓴다. 「拝啓」와 「敬具」를 사용할 때에는 「拝啓」로 시작하면 반드시 「敬具」로 끝나야 하며 어느 한쪽만 있는 경우는 없다.

（　　　　　　　　　　　）

拝啓　師走の候、貴社いよいよご清栄のこととお慶び申し上げます。平素は格別のお引き立てをいただき、厚く御礼申し上げます。

さて、標記の件につき、ご案内いたします。ご不便をお掛けする事と存じますが、何卒、宜しく御願い申し上げます。

本年も皆様には、多大なるご愛顧を賜り誠に有難う御座いました。今後ともご指導、ご鞭撻を賜ります様、宜しく御願い申し上げます。どうぞ良いお年をお迎え下さい。

敬具

問　このメールのタイトルは何か。

1　年末年始休日のご案内
2　夏季スケジュールのご案内
3　環境整備実行計画作成会議のご案内
4　経営計画発表会開催のご案内

(안부인사 생략)

한편, 표기의 건에 대해 안내말씀 드립니다. 불편을 끼쳐드리게 된다고 여겨집니다만 부디 잘 부탁 드립니다.

올해도 여러분께서 많이 사랑해주셔서 대단히 감사합니다. 앞으로도 지도 편달을 부탁 드립니다. 좋은 새해를 맞이하시기 바랍니다.

문제1 이 메일의 제목은 무엇인가?

1 연말연시 휴일 안내
2 하계 스케줄 안내
3 환경정비 실행계획 작성회의 안내
4 경영계획 발표회 개최 안내

정답 : 1

　이 편지문의 핵심은 둘째 단락이다. 선택지 중에 상대방에게 불편을 끼칠만한 내용은 연말연시 휴일에 대한 것뿐이므로 1번이 정답이다.

(3) 복수내용 분석

　시작인사와 맺는인사 사이에 있는 본론에는 단순한 초대를 위한 것일 수도 있고 안내일 수도 있겠으나, 그 목적이 하나가 아닌 경우가 많다. 내용으로 들어갈 수 있는 것을 정리하면 '안내' '초대' '보고' '부탁' 등이 있으나, 이와 같은 내용들이 혼재되어 있어 선택지에서도 본 내용들이 모두 포함한 것을 선택하도록 하는 문제도 출제된다.

예제

　拝啓　時下ますますご清祥の段、お慶び申し上げます。

　この度は、弊社の求人にご応募いただきまして誠にありがとうございました。

　慎重に選考を重ねました結果、あなたを採用することが内定致しましたのでお知らせします。

　つきましては、同封の書類をお読みいただき、必要事項をご記入の上、期限までにご返送くださいますようお願い申し上げます。

　なお、応募書類は当社人事管理部にてお預かりさせていただきますのでご了承下さい。

　入社日及び新入社員研修等の日程は改めて２月に郵送にて通知いたします。

　残りの学生生活に関しましても健康に留意され、引き続き学業に精進されますよう、お願い致します。

敬具

問　このメールの用件は何か。

1　就職試験の合格祝いと出勤日時の案内

2　企業の求人広告と募集要項の案内

3　就職試験の合格通知と手続きのお願い

4　就職試験の選考日程案内と学業に関する激励

(안부인사 생략)

이번 저희 회사의 구인에 응모해주셔서 대단히 감사 드립니다.

신중한 선발을 거듭한 결과 귀하를 채용할 것이 잠정 결정되었으므로 알려드립니다.

이에 따라 동봉한 서류를 읽고, 필요사항을 기입한 후 기한까지 반송해주시기를 당부 드립니다.

입사일 및 신입사원연수 등의 일정은 다시 2월에 우송으로 통지하겠습니다.

남은 학생생활에 대해서도 건강에 유의하시고 계속 학업에 정진하시기 바랍니다.

문제   이 메일의 용건은 무엇인가.

　　　1 취직시험 합격 축하와 출근 일시 안내

　　　2 기업 구인광고와 모집요강 안내

　　　3 취직시험 합격통지와 수속 안내

　　　4 취직시험 전형일정안내와 학업에 관한 격려

정답 : 3

안부인사가 끝나고 다음 줄에서 잠정합격 사실을 통보하고 있다. 그리고 함께 보낸 서류를 작성하여 보내달라는 내용이 있으므로 정답은 3번이 된다.

1

拝啓　時下益々ご清栄のこととお慶び申し上げます。

日頃は、弊社をご愛顧いただきまして誠にありがとうございます。

2013年5月30日に開催の取締役会におきまして、東京都港区南麻布の野々村ビルに所在の青木産業の本社と営業部を、系列会社との近接化により業務の効率化を図るため2013年6月25日をもちまして東京都文京区本郷の佐々木ビルに移転することを決議いたしましたので、お知らせ致します。なお、本社の業務開始は翌月の1日から、営業部は5日からとさせていただきますので、あらかじめご了承願います。

今後とも、より一層のお引き立てのほど、よろしくお願い致します。

敬具

問　この文書で最も伝えたいことは何か。

1　青木産業の営業部が6月に佐々木ビルに移転したこと

2　青木産業の営業部が6月に野々村ビルに移転すること

3　青木産業の本社と営業部が6月に佐々木ビルに移転して業務が7月から開始すること

4　青木産業の本社と営業部が5月に佐々木ビルに移転して業務が6月から開始すること

2

冬服の着用についてのお知らせ

　行事予定表でもお知らせしておりましたとおり、10月1日より冬服への更衣となります。そのための移行を気候の変化に対応しながら行うことになりました。

　まず、10月1日〜10月10日は冬服への移行期間とし、冬服または夏服のどれで登校してもかまいません。ただし、暑い場合は校舎内で冬服を脱いで活動することもできます。この場合、冬服の下に夏服を着用しておいてください。他の私服などは認めません。10月11日以降は冬服を着用して登校してください。ただし、暑い場合は校舎内で冬服を脱いでもかまいません。この場合は冬服の下に白の夏服を着用しておいてください。他の私服などのときは冬服を脱ぐことを認めません。

問　制服の着用について、この文章の内容と合っているものはどれか。

1　すべての生徒は10月1日から冬服を着なければならない。

2　10月10日までは夏服、冬服いずれの着用も認められる。

3　10月11日以降は学校内での夏服の着用を一切許されない。

4　10月10日までは暑い場合に限って私服の着用を認める。

3

拝啓　初春の候、御社いよいよご隆盛のこととお慶び申し上げます。平素は格別のお引き立てをいただき、厚く御礼申し上げます。

さて、1月9日付の注文書001582番にてご注文をいただいたギフトセット200品でございますが、現在は弊社の事情により指定期日の1月15日までにはご指定の数量の半分のみ納入できる状態にありますことを、お知らせいたします。

ただいま、弊社では生産ラインの増設など、生産システム強化体制を進めておりますので、3月1日には確実にご注文の全数量を出荷できる予定ですが、お急ぎでしたら、誠に申し訳ございませんが、何とぞご注文の修正をお願い申し上げます。作業が完了し出荷の準備が出来次第ご連絡申し上げます。

敬具

問　このメールの用件は何か。

1　生産状況のお知らせと増設作業強化のお願い

2　在庫状況のお知らせと注文内容変更のお願い

3　出荷予定のお知らせと注文内容確認のお願い

4　納入予定のお知らせと増設作業協力のお願い

제11장

【특별한 독해형식 – 통합이해(비교문)】

2010년에 새롭게 개정된 일본어능력시험(JLPT)에서 출제되는 형식으로서, 유사한 주제로 각각 A 와 B의 두 가지 본문이 제시되어 그 유사점과 차이점을 묻는 문제이다. 지금까지 출제된 주제는 생태계보호, 학력, 예술작품, 미디어가 어린이에게 미치는 영향, 폐기물 처리문제 등이다. 통합이해문제의 경우 일반 독해와는 달리 그룹 단위로 그 내용을 정리할 필요가 있다.

다음 문제를 보자.

예제

A

顧客を満足させることで利益を上げること、これは「顧客」という存在を対象としているすべての組織にとって絶対的な課題である。もちろん「顧客の満足による利益」のなかに金銭的なものが欠かせないというのは言うまでもない。収益により人件費や経費など企業の運営費がまかなわれることになるのだが、それだけが企業の目的というには不十分である。月並みな言い方をすれば社会あっての企業であり顧客あっての企業である。顧客を単に金儲けをさせてもらえる存在だと思うのではなく、顧客を企業の一つの重要な柱としてみるならば、今まで育ててくれた顧客や社会に対して何かしら恩返しをしなければならないはずであり、したがって「社会還元」というのも企業の重要な役割だと言わなければなるまい。企業とは顧客からお金を奪い取るのではなく、一つの社会の中で共存していくという認識を確立させることによりお互いの信頼関係が深まることはもちろん、これによって企業と顧客間の距離が縮まり、顧客の立場に立った運営が可能になるのである。

B

企業という組織の存在意義は大変シンプルだ。それはモノを売るなりサービスを提供するなりして収益を上げるということにつきる。企業や会社に対して「金にこだわりす

ぎる」「利益をもっと社会に還元するべきだ」というような声もあるが、これはきわめて矛盾しているといわざるを得ない。会社の役割とは収益を上げることであり、もしそれ以外のことについて関心を寄せているとするならば問題といえるだろう。

　もちろん、ボランティアや社会貢献事業などを展開することもあるだろうが、それはあくまで会社のイメージ戦略(せんりゃく)や間接的な会社の広報(こうほう)という観点からしなければならない。企業が利益を追求するとき非難されるべきではなく、逆に利益と関連性の薄い事業ばかりにこだわるとすれば、それこそ非難されるべきなのである。

問1　ＡとＢは企業の役割について、どのような考えを持っているか。

　1　Ａは企業が顧客(こきゃく)の意見を積極的に受け入れなければならないと考え、Ｂは独自性のある製品開発をすべきだと考えている。

　2　Ａは会社が収入にこだわることを当然と考え、Ｂは社会還元プロジェクトなどを積極的に取り入れるべきだと考えている。

　3　Ａは企業が利益拡大だけに留まらず社会活動にも力を入れるべきだと考え、Ｂは会社本来の目的に徹するべきだと考えている。

　4　Ａは顧客との信頼関係を元に会社を運営するべきだと考え、Ｂは会社が顧客からの批判を元に会社の方針を決めるべきだと考えている。

問2　ＡとＢの認識で共通しているのは何か。

　1　収益を上げることは会社の重要な仕事の一つである。

　2　企業は金儲(かねもう)けだけを考えてはいけない。

　3　会社のイメージアップのためなら社会還元事業も積極的に取り入れるべきだ。

　4　利潤(りじゅん)を追求(ついきゅう)しすぎるのは会社の存在意義に反する。

예제 해석 및 정답

　Ａ

　고객을 만족시킴으로서 이익을 올리는 것, 이것은 '고객'이라는 존재를 대상으로 하고 있는 모든 조직에 있어서 절대적인 과제이다. 물론 '고객만족을 통한 이익' 중에는 금전적인 것이 불가결하다는 것은 두말할 나위 없다. 수익을 통해 인건비나 경비 등 기업의 운영비를 충당하게 되는 것이지만, 그것만이 기업의 목적이라고 하기에는 불충분하다. 흔한 말로 하자면 사회가 있기에 기업이 있는 것이요, 고객이 있기에 기업이 존재하는 것이다. 고객을 단순히 돈벌이를 하게 해주는 존재라고 생각하는 것이 아니라, 고객을 기업의 중요한 기둥으로 보고 있다면 지금까지 키워준 고객이나 사회에 대해 모종의 보은을 해야만 하며 따라서 '사회환원'이라는 것도 기업의 중요한 역할이라고 해야 할 것이다. 기업이란 고객으로부터 돈을 빼앗는 것이 아니라, 하나의 사회 속에서 공존해간다고 하는 인식을 확립시킴으로써 서로의 신뢰관계가 깊어지는 것은 물론이거니와 이에 따라 기업과 고객간의 거리가 줄어들어, 고객 입장에 선 운영이 가능하게 되는 것이다.

B

기업이라는 조직의 존재의의는 매우 단순하다. 그것은 물건을 팔거나 서비스를 제공하고나 해서 수익을 올리는 것뿐이다. 기업이나 회사에 대해 '지나치게 돈에 집착한다','이익을 더 사회에 환원해야 한다'는 의견도 있으나 이는 지극히 모순적이라 하지 않을 수 없다. 회사의 역할이란 수익을 올리는 것이며, 만약 그 외의 일에 대해 관심을 갖고 있다면 문제라고 할 수 있을 것이다.

물론 자원봉사나 사회공헌사업 등을 전개할 수도 있겠으나, 그것은 어디까지나 회사의 이미지 전략이나 간접적인 회사 홍보라는 관점에서 해야만 한다. 기업이 이익을 추구할 때 비난 받아야 하는 것이 아니라, 반대로 수익과 관련성이 희박한 사업에만 집착한다면 그것이야말로 비판 받아야 하는 것이다.

예제 해설

여기서 본문을 그룹 단위로 정리해본다.

A

顧客を満足させることで利益を上げること、これは「顧客」という存在を対象としているすべての組織にとって絶対的な課題である。**(고객만족으로 수익향상의 중요성)**

もちろん「顧客の満足による利益」のなかに金銭的なものが欠かせないというのはいうまでもない。**(금전적 이익 반드시 필요)**

収益により人件費や経費など企業の運営費がまかなわれていることになるのだが、それだけが企業の目的と言うには不十分である。**(수익이 기업의 목적이라 하기에는 불충분)**

月並みな言い方をすれば企業とは社会あっての企業であり顧客あっての企業である。

(회사에 우선하는 사회와 고객)

顧客を単に金儲けをさせてもらえる存在だと思うのではなく、顧客を企業の一つの重要な柱としてみるならば、今まで育ててくれた顧客や社会に対して何かしら恩返しをしなければならないはずであり、そのような「社会還元」というのも企業の重要な役割だと言わなければなるまい。(회사의 사회환원 필요성)

企業とは顧客からお金を奪い取るのではなく、一つの社会の中で共存していくという認識を確立させることにより、お互いの信頼関係が深まることはもちろん、これによって企業と顧客間の距離が縮まり、顧客の立場に立った運営が可能になるのである。(기업과 고객과의 거리 단축)

B

会社という組織の存在意義は大変シンプルだ。それはモノを売るなりサービスを提供するなりして収益を上げるということにつきる。(회사는 수익만을 위한 존재)

企業や会社に対して「金にこだわりすぎる」「利益をもっと社会に還元するべきだ」というような声もあるが、これはきわめて矛盾しているといわざるを得ない。(기업의 사회환원 주장은 모순)

会社の役割とは金にこだわり収益を上げることであり、もしそれ以外のことについて関心を寄せているとするならばそれこそ問題といえるだろう。(회사의 역할은 수익을 올리는 것)

もちろん、ボランティアや社会貢献事業などを展開することもあるだろうが、それはあくまで会社のイメージ戦略や間接的な会社の広報という観点からしなければならない。(회사의 기타 활동도 회사 운영과 관련된 것에 한정)

企業が利益を追求するとき非難されるべきではなく、逆に利益と関連性の薄い事業ばかりにこだわるとすれば、それこそ非難されるべきなのである。(기업은 이익에 집착하는 것이 당연)

그리고 요약 내용만 추출하면 다음과 같이 된다.

A

1. 고객만족으로 수익향상의 중요성

2. 금전적 이익 반드시 필요

3. 수익이 기업의 목적이라 하기에는 불충분

4. 회사에 우선하는 사회와 고객

5. 회사의 사회환원 필요성

6. 기업과 고객과의 거리 단축

B

1. 회사는 수익만을 위한 존재

2. 기업의 사회환원 주장은 모순

3. 회사의 역할은 수익을 올리는 것

4. 회사의 기타 활동도 회사 운영과 관련된 것에 한정

5. 기업은 이익에 집착하는 것이 당연

여기서 다시 문제 1을 본다.

문제 1 A와 B는 기업 역할에 대해 어떠한 생각을 갖고 있는가?

1 A는 기업이 고객 의견을 적극적으로 받아들여야만 한다고 생각하고, B는 독자성이 있는 제품
　개발을 하여야 한다고 생각한다.

2 A는 회사가 수입에 집착하는 것을 당연하다고 생각하고, B는 사회환원 프로젝트 등을 적극적
　으로 도입하여야 한다고 생각한다.

3 A는 기업이 이익확대에 머물지 않고 사회활동에도 힘을 쏟아야 한다고 생각하고, B는 회사
　본래의 목적을 일관해야 한다고 생각한다.

4 A는 고객과의 신뢰관계를 바탕으로 회사를 운영해야 한다고 생각하고, B는 회사가 고객으로
　부터의 비판을 바탕으로 방침을 결정하여야 한다고 생각한다.

　여기서 각 문장을 볼 때 B에서 제품 개발이나 비판을 바탕으로 하는 회사 방침에 대한 언급이 없
기 때문에 1번과 4번은 정답이 될 수 없다. 또한 A는 회사의 역할을 수입에 집착하는 것만으로는
부족하다고 하며, B는 사회환원에 부정적이기 때문에 2번도 오답이다. 정답은 3번이다.

　문제 2 A와 B의 인식에서 공통된 것은 무엇인가?

1 수익을 올리는 것은 회사의 중요한 일 중 하나이다.

2 기업은 돈벌이만을 생각해서는 안 된다.

3 회사의 이미지 향상을 위해서라면 사회환원사업도 적극적으로 도입하여야 한다.

4 이윤을 지나치게 추구하는 것은 회사의 존재의의에 반한다.

　선택지 1번의 경우 본문요약과 비교해 보면, A에서 금전적 이익에 대한 필요성을 인정하고 B에
서는 회사의 역할이 수익을 올리는 것이라는 내용이 있기 때문에 정답은 1번이다. 선택지 2번은 B,
3번은 A에만 해당되고, 그리고 지나친 이윤 추구가 회사의 존재의의에 반한다고 언급한 본문은 없

으로로 4번도 오답이다.

1

A

　近頃、「ヘリコプターペアレント」という興味深い言葉を聞いた。これはいつも子どもの頭上を飛び交うように見守り、必要とあれば待っていたと言わんばかりに手を差し伸べる親をいうのだそうだ。しかし、度の過ぎた保護はかえって子どもにとって不利に作用しかねない。鳥が卵からかえるときにも親鳥は決して手を出さない。これはヒナ鳥に対する愛情が足りないからではない。ある研究者が試しに孵化するとき卵の殻を割ってあげたそうだ。すると卵から出てきたヒナはまもなく気力を失い倒れてしまったそうである。「かわいい子には旅をさせよ」ということわざもある。最近は物騒な世の中になり、ある程度の保護や関心は必要だろうが、わが子を大切に思うあまり、行き過ぎた世話を焼くのは、長い目で見ると子どものためにならないことが多いという点を忘れてはならない。時には大変そうに見えても、それは成長のために必要な試練なのであり、親の役目はその困難を避けるようにするのではなく、挫折せずにうまく乗り越えられるように勇気付けることにあるのではないだろうか。

B

　最近は新聞やテレビのニュースを見るのが怖くなる。新聞を広げるや否や大小の犯罪記事が飛び込んでくる。学校ももはや犯罪からの安全地帯ではない。いじめや嫌がらせなどは過去のような単純なケンカの範疇を超えており、挙句の果てには教室において最後の砦とも言える教師による犯罪も多発しているのが現状である。何から何まで親が干渉するということは子どものためにならないという意見には私も同感だが、このような社会において親が何もせず、すべて学校任せにしてしまうというのは無責任すぎるのではないだろうか。少しでも学校の方針に疑問を持てば過保護だといわれるが、わが子を思う親の気持ちも察していただきたい。もちろん学校の教育は尊重するし、子どもを何があっても有名校に進学させなければならないという欲もないが、安全な環境の中である程度の学力を身につけさせるためには親の手助けが昔以上に必要になってきているのである。

問1　AとBが共通して述べていることは何か。

1　子どもの教育においてすべてを学校任せにしておくこと

2　親の過保護〈か ほ ご〉によって子どもがたくましく成長しないこと

3　学校で発生する問題が過去より深刻化していること

4　社会が子どもにとって安全ではなくなったということ

問2　親の役割についてAとBはどのように述べているか。

1　AもBも、適切なアドバイスは子どものためになるが、それ以上の関心は子どもの成長を妨げる要因となりうると述べている。

2　AもBも、学校だけに子どもを任せるのではなく、積極的に子どもの教育や生活面で親の関心が必要だと述べている。

3　Aでは親の世話を最小限〈さいしょうげん〉に抑〈おさ〉える必要があると述べ、Bでは学校や社会から子どもを守るべきだと述べている。

4　Aでは子どもに与える試練〈し れん〉は将来のためになると述べ、Bでは子どもを名門校〈めいもん〉に入学させるためには親の助力〈じょりょく〉が不可欠だと述べている。

2

A

　携帯端末の普及率が平成24年5月にはとうとう日本の人口を上回った。ただ電話を掛けられるという機能を通り越し、カメラや音楽プレイヤーなど性能も多岐にわたっているが、このような機能をどれだけの人が使いこなしているだろうか。もちろん、複雑なアプリを器用に操る若者が少なくないということは分かるが、中高年層にもなると使い道が専ら通話に限られてくる。だからといってスマホがいらないとか、機能を減らすべきだというのではない。アプリの中にはお年寄りにとって便利なものも多くあり、これからももっと中高年用のアプリが開発されるべきだと考えているほどである。今必要なものは、このような方たちのための充実した教育ではないだろうか。「お年寄りにスマホは使いこなせない」という先入観を高齢者と開発者の双方から取り払い、より便利な社会を築くために、このことは必ず強化されるべきである。

B

　新しいスマートフォンが登場するたび長蛇の列が目に付く。新機能も多く追加され、一昔前までは数少ない研究所にある大型コンピューターでしかできなかったような作業が、今や手のひらの上で行われるに至った。初めて携帯電話を目にしたとき「電話を持ち歩ける」ということ自体に驚いたものだが、時は流れスマホの時代になり、音楽はもちろんのこと、テレビやインターネットなども当たり前になっている。しかし問題はユーザーだ。最近の事故の中には歩行中に端末をいじるという、いわゆる「ながら歩き」によるものが目立つようになってきている。駅のホームや階段から落ちたり通行人とぶつかったりする。現に私の同僚の中にも道端でスマホを操作しながら歩いていたら車と接触してしまった人がいる。また、驚くべきことに運転中にもメールを送る人が少なくないという。携帯はスマートになってもユーザーがスマートにならなければ、せっかくの最新機器がとんだ災難の原因になりかねない。

問1 スマートフォンの利用について、AとBの観点はどのようなものか。

1 Aは世代による利用方法の違いを述べ、Bは利用者の問題点を指摘している。

2 Aは利用方法における課題を提起し、Bは課題の原因は開発者にあると述べている。

3 Aは世代によって発生する事故の深刻化を報告し、Bは利用方法における注意を喚起^{かんき}
している。

4 Aは機能が社会に与える影響を案じ、Bは利用中の事故防止策を提起^{ていき}している。

問2 スマートフォンと利用者の関係について、AとBはどのように述べているか。

1 Aは年齢層に合った充実した教育が必要であると述べ、Bは利用中のトラブルを指摘
している。

2 Aは利用方法によって起こりうる問題点について述べ、Bは利用者の年齢層に合った
開発の必要があると述べている。

3 Aは最新^{さいしん}機能が利用者の生活に与える影響が大きいと述べ、Bは過剰な利用によって
問題が発生している述べている。

4 Aは過剰な新機能によって混乱が発生していると述べ、Bは人体に与える弊害^{へいがい}が少な
くないと述べている。

3

A

　「結果が問題ではない。一生懸命努力することが大事だ」

　この言葉に異論を唱える方はそれほど多くないはずで、私自身も学生時代に何度も聞かされた文句です。努力すればいつか結果はついてくる、目標に向かってこつこつ努力することが最も大切……。しかし、それでも一抹の不安は残ります。「努力が大事」ということを否定するつもりはありませんが、努力をしても成績が上がらない一方で、ある人は勉強をあまりせずとも成績が上位だとしたら、評価は「努力」ではなく当然「結果」でなされるでしょう。これは社会に出ても同じです。一方は昼夜を問わず足が棒になるほど得意先を回っても実績は今ひとつ伸び悩み、もう一方は週に1〜2度の外回りと電話数本で契約書を持ってくるとなると、会社での評価がどのようになされるかは目に見えています。単に努力すればいいというものではありません。要は結果が出せる努力、結果につながる努力こそが求められるのです。

B

　成果至上主義の弊害は年々激しさを増しており、今や社会だけではなく小中学校にまで及んでいる。中学からは偏差値に悩まされ、努力は唯一成績を伸ばすためのものだけが評価され、それ以外はないに等しいとされてしまう。学生には名門高校や大学という負担を押し付け、教師には進学率という名の荷を背負わせ、会社では実績やノルマを強いている。すべて結果だけで判断しうるものだけだ。しかし、結果だけを重んじるあまり、まだ実を結んでいない努力に対する評価を見落としてはいないだろうか。例えば医学や科学の世界において確実に結果の出せる努力など誰にも見分けられるものではない。特効薬やワクチン一つ開発するのにも数年から数十年かかるといわれている。文学の世界だってそうだ。長い間なに一つ成果がなかった作家でも、ある日突然有名な賞をとったりする。努力は努力として評価されるべきであり結果によって評価されるべきではないのである。もし、まだ結果の出ていないことを理由に「無駄な努力」という烙印を押してしまうことは途方もない損失につながりかねない。結果が出ない努力など、この世にはない。ただ、「いつ」という問題だけがあるのみだ。

問1　AとBの認識で共通しているのは何か。

1　努力は大切ではあるが、社会では努力よりも結果を優先する傾向がある。

2　努力の必要性は認めるものの、結果として出せない努力は意味がない。

3　結果を残していない努力といえども、軽視せずに辛抱強く待つべきだ。

4　結果が同じだとしても、努力が前提となるものとそうでないものがある。

問2　努力と結果の関係について、Bが批判しているのはどのようなことか。

1　社会に貢献しない努力を無駄なものとみなして、結果の出せる努力のみを重んじているということ

2　評価とは努力だけではなく結果を伴うべきものだが、努力を重んじるあまり結果を重視しない場合があるということ

3　目的によっては時間を要するものもあるが、社会では少ない努力でも高い結果を出せる場合もあるということ

4　いまだに結果が出ていないとしても努力は評価されるべきだが、結果の出ていない努力を無意味なものとしているということ

4

A

　国土の面積に比べ日本ほど方言の多い国は、世界中でもそれほど多くないだろう。方言の種類は、北は北海道や東北から南は九州・沖縄まで実に多様であり、学問的にも方言学は言語学の中で重要な位置を占めている。公式の場においては標準語の使用が原則とされているが、考えてみると「標準語」というのも妙である。日本には公式的に「標準語とはなにか」という定義すら明文化されていない。もちろんマスコミ業界では独自に作られたマニュアルがあるだろうが、それが日本全国民の意思を反映したものだという根拠はないはずだ。いわゆる標準語とは東京やその周辺地域で使われている言葉だと言われるが、これも方言の一つと見なければなるまい。東京方言や首都圏方言が標準語になった歴史は浅い。伝統的な日本の標準語といえば、数百年以上にわたり日本の首都であった京都弁になるのだろうが、今は一地方の方言になってしまっている。このように、標準語とは言語学的な意味というよりは首都の位置による影響を多く受けていると思われる。方言は日本の言語において標準語に次ぐ「付属品」ではなく、われわれが大切に守っていくべき財産なのである。

B

　日本には標準語以外にも地域によって独特の方言が数多くありますが、混同を引き起こしかねない場合も少なくありません。例えば標準語の「投げる」を大阪では「放る」といい、北海道や東北では「投げる」というと「捨てる」という意味になります。つまり地方によって意味は同じでも違う言葉で表現する場合もあれば、言葉が同じでも違う意味を成す場合もあるのです。方言というものは日本語という言語だけの歴史ではなく、日本という国そのものの歴史と密接にかかわりを持つものですから、後世に伝えていくべきだとは思います。ですが、このように実用的な面では不具合が生じるということも否めません。方言とは地域によって種類も様々ですし、同じ地域だとしても世代によってコミュニケーションがうまくできない場合もあるでしょう。それに、大事な会議などで方言によって思いもよらぬ誤解を招くことにもなりうるからです。このようなことを未然に防ぐためにも方言は文化として大切に保護しながら、その一方で標準語の使用を奨励し、標準語での教育を徹底する必要があると思います。

問1 方言について、AとBの文章で共通して述べられていることは何か。

1 方言も標準語のように積極的に使用していくことが大事だ。

2 混同を生じさせる方言を公的（こうてき）に使用するには無理がある。

3 歴史との深い関わりを持つ方言は保存していくべきだ。

4 方言と標準語との区分は言語学的に根拠が乏しい。

問2 方言と標準語について、AとBはどのように考えているか。

1 Aは方言も標準語も独立した言語としては不十分（ふじゅうぶん）であると考え、Bは方言を保護することが日本語の源流（げんりゅう）を守ることにもなると考えている。

2 Aは方言と標準語は言語学的以外の理由で分類されていると考え、Bは方言を保護しながらも標準語の使用を拡大すべきだと考えている。

3 Aは方言も標準語も日本固有の言語であると考え、Bは方言を保護することが地域社会の活性化（かっせいか）につながると考えている。

4 Aは方言と標準語との区別があいまいで定義が必要だと考え、Bは方言を使用する場合は問題が生じると考えている。

5

A

　読書の良さは知識や情報を得られるだけでなく、国や時代を問わず、いつでもページを開けば著者の言葉を聞ける素晴らしい手段にもなるということである。しかし残念ながらすべての本から自分に役立つものが得られるとは限らない。それは良質の本が少ないからというよりも、自分に合った本というのはそう多くないからである。これは実用書に限ったことではなく、小説や紀行文、自叙伝などジャンルにかかわらずすべての本に対して言えることだ。タイトルに惹かれて買った本が読み進んでいくうちに「これは違う」と思えてきたらどうすればいいだろうか。私はその時点でページを閉じるべきだと思う。もちろん2〜3ページで決めるというのには無理があるだろうが、半分までいってもやはりだめだと思えるような本を相手にしているのは時間の無駄に他ならない。これは人との出会いでも言えることである。言葉を交わすほど、または耳を傾けるほど魅力を感じる人もいれば、20〜30分もしないうちに興味を失う場合だってありうる。相手が人間なら途中で立ち上がるなどということは失礼きわまるが本なら大丈夫だ。世の中は新しい出会いであふれている。

B

　読書において真の価値とはどこにあるだろうか。それは私と異なる環境で育ち、別の学問を学びながら一味違った世界観を持った人（著者）と向かい合える貴重な体験である。時にはそれが滅多にお目にかかることのできない学者だったり、または既に亡くなった方だったりもする。そのような著者の考えをじっくり味わえるのが読書なのである。もちろんこちらから相手に話しかけたりはできない。しかし、彼らの言葉を聞き、そして様々な想像を巡らす事はできる。それがまさしく読書の醍醐味なのではないだろうか。一人の著者によってこの世に出された本は、著者本人が少なくとも何十年にわたって学び、悩んだ結晶である。それを単に面白くないというだけで投げ出してしまうのは、あまりにも惜しいではないか。本とは最後まで読んでこそ意味がある。話の途中まででは著者が伝えようとする本当の意味がわからない場合も多いのだ。多少興味がなくても我慢強く最後まで読み進んでいけば、たとえ考えが違っていたとしても、自分の中には何かしら新しい発見がなされるはずである。

　(注) 醍醐味：物事の本当の面白さ

問1 A と B は読書をすることについて、どのような考えを持っているか。

1 A は読書に対する批判的な見方を警戒すべきだと考え、B は読書によって得られるものは限りないと考えている。

2 A は人との出会いよりも本との交わりが大切だと考え、B は様々な著者と向き合える貴重な機会だと考えている。

3 A は読むにつれて意味を見出せない場合は中断したほうがいいと考え、B は最後まで読み終えることが新しい発見につながると考えている。

4 A は個人的な好みに合ったジャンルの本を選ぶことが重要だと考え、B はジャンルにとらわれず選択の幅を広げる必要性があると考えている。

問2 読書の意義について、A と B が述べていることは何か。

1 読書とは、時空を超えた著者との交流である。

2 読書とは、自分の世界観を広げられる機会である。

3 読書とは、様々な間接体験を蓄積できる道具である。

4 読書とは、人間との会話よりも魅力的な出会いである。

제12장

【독해문제 공략을 위한 제언】

지금까지 11장에 수록된 내용은 독해문제에 있어서 기본적인 틀을 이해하고 문제의 구성방법과 답을 찾기 위한 방법을 제시했다. 마지막으로 본 장에서는 이외에 반드시 알아두어야 할 점을 적어보도록 하겠다.

(1) 출처를 확인하자

일본어능력시험(JLPT)이나 일본유학시험(EJU) 문제에 출제되는 독해는 대부분 이미 출판된 책에서 인용된 글이다. 이와 같은 글은 본문 마지막에 저자와 책 제목, 그리고 출판사가 명시되어있기 마련이다. 여기서 놓치지 말아야 할 부분이 도서 제목이다.

経済のしくみ – 경제의 구조

シゴトのココロ – 일의 마음

学歴無用論 – 학력무용론

こころサポート – 마음의 서포트

失敗学のすすめ – 실패학의 권유

分かりやすい教え方 – 알기 쉬운 교육법

世論はこうしてつくられる – 여론은 이렇게 만들어진다

あなたの話はなぜ「通じない」のか – 당신의 말은 왜 통하지 않는가

科学者という仕事 – 과학자라는 일

위 도서 제목은 과거에 출제된 독해 본문에 적혀 있는 출처이다. 분명 도서 제목이긴 하지만, 마치 문제 본문에 붙여진 제목처럼 여겨지지 않는가?

예컨대 '학력무용론'이라고 하면 명문대나 고학력의 필요성에 대해서 다루어졌을 것이고, '여론은 이렇게 만들어진다'는 글은 우리가 언론매체를 통해서 접하고 있는 여론에 대해 의문을 제기하는 글일 것이라는 짐작을 할 수 있다. 독해의 본문은 짧아도 200~300글자, 장문인 경우에는 1000자를 넘어가는 것이 일반적이지만, 위와 같이 도서 제목은 대부분 10글자 내외에 불과하다. 즉, 이런 제목을 읽

음으로써 본문의 주제를 파악하고 이를 염두에 둔 상황에서 본문을 읽어가는 것과 그렇지 않은 경우는 이해 수준에서 큰 차이가 벌어질 수밖에 없다. 물론 이 원칙이 모두의 경우에 해당되는 것은 아니지만, 독해문제를 풀 때에는 분명 도움이 될 것이다.

(2) 독해문제는 이렇게 복습하자

모든 독해 문제는 4개의 선택지가 있다. 이 중에서 정답은 하나에 불과하지만 그 선택지가 정답이라는 것은 '정답일 수밖에 없는 이유'가 분명히 있다. 뿐만 아니라 오답인 나머지 3개의 선택지도 또한 '오답일 수밖에 없는 이유'가 있는 것이 사실이다. 학생들 중에는 독해문제를 풀고 나서 답 맞추기를 한 후에 '어쩌다가' 또는 '잘못 보아서' 정답을 고르지 못했다고 하며 그대로 넘어가는 경우가 있다. 물론 실제 시험에서는 정답을 고르는 것이 중요하겠지만, 공부하는 과정이라면 그것만으로는 부족하다.

독해문제에 사용되는 본문은 매우 정제된 글이며, 선택지 역시 많은 사람들이 생각을 거듭한 끝에 만들어진다. 독해를 공부할 때에는 그 선택지가 '정답일 수밖에 없는 이유'가 무엇인지를 본문과 비교하여 찾아낼 뿐만 아니라, 나머지 오답의 경우에도 '오답일 수밖에 없는 이유'는 무엇인지, 나아가 오답인 선택지도 어떤 부분을 수정하면 정답이 될 수 있는지 하는 부분까지 면밀하게 검토해야 한다.

독자 여러분이 중고등학생 시절, 특히 수학선생님으로부터 '새로운 문제를 무조건 많이 푸는 것이 능사가 아니다'라는 이야기를 들었던 경험이 있을 것이다. 이는 '새로운 문제를 한 번만 풀고 마는 것'에 대한 경계로 여겨진다. 이 점은 독해도 전혀 다르지 않다는 것을 강조하고 싶다. 수학이든 일본어 독해든 그 문제의 구성이나 구조는 생각보다 제한적이다. 그러므로 어떠한 문제든지 한 번 풀고 마는 것이 아니라, 앞에서 언급한 바와 같은 방법으로 한 문제 한 문제를 철저하게 분석하는 것이 실력향상의 지름길이 될 것이다.

독해의 비결

JLPT
실전문제

問題8

（1）

1時間当たり1ミリの雨量といえば小雨ぐらいだろう。この程度の雨なら、傘を持っていてもささない人がいるかもしれない。では、もし東京都に毎時1ミリの雨が降ったとしたらその量はいくらぐらいだろうか。都の面積を2,187.42km²だとすると、総雨量は2,187,420,000㎥になり、金額にすると8億円を超える試算になる。

　これほどの量の水を広範囲に人工的な方法で調達するのは不可能に近い。勿論この大いなる力によって災害も起きるが、われわれはこれを無駄にせず、例えば雨水を利用して水道料金を引き下げるなどの取り組みを拡大していくべきである。

46　筆者は、自然の力についてどのように考えているか。

1　一部の地域に集中する雨を広い範囲に分散させる方法を考えるべきだ。

2　都内の総雨量をより正確に計算できれば災害を防ぐこともできる。

3　雨の力を利用すれば実生活に役立てることも可能だろう。

4　雨の力を利用して災害防止策を考える必要がある。

（2）

一つの世代で生まれ、そしてその世代とともに去っていく言葉の数は意外と多いのかもしれない。

先日、昭和の時代に出版された小説を読んでいたら「（注1）待ちぼうけ」という単語を目にした。勿論これは流行語でもなんでもない。（注2）ポケベルもなかった頃はごく普通に使っていた言葉である。待ち合わせをしたって、20〜30分くらい遅れても愛想笑いの一つや二つですんだものだが、今は携帯が普及した時代である。5〜6分遅れてもすぐに確認が取れる。10分以上待っても現れず、連絡も取れないとなると、これだけでもう失礼極まりないとみなされてしまう。便利になったのは事実であり、何十分も路上で時間を無駄にすることもなくなったので確かに良いことであるが、私もそんな言葉とともに去り行く世代かと思うとさびしい気もする。

（注1）待ちぼうけ：待っている相手が来ないこと
（注2）ポケベル：電話機から呼び出して番号やメッセージ文を送れる小型無線受信端末

---

47 待ち合わせにおいて、現代は昔と比べ、どのように変わったのか。
1 今も昔も20〜30分ほどの遅れは、それほど非難されることはない。
2 今も昔も5〜6分ほど遅れたら、相手に大きな迷惑をかけてしまう。
3 昔は20〜30分ほどの遅れは相手に大きな迷惑と思われたが、今はよくあることだ。
4 昔は20〜30分ほどの遅れは平気だったが、今は相手に大きな迷惑と思われる。

（3）

　高校生の進学指導をしていると、大学の学部についての質問を受ける。「数学が苦手なのだが、数学的要素の少ない学部はどこか」このような問いは無難だろう。私も数字はダメな方なので、気持ちはよくわかる。しかしだ。「暗記が苦手なのだが、あまり暗記しなくてもいい学部はどこか」という質問にはさすがに閉口した。いわゆる「詰め込み教育」といって暗記が敬遠される風潮がまだ残っているからかもしれないが、勉強において暗記は基本中の基本である。料理に例えるなら学問における暗記とは鍋やフライパンのような道具であり、キュウリや玉ねぎのような基本となる食材といえる。いくら立派なコックでも、まともな道具や食材なしには何も作れない。学問において暗記はこのようなものなのである。

48 　筆者が最も言いたいことはどれか。

　　1　暗記をするということは、どのような学問においても重要な手段である。

　　2　詰め込み教育は生徒に暗記することの重要性を認識できなくしてしまった。

　　3　学問において基本となる数学の苦手な生徒は、学部の選択に迷うようになる。

　　4　暗記力をつけることで数学を楽しめるようになり、問題を解く力は上達する。

（1）

時計の広告を見ると、なぜか時刻が同じだということに気づきます。腕時計にしろ掛け時計にしろ、ほとんどのアナログ時計が10時10分を指しているのです。私はその時刻に、例えば、時計を発明した人物や歴史的な出来事などのような、何か深い意味でもこめられているのかと思いました。

でも程なくして、それは単なる「表情」のためだということがわかったのです。つまりアナログ時計を10時10分に合わせておけば、まるで時計が笑って見えるというのです。なるほど、言われてみればそう見えないこともありません。つまり、見る人に関心を持たせるためだったのですね。

一口に「笑い」といってもたくさんあって、「爆笑・微笑」のような笑いもあれば「苦笑・嘲笑」などもあり、一概に「笑い」はいいものばかりとは言いにくいでしょう。しかし、やさしい笑いや楽しい笑いを嫌う人はどこにもいません。言葉は違っても明るく笑っている顔は、たとえそれが写真や絵であったとしても、それを見る人に温かい感情を引き起こさせるものです。

ドイツの哲学者イマヌエル・カントは「笑いは緊張の緩和から来る」という言葉を残しましたが、私はその逆も言えるのではないかと思うのです。つまり、緊張の緩和から笑いが来るだけでなく、笑いには緊張を緩和させる働きがあると思うのです。

49 筆者は、時計が一定の時間を指す理由は何だと思っていたか。

　1　過去に起こった事件や時計を発明した人を記念するため

　2　その時刻に合わせると時計の外観が明るく感じられるため

　3　その時刻に合わせることでいい印象を持たせることができるため

　4　製造される時計はその時刻に合わせるように決められているため

50 筆者によると、時計の針を10時10分に合わせることでどのようなことが期待できるか。

　1　時間に意味を込めて、時計をみるたび一日の大切さを思い起こさせるだろう。

　2　文字盤の位置は、人によって印象が変わってくるため効果はないだろう。

　3　人々を笑わせ、見る人を楽しくさせる役割を果たすだろう。

　4　時計の表情が人々の目を引き、売り上げの伸びにつながるだろう。

51 笑いに関して筆者の考えと合っているのはどれか。

　1　同じ笑いでも、見る人によって受ける印象が変わってくる。

　2　いくら明るい笑いといっても、すべてよい印象を与えるものではない。

　3　どんな笑いであれ、笑いは見る人を温かい気持ちにさせる。

　4　笑いの意味は一つではなく、好感を得られない笑いもある。

(2)

　「お年寄りが交通事故に巻き込まれる」というと、高齢者が道を渡っているときに事故が発生すると思いがちだが、どうもそれだけではないらしい。実は高齢者が運転中に事故を引き起こす割合が増えているというのだ。警察庁の調べによると、65歳以上の高齢運転者による事故は2001年の約77,500件から2011年には約103,400件と年々増加傾向にある。事故の原因として挙げられるのは認知能力(視力・聴力)・判断能力・操作能力の低下だ。

　このような高齢者の事故を減らす方法として「免許所持年齢の上限」、つまり、ある一定の年齢に達すると免許の効力をなくす制度も考えられるが、これはそう簡単ではない。何しろ高齢者はみな有権者であるため、選挙によって選ばれた政治家たちにとって有権者の権利を制限する制度を立案することには少なからず抵抗があるだろう。

　そこで警察庁では免許自主返納制度を設け、返納者には運転免許証とほぼ同じ形をした「運転経歴証明書」を発行することにした。これは金融機関での口座開設や携帯電話を購入する際に身分証明書として使えるうえ、高齢者運転免許自主返納サポート協議会の加盟店舗や地元の文化施設などでサービスが受けられる。

　しかし、これで全ての問題が解決したわけではない。公共交通網が充実した都会とは違い、地方では病院通いや買い物などをするために自動車は欠かせないという高齢者も少なくない。こうした事情から、警察も高齢者を対象とした運転講習の実施や75歳以上には記憶力・判断力の低下をチェックする認知機能検査を義務付けたが、これからはより積極的な取り組みがなされ、高齢者が運転をしなくても快適な暮らしのできる街づくりを目指していくべきだろう。

52 本文で、増加している高齢者の事故と思われる例はどれか。

1 アクセルとブレーキを踏みまちがえて、建物に衝突した。

2 車を駐車した後、鍵をかけ忘れて盗難にあった。

3 横断歩道を渡るとき、歩行者用の信号を見まちがえた。

4 燃料補給をしなかったため、高速道路上で立ち往生をした。

53 そう簡単ではないとあるが、その理由として適当なものはどれか。

1 高齢者の運転を制限させることは政治家本人も運転の制限を受けることになるから

2 有権者である高齢者が免許所持の問題を政治家に任せたくないと思っているから

3 政治家が高齢者の運転を禁じる法案を提出すると再選が危ぶまれるから

4 行政的な問題を政治家に任せるということは問題解決につながらないから

54 高齢者による事故を防ぐ方法として、筆者はどのように述べているか。

1 高齢者に対する健康診断を徹底させて、事故を未然に防ぐ必要がある。

2 運転経歴証明書を発行し、特典を設けることで十分に事故を減らせる。

3 高齢者には運転できる年齢を設けた法律の改正を急がなければならない。

4 お年寄りが運転しなくても安心して生活できる環境づくりが必要だ。

（3）

　人事課に勤務しながら何年も志願者の選考に携わってきたが、毎年何人かは必ずこういう人物がいる。わが社では志願者にある課題を提示し、願書と共に提出してもらっているが、この課題文の冒頭で「この問題に関して詳しくはわかりませんが」とくる。そのような文は、たいてい「なぜ僕に（私に）こんなものを書かせるんだ」「新卒社員に、こんなものがわかるものか」「大学ではこんなものを学んでないぞ」とでも言いたげだ。

　だが、出題者の側から言わせると、こちらとしてもそんなことは重々承知している。いくら大学で経済や商学を専攻したとしても、それはあくまで理論どまりであり、そのような理論は新しいものでも10年以上経っているものばかりだ。大学で学んだものが全く役に立たないとまでは言わないにしても、めまぐるしい変化を遂げている現実社会の中で、その知識をどう生かせばいいのかを考える準備をしてくれといっているのだ。(注1)ミクロも(注2)マクロも結構だ。しかし、その学問が単なる暗記程度の知識なら、単位は取れるかもしれないが、企業が必要としているスキルとは距離があるといえよう。社会で必要なのは論文を書く力ではなく、実戦の場で結果が出せることである。そのためには学校とは違う新しい知識を学び経験を積んでいかなければならないが、その準備が整っているか、もしくは整える意欲があるのかを見せてほしいと言っているのである。

(注1) ミクロ ここではミクロ経済学
(注2) マクロ ここではマクロ経済学

55 志願者が会社に対して不満を持っていると思われることは何か。

1 今まで学んだ知識とはかけ離れた内容についてたずねられること

2 過去の理論や論文作成能力とは違う最新理論について書かせること

3 学校の成績以外に課題文による評価も選考の基準としていること

4 大学で身につけた力を実戦の場で生かせる意欲を聞かれること

56 大学で学ぶ知識に関する筆者の考えとして最も適しているものはどれか。

1 学校で学ぶ知識や理論は無駄ではなく十分に活用できるものである。

2 学問としての基礎は養えるが実社会の中で役に立てるものは少ない。

3 大学は企業が必要としている理論や知識に関する教育を強化すべきだ。

4 過去の理論や知識を活用する能力は企業が必要としないものばかりだ。

57 筆者が志願者に対して課題文を要求する一番の理由はどれか。

1 企業側が要求する課題について志願者がどのような不満を持っているのか調べるため

2 専攻科目に関する理論や論文作成能力が十分に備えられているかを評価するため

3 大学で学んだ知識を実戦の場でどのように活用していくのかを調べるため

4 社会生活をするにあたっての意気込みがあるのかどうかを確認するため

『ハローキティ』といえば日本を代表するキャラクターの一つである。キョトンとした猫の表情は日本のみならず世界中で愛されている。ある専門家の話によると、このキャラクターの人気の秘密は「口がない」という点にあるらしい。顔の表情を左右する要とも言える「口」をあえて描かないことで、悲しいときに見るとキティちゃんも物悲しく、嬉しいときにはキティちゃんも一緒に喜んでいるように思え、つまり同じ表情でも「口」がないことで、見る人の気持ちによって変化するというのである。

さて、『ハローキティ』を生み出した株式会社サンリオのイギリス支社から異色コラボの話が持ち上がった。それはキティちゃんとイギリスのハードロックバンド「KISS」をコラボレーションしてみようというのである。なかなか斬新な試みではあるが、これには一つ乗り越えるべき高いハードルがあった。「KISS」のリーダーであるジーン・シモンズが彼のトレードマークである「舌」を出さないとやらない、と言い出したのである。『ハローキティ』にとって「口がない」というのは最大の特徴なのだが、「舌」を描き入れるということは「口」を付け加えるということになる。これは、ともすると「キティ」のアイデンティティーそのものを崩しかねない一大事だ。もっとも悩んだのはイギリス支社に勤務するデザイナーだそうだ。彼女の話によると、この提案を聞いて1週間は眠れなかったらしい。なにしろ「キティ」の顔、それも口に手を加えるということは、それまでタブー視されてきたからである。とうとう彼女は辞職覚悟でデザインされた舌を描き入れた後、最終決定を仰ぐためにイラストを日本に送った。

ところが意外にも本社から「OK」サインが出たのである。『ハローキティ』のデザインにおいて全権を握るサンリオの山口裕子取締役キャラクター製作部長はその図案を了承した理由について「これはキティの口ではなく『変装』した姿だとすれば問題はない」と言った。つまり変装したということで、口がないというキティの持つ本来のイメージを守ることができると判断したのである。この「キティ」とハードロックバンド「KISS」がコラボレーションしたイラストやキャラクターグッズは、世界中に旋風を巻き起こし、多くの若者達に受け入れられている。

私たちにも守りたいもの、変えたくないものがある。それは自分の習慣だったり個性だったり、あるいは文化や習わしなどかもしれない。それらは大切なものである。私はここでそれら全てを変えなくてはならないと言いたいのではない。変化を受け入れるべきものとそうでないものを見極め、柔軟な姿勢をとることで、もっとも大事なものは何なのかが見えてくるかも知れないということである。

58 本文によるとキティが人気を得ている理由とは何か。

1 キティの表情は見方によって、見る人の気持ちをわかってくれているかのように思えてくるから

2 キティは表情が豊かであり、見る人がどんな気持ちであってもわかってくれるような気がするから

3 キティの表情は口が描かれていないことで、見る人がどのような感情のときも平常心を保つようにしてくれるから

4 キティの口は顔の表情を左右するので、さまざまなコラボレーションによって多彩（たさい）なキャラクター作りが可能だから

59 1週間は眠れなかったらしいとあるが、なぜか。

1 ロックバンドとのコラボレーション用デザインでは、自分のアイデンティティーを十分に発揮できないと思ったから

2 自分の意向に反してキティとロックバンドとのコラボレーションという方向に話が進んでいったから

3 契約の相手から要求されたデザインは、既存（きそん）のものと違いがなく変化に乏しいと思われたから

4 新しく手がけなければならないデザインが、キティの根幹（こんかん）にかかわる変更だと思ったから

60 キティの新しいデザインが日本の本社（ほんしゃ）から許可された理由とは何か。

1 新しくデザインされたキティは、その本質を変えたものではないと理解されたから

2 従来のデザインに舌を描き足すことによって、販売促進につながると見込まれたから

3 コラボレーションの契約に即してデザインされたキティは、若者たちに受け入れられると思われたから

4 本社のデザイン責任者によって、新しいキティのデザインとして描き換えることが認められたから

61 筆者は本文を通して、どのような姿勢を持つべきだと述べているか。

1 大切なものを守る方法は、変化を拒むことだけではなく、変化を受け入れることで見えてくる。

2 守るべきものを意識しつつ、全ての面において変化させることもできるという柔軟性が必要だ。

3 大事なものの中で、変えてもいいものとそうでないものを見分ける力をつけるべきだ。

4 過去に決められたものに対する変化は、受け継ぐべきものを見逃すことにつながりかねない。

問題11

A

　先日、書店で偶然「絵画の正しい楽しみ方」なるタイトルが目に入った。中身はページを捲らずともおよその見当はつく。芸術を楽しむのに何か方法があるとでもいうのだろうか。あらゆる専門的な知識が必要でなければ理解できないような芸術など、その時点でそれはもう芸術ではないと私は断言する。鑑賞の対象が美術であれば両目を開いてしっかり見る、音楽であれば両耳を傾けて聴く、それが鑑賞の出発点であり原点なのである。それをやれ教授だ専門家だ評論家だと、肩書きを持つお偉いさんらがカタカナ交じりの難解な単語を並べ立てては芸術を人々から遠ざけ、結局自分たちが独り占めしているだけではないか。もちろん、ある程度の知識があって悪いことはない。作品が完成された時代や作者の創作意図などを知っていれば楽しみは増えるだろう。だが、それらは作品自体の楽しみを味わってからでも遅くはない。楽しみを後回しにして理論や歴史などにとらわれては、作品から伝わってくるストレートな感動を受け取りにくくなってしまう恐れがあるのだ。絵画なら微妙な色使いや一つ一つの筆の流れ、音楽なら高音と低音のバランスや旋律の美しさを堪能することで初めて芸術と向き合えるのである。

B

　ヨーロッパの絵画は記号や象徴の宝庫です。描かれた人物の何気ない仕草や置物を一つとってみても、そこには込められた意味があり作家が言わんとしている事を読み取ることができるのです。例えば、ヤン・ファン・エイクの「アルノルフィーニ夫妻の肖像」を見てみると、そこに登場するロウソクが一本だけ灯されたシャンデリアは結婚を象徴しています。足元の子犬は忠節を、窓際にあるリンゴは原罪を表し、このリンゴと一対をなしているのが壁にかけられた鏡の周りに彫られているキリスト受難の場面です。しかしながら、同じ物がいつも同じ意味を表すわけではありません。鏡一つ取ってみても、蛇と一緒に描かれて「賢明」さを、偽らないという意味で「真実」を、そして鏡はサタンを映すという言い伝えから「傲慢」や「虚栄」などを象徴したりもします。特に宗教画に登場する持ち物などは「アトリビュート」と呼ばれています。もちろん絵画は目で見て感じるものです。いくら作品について書かれた説明を読み、頭で理解できたとしても、目からの感動はないはずです。しかし、このようなことを前もって知っておけば、実際に作品と向かい合ったとき、より多くのものが目の中に飛び込んでくるに違いありません。

62 AとBは絵画の鑑賞について、どのような考えを持っているか。

1 Aは学問的知識が芸術鑑賞の妨げになると考え、Bは作品の細部における分析が理解を深めると考えている。

2 Aは何よりも作品を見ることが大事だと考え、Bは理解するためにはその作品に関する知識を学ぶべきだと考えている。

3 Aは作者が作品を完成させた理由を知ることが重要だと考え、Bは作品を直接目でみて感じることが重要だと考えている。

4 Aは専門家が分析した内容を参考にしたほうがいいと考え、Bは作品が完成した歴史的背景を考慮することが大切だと考えている。

63 AとBの考えで共通しているのは何か。

1 絵画の味わうにはまず目で見ることから始めなければならない。

2 絵画を鑑賞する際には作品に関する知識があったほうがいい。

3 絵画を理解するには歴史的背景を十分に理解する必要がある。

4 絵画の中に登場するすべてのものには深い意味がある。

いわゆる頭がいい、といえば知能指数（IQ Intelligence Quotient）の高い人のことを指すと思いがちだ。学校や地域によっては定期的に検査を行い、生徒をこの知能指数で管理するところもあり、現に私立小学校や法科大学院の入試、公務員試験に至るまで知能検査の要素が強い問題も出題されている。

　私のような凡才からすると、この知能指数が高い人はどのような人生を送っているのか好奇心が沸いてくる。現在、世界一の知能指数を誇るテレンス・タオさんは9歳で大学に入学、20歳でプリンストン大学博士号、25歳でUCLA数学科の正教授。ここまでくると「努力すれば追いつける」という域を逸している。全世界の知能指数の平均値は3けたに満たないというが彼の場合は何と230。到底凡人の及ぶところではない。この知能指数というのは遺伝にも関係があるらしい。テレンス・タオさんのご両親は医師と数学の先生らしい。その息子に数学的才能があるというのもうなずける。

　かつて、福沢諭吉は『学問のすすめ』において「天は人の上に人を造らず、人の下に人を造らず」と述べ、人間は生まれる前から人の上に立つ人や人の下に立つ人が決められているのではないと説いた。では、知能指数の差は人生の質と相関関係があるのだろうか。もしそうであれば、福沢先生の主張は疑わしくなる。

　聞くところによると知能指数の高い人たちの集まりであるメンサ会員の中には社会生活にうまく馴染めない人も少なくないそうである。知能指数を測定する知能検査の問題を見ると推理力や知覚統合、処理速度などに関する問題が多く出題される。このような問題を人一倍すばやく解ける才能というのは、新しいものを発見できるクリエイティブな分野に向いているという。しかし、知能指数が高い人が苦手とするものは「単純な反復作業」だそうだ。つまり、新しいことへの挑戦は得意とするが、同じことの繰り返しには飽きやすいということだ。これを言い換えてみると「画期的」には向いているが「こつこつ」には不向きということになる。

　考えてみると、人間が生きていく中で重要な要素というのは「画期的」よりもむしろ「こつこつ」ではないだろうか。国語や英語・社会や歴史の勉強などは「新しい発見」よりも「努力の積み重ね」によって身につくものである。これは勉強だけに限ったものではない。会社での仕事ひとつ取ってみても前者より後者の方が、より大事だということがわかる。西洋の格言に「天才とは1パーセントの霊感と99パーセントの発汗である」という言葉がある。いくら1パーセントのインスピレーションがあっても99パーセントの努力なしには成り立たないという意味

だが、私はあえて「天才」と「成功」を置き換えたい。天才とはごく一部の人に限られたことだが、成功とは知能指数の高低にかかわらずすべての人に当てはまるからである。生まれながらの才能もいいが、自分の努力いかんによって手に入れられる成功こそが掛け替えのないものであると信じたい。

64 もしそうであればとは、どういう意味か。

1 両親からの遺伝によって数学の成績がよく、他の人より早く有名大学の教授になる場合が多ければ

2 生まれる前から公平であり、知能指数いかんによらず成功する可能性は変わらないとするならば

3 努力によって知能指数を高くすることができ、これによって人の上に立つことができるならば

4 知能指数の高い人間がそうでない人間に比べ、より良い人生を送っている場合が多ければ

65 筆者によると、一般的に知能指数が高い人の特徴とはどのようなものか。

1 数学的な計算能力に優れており、幼い頃から学校の成績が優秀である。

2 経験したことのない分野における研究に興味を持ち、好奇心が旺盛である。

3 国語や英語などのような暗記力を必要とし、繰り返し行う作業が得意である。

4 推理力や知覚能力が高く、努力なしにも成功する例が多い。

66 筆者によると、一般的に知能指数が高い人が苦手とする仕事の例として適当なものはどれか。

1 各支社から毎日送られる営業実績をまとめて、データベースシステムに入力する。

2 販売促進のためのイベントを考案し、他社との差別化を図った催し物を企画する。

3 他社から発売された製品の長所と短所を分析し、自社の製品開発に役立てる。

4 会社での意思決定システムの問題点を指摘し、改善策を練る。

67 この文章で筆者が最も言いたいことはどれか。

1 知能指数とは過剰評価されている傾向があり、評価基準としては見直す必要がある。

2 人生の質は知能指数が関連する場合もあり、努力によって克服する方法を見つけなければならない。

3 知能指数が高い場合は努力の積み重ねを怠るようになり、努力する人よりも人生の質が低くなりかねない。

4 知能指数が人間の能力に影響を与えるのは事実だが、人生においては努力こそが大事だ。

MEMO

問題13

68 日本の大学・大学院に在学している次の学生のうち、この奨学金に応募できるのは誰か。

名前	国籍	2013年9月時点の在籍年次	専攻	2013年度他の奨学金の受給有無	大学院在籍状況
ジェニー	フィリピン	学部4年	理論物理	無	2014年度入学予定
シャガイ	モンゴル	学部4年	社会保障法	有(月5万円)	2014年度入学予定
カウフマン	ドイツ	修士1年	国際関係	無	2015年度卒業予定
リュウ	台湾	修士1年	日本文学	有(月2万円)	2015年度卒業予定

1 ジェニーさん

2 シャガイさん

3 カウフマンさん

4 リュウさん

69 心理学科4年生で韓国からの留学生であるパクさんは、2013年9月に日本の大学院の修士課程に合格し、翌年の4月に入学予定である。パクさんがこの奨学金に応募する場合、必ずしなければならないのは、次のどれか。

1 応募締切日に申請書と必要書類を投函する。

2 大学院で希望する指導教授の署名と捺印のある推薦状をもらう。

3 申込書を送るとき自分の住所と氏名が書かれた封筒を同封する。

4 出身高校から最終成績証明書を取り寄せる。

公益財団法人　若松国際奨学財団
2014年度　アジア外国人留学生奨学生募集要項

1. 募集人員 10名

2. 応募資格 以下の条件をすべて満たす者

   ① 2014年4月1日現在、日本国内の大学院の修士課程に在学または入学予定で、人文科学・社会科学分野の研究を目的とするアジア外国人留学生であること

   ② 日本で生活する上で経済上の援助を必要が認められること

   ③ 学業成績が優秀なこと

   ④ 国費留学生及び他の機関・団体等から月額3万円以上の支援を受けていないこと

   ⑤ 2014年4月1日現在35歳以下であること

   ※ 合否発表待機の場合は結果発表日を記入すること（不合格の場合は応募資格なし）

3. 奨学金支給期間 原則で2年間

4. 奨学金支給額 月額5万円

5. 支払方法 本人名義の銀行口座に振り込み

6. 募集日程

   応募受付開始日 2013年11月1日（金）

   応募締切日 2014年1月24日（金）18 00必着

   結果発表日 2014年2月21日に郵送開始

7. 応募手続 以下の書類を提出すること

   （1）当財団所定の申請書

   　　　入手方法はホームページでダウンロードまたは当財団担当部へ請求

   （2）成績証明書

   　　　最終成績証明書。但し、在学中の場合は直近作成された証明書

   （3）現在の指導教授の署名及び捺印のある推薦状（開封無効）

   （4）大学院の合格通知書のコピーもしくは在籍証明書

   （5）返信先の記入された返信用封筒

   ※ 申し込みは郵送のみ受け付けます。

   ※ 申請書及び必要書類に不備があった場合は審査の対象にならない場合があります。

   ※ 応募書類は返却しません。

독해의 비결

EJU
실전문제

Ⅰ　次の文章の（　Ａ　）に入るものとして最も適当なものはどれですか。　　　　1

　理由は様々だろうが，誰しも一度は過去に行ってみたいと思ったことはあるだろう。タイムマシーンに乗り，過去や未来を自由に行き来できることを夢見た人は多かったのではないかと思う。物理学者アインシュタインの説によれば，これは理論的にはある程度可能なようだ。1905年に発表された特殊相対性理論によれば、静止している物体と動いている物体とではそれぞれ時間の流れにおいて同じではないという。つまり，静止している物体に比べて動いているほうが時間がゆっくり進み，動くスピードが速ければ速いほどその差は大きくなるというのだ。

　これが本当なら光速に近い速度で動くことができれば静止している物体に比べて未来に行くことも可能だということになる。

　しかし，過去は無理なようだ。この世に存在するスピードをプラス，つまり正のスピードとするならば，過去に行くためにはマイナス，言い換えれば（　Ａ　）が必要なのである。

　　　1　プラスのスピード
　　　2　光速で動くこと
　　　3　負のスピード
　　　4　静止

Ⅱ　次の文章で筆者が最も言いたいことはどれですか。

　「通勤ラッシュ」というと，つい電車や地下鉄を思い浮かべてしまう。駅やホームには溢れんばかりの人で，電車が来るや否やぎゅうぎゅう詰めになる様子は都会の風物詩でもある。

　東京の満員電車に乗る観光コースもあるというニュースを聞いたときは正直驚いたが，少し考えてみると納得してしまった。外国ののどかな暮らしぶりではとても体験できないだろう。

　一方，道路はというとこれも楽ではない。道路事情は年々厳しさを増してきている。もちろん，自家用車を持っていると座って行けるという点では楽かもしれないが，渋滞でいつ目的地に辿り着けるかというのは知る由もない。その点，電車の場合，多少不便でも予定の時間に着く可能性は自動車より圧倒的に高い。都会には都会のルールのようなものがあるのではないかと思う。便利さを追求するのもいいが，もっと大事なことは時間を守るという点ではないだろうか。

　　1　都会での生活ではストレスを解消する方法を見つけなければならない。
　　2　都会では便利さより時間を厳守するほうが大切だ。
　　3　通勤ラッシュは都会ならではの魅力だ。
　　4　都会での生活より田舎の暮らしのほうが便利だ。

Ⅲ　次の文章はカモノハシについて述べています。カモノハシの特徴はどれですか。　

　一般に動物は外見から哺乳類なのか鳥類なのか，あるいはハ虫類なのかが区別がつくものである。ご存知のように鳥類には嘴がある。ハ虫類は硬い卵を産むのが一般的であり，哺乳類は親の乳を吸うものと思われている。だが，この点においてカモノハシはまことに不思議な動物である。体長約30〜60cmで，まるでアヒルのような嘴を持つこの動物は顔かたちからすると鳥類のように見えるが，主な生息地は河川や池沼である。そして硬い殻の卵を産むのでハ虫類かとも思われたが，卵から生まれた子どもがなんと親の乳を吸い始めたのである。分類上では親の乳を吸うので哺乳類ということにはなっているが，このような動物を見ると自然の奥の深さを感じてしまう。

　1　哺乳類だが例外的な部分が多い。

　2　ハ虫類にもかかわらず親の乳を吸う。

　3　哺乳類であると同時にハ虫類でもある。

　4　哺乳類だが親の乳を吸わない。

Ⅳ 次の表は，奨学金についての一覧表です。申し込める学生はどれですか。　　　　4

<table>
<tr><td colspan="4" align="center">2013年度　奨学金一覧</td></tr>
<tr><td align="center">名称</td><td align="center">金額</td><td align="center">期間</td><td align="center">対象</td></tr>
<tr><td>応急援助給付奨学金</td><td>授業料40％相当額</td><td>1年間
(再出願可)</td><td>家計急変により修学が極めて困難な
者で，学力・人物が優秀な学部生</td></tr>
<tr><td>文化活動等奨励奨学金</td><td>授業料30％相当額</td><td>1年間
(再出願可)</td><td>学内・外における課外活動において
優れた実績を修めた留学生</td></tr>
<tr><td>貸与奨学金</td><td>(月額)5万円</td><td>1年間
(再出願可)</td><td>成績が優秀であるにもかかわらず，
経済的理由により修学が困難な学部生</td></tr>
<tr><td>留学生奨学金</td><td>(年額)20万円限度</td><td>1年間</td><td>認定留学生のうち，
特に学力が優れている留学生</td></tr>
<tr><td>学部奨学金</td><td>授業料40％相当額</td><td>1年間</td><td>特に学力が優れている学部生</td></tr>
<tr><td>留学生修士奨学金</td><td>授業料50％相当額</td><td>1年間
(再出願可)</td><td>特に学力が優れている修士課程の留学生</td></tr>
</table>

1 留学生（学部）で授業料の半額をもらえる奨学金を探している。

2 修士課程の学生で経済的理由により仕送りがもらえなかった。

3 国内の学生で六大学野球の秋季リーグ戦での優勝に大きく貢献した。

4 留学生で全国マラソン大会で3位に入賞した。

Ⅴ　先生の説明によるとどのような捜査が重要だと思われますか。　　　5

　犯罪が行われた場合，まずはどのように捜査の筋道を立てるかが問題になります。被害に遭った場所が被害者の自宅だった場合，家のいたるところが荒らされ，金品や通帳などのようなものが見当たらなければ強盗による犯罪である可能性が高くなります。しかし，これらのものがすべてそのままであり，被害者に必要以上の暴力や危害が加えられたとしたら，それは恨みによる犯行を疑ってみることもできるでしょう。

　ですが，ここで忘れてはならない点があります。犯罪捜査においてロカールの交換原理というものがあります。人間がある場所やものに触れたときには必ずどちらにも，何かしらの「痕跡」を残すというものです。私たちが素手であるものに触るとすればたいてい指紋という痕跡が残りますし，一定の条件を満たす場所に足を踏み入れれば足跡という痕跡を残すことになります。触ったものによっては手にその一部が，そして履いていた靴にも現場の土や草などが付着する場合もあるのです。もし，汗をかいていたり，風邪でも引いて咳^{せき}やクシャミをしたとすれば，やはりそこに痕跡が残っている可能性は濃厚になります。

　つまりこの原理が言わんとしている点は，犯罪捜査に当たって，現場調査が重要だということでしょう。

　　　1　被害者の家計調査
　　　2　容疑者の怨恨関係
　　　3　犯行現場の徹底調査
　　　4　事件関係者の人間関係

Ⅵ　次の文章で筆者が最も言いたいことはどれですか。　

「あなたは何について不安を持っていますか」

　もし誰かがこのような質問を投げかけたとしたら，どのように答えるだろうか。おそらくほとんどの人が未来や将来に関する不安を抱いていると答えることだろう。将来に対する不安は大きく分けて二つ挙げることができるかもしれない。一つは，具体的な根拠がある場合であり，もう一つは，ただ漠然とした不安，つまり自分が知ることができないというだけで抱く不安である。調査によれば人々が感じている不安は後者のほうが圧倒的に多いということだ。これは今もタロットやトランプ占いが盛んに行われている所以であろう。

　将来に対しての不安は「わからない」から起こる一種のストレスだと言える。占いなどに頼るということは，「わかる」というよりも，「わかったような気になる」ということで，このストレスを軽減させているに過ぎない。しかし，このストレスが「将来うまくいかないかもしれない」という思い込みに起因しているとしたら，この思い込みを前向きに変えることで，同じ「わからないという不安」から生じる「ストレス」を「わからないという期待」に変えることができると思うのである。

　　1　「わからない」を「わかる」に変えることでストレスから抜け出すことができる。
　　2　「わからない」ことから生じる不安は，「わかる」ということで治癒できる。
　　3　「わからない」という思い込みは，占いなどの方法によって軽減できる。
　　4　「わからない」から起こるストレスは，考え方次第で解消できる。

　私たちは学校でフランス革命を学び，新大陸発見を勉強する。教科書は，まるで自らの目で見てきたように太古から現代までのあらゆる事柄を確信に満ちた調子で並べている。そのすべてを事実としてだ。

　だが，もし明日にでも外国の権威あるそれらしき機関で，例えば新しく見つかった資料によるとルイ王朝は15世までで，16世やマリー・アントワネット（注1）は架空の存在だったとか，クレオパトラ（注2）の愛人はカエサル（注3）ではなくブルータス（注4）だったというようなことが発表されたとしたらどうなるだろうか。正確にはわかりかねるが，これだけでも多くの書籍を書き直さなければならないだろう。

　こうしてみると，我々がもっともらしく学んできたものが，実はかなりもろい推定の積み重ねの上に成り立っているということがわかってくるのである。

（注1）マリー・アントワネット：フランス王ルイ16世の妃
（注2）クレオパトラ：古代エジプトの女王
（注3）カエサル：古代ローマの将軍・政治家
（注4）ブルータス：古代ローマの政治家。カエサル暗殺の首謀者

　　1　学校で学んだ歴史的事実は絶対的だとはいえない。
　　2　フランス史の記録には正確さに欠ける資料が少なくない。
　　3　歴史が事実と一致することこそ価値あるものだ。
　　4　歴史には架空の事柄も少なからず混在する。

　喜怒哀楽とは人間の代表的な感情と言える。人は誰しも「喜び」を望むし「楽しみ」を願うが，これはなかなか一筋縄ではいかない。人それぞれ違いはあるだろうが「喜び」や「楽しみ」をそう簡単に手に入れられると思う人は多くないのではないか。

　だが人間の感情は脳神経のごく小さな刺激でも左右されるという。日ごろコーヒーに目がなかった私の友人は思わぬ事故で2ヶ月の間，医師からコーヒーを止められていたそうだ。やっと退院して早速コーヒーを飲んだら，それまで沈んでいた気持ちが突然明るくなったという。微量のカフェインの威力に驚きながらも，人間の感情とはこれほど単純なものかと思い知らされたという。

　　　1　人間の感情は複雑きわまりない。
　　　2　カフェインは人間の感情を左右する働きがある。
　　　3　人間の感情の変化には，大きな要素を必要としない。
　　　4　入院中は食べ物を制限される場合がある。

Ⅸ　次の文章は小説の翻訳講座についてのお知らせです。内容と合っているものはどれですか。

英日小説翻訳初級　　（全10回）　12月　8日（木）18:10～20:30　講師 仲本浩一

英日小説翻訳中級　　（全8回）　　12月　8日（木）18:10～20:30　講師 志村健治

日英小説翻訳初中級（全8回）　　11月11日（金）18:10～20:30　講師 志村健治

仲本講師の「英日小説翻訳初級講座」の開講を記念し，11月末日までにお申し込みの場合に限り，受講料が（税込）2,000円割引となります！

※ プレイスメントテスト

　これまでに受講経験がない場合は初級レベルからのスタートになります。

　中級からの受講を希望される方は，プレイスメントテストを受けてください。

※ 講義の音声データ

　毎回の講義で録音した音声データを，受講生の方に無料でホームページより配布します。

　欠席された場合や復習される際にご活用ください。

※ 授業見学

　開講期間中，随時見学可能です（1講座につき1回のみ，定員制，事前申込み要）。

　なお，中級クラスの見学時間は1時間までとなります。

　　1　事前に申し込むと受講料が2,000円になる。

　　2　授業を見学する場合はあらかじめ申し込まなければならない。

　　3　講義の音声データは，誰でもダウンロードして聞くことができる。

　　4　受講したい人は，必ずプレイスメントテストを受けなければならない。

X　次の文章の下線部「予定調和を壊す」例として，最も適当なものはどれですか。　

　作詞家であり，数年前から若い女性ボーカルグループの企画者として有名な秋元康さんは独特な経営方法を唱えた。彼は会社経営においてマーケティングは必要ではないと主張し，自分のプランニングにおける成功の秘訣は予定調和を壊すことにあるという。

　例えば，もし「校歌」を一般募集した場合，応募数が1,000通ほどあったとしたらその内の75％は歌詞に「希望」とか「青春」などという言葉が入るだろうが，このような，誰もが思いつきそうな予定調和を一つずつ壊していくことこそが新しい発想を生み出し，反響を呼ぶことができるというのである。

　1　卒業式で新入生が卒業証書を授与した。
　2　仮装大会で怪獣の着ぐるみを披露した。
　3　学園祭のテーマについてアンケートをもとに回答者の要望を反映させた。
　4　新しい企画案を作成するに当たり海外の例を参考にした。

ⅩⅠ　次の文章を読んで後の問いに答えなさい。

　一般的に「夢」と，いともたやすく言われるが，「夢」にはいくつもの種類があると思われる。

　まずは，（　Ａ　）。人間が見る夢に関する理論や学説は別としても，それはほとんどの場合その人の意図とは無関係に展開される。いくら正夢や逆夢といおうとも所詮現実とはかけ離れたものに過ぎない。

　次には「希望」または「願望」という意味を持った「夢」である。これは少なくとも本人の意思によるものであり，実際にそうなって欲しいと願うものでもあるだろう。しかし，だからといって現実味を帯びているものだとはいえない。例えば，「背中に翼が生えて空を飛んでみたい」とか「宇宙を征服してみたい」などのように，全てが現実味があるものだとは限らないからである。

　最後にはそれこそ「実現」を目指している「夢」である。これは「志」とも言えるもので，将来何かを成し遂げたいというかなり現実的な「夢」だといえよう。

　様々な夢があり，そしてこれらを持つことは人生において素晴らしい希望を持つことでもあるだろうが，人間そのものにおいて，よりよき未来を築いてゆくためにはやはり現実味のある「夢」が大事ではないだろうか。

問1　（　Ａ　）にはいるものとして最も適当なものはどれですか。　⬚11

　　1　現実的な夢である

　　2　学問的な夢である

　　3　睡眠中に見る夢である

　　4　幼いころから抱く夢である

問2　この文章で筆者はどのような夢を持つべきだといっていますか。　⬚12

　　1　実現可能な夢

　　2　実現とはかけ離れた夢

　　3　寝ているときに見る夢

　　4　夢は持つべきではない

ⅩⅡ　次の文章を読んで後の問いに答えなさい。

　日本にはさまざまな方言が存在する。活気にあふれる大阪弁や古都の味わいをかもし出す京都弁，ユニークなアクセントを持つ東北弁などの代表的な方言だけでなく，例えば標準語を話す東京に近い関東地方でも茨城弁や栃木弁などもあり，その小さな違いまで掘り下げれば掘り下げるほど種類は増えてくるはずである。

　では，方言の多様さは国土の広さと比例するかというと，必ずしもそうではなさそうである。アメリカの場合を例にとって見よう。アメリカの面積は日本の約25倍もの広さがあり，東部と西部，南部と北部で使われている英語を比べてみると確かにアクセントにおいて多少の変化はあるが，日本のと比較したらその違いはかなり少ない。

　私は方言において，その違いが際立ってくるためには二つの要件が必要だと思う。一つはその国の歴史である。日本の建国に関しては異論はあるが一般的に紀元前660年とされている。アメリカがイギリスより独立を宣言したのが1776年であるから，日本はアメリカより約2,500年の古い歴史を持っていることになる。もう一つは，標準語を使用している地域からの直線距離だといえるだろう。世界的に見て日本の面積は60位に過ぎないがその構成は本土５島と6,847の離島とで成り立っており，日本列島の長さは約3,100キロメートルにも及ぶといわれる。そして，標準語が使われている東京から北海道最北端の宗谷岬までは1,500キロメートル以上で，東京から沖縄までは約1,600キロメートルにもなる。つまり，日本がさまざまな方言を有しているのは単なる偶然ではなく，このような二つの要件を満たしているからなのである。

問1　下線部「その違い」というのはどういうことですか。　　　13

　　1　日本とアメリカの標準語と方言の違い

　　2　アメリカ東部と西部のアクセントの違い

　　3　日本とアメリカの面積の違い

　　4　日本の標準語と方言の違い

問2 筆者は日本において方言が多様である地理的要件としてどのようは点を挙げていますか。

1　日本とアメリカ間の距離 　　　　　　　　　　　　　　　　　　　14

2　日本を構成する離島の多さ

3　日本最北端と最南端の直線距離

4　標準語を使用している地域とそれ以外の地域との距離

ⅩⅢ　次の文章を読んで後の問いに答えなさい。

　私は長い間，科学を教えてきました。何度も研究を重ね，その結果をまとめて論文として発表し，私の教え子の中には，現在大学教授になっている者が何人もいます。

　（　Ａ　），科学に関する私の見解はといいますと，確かに人間のなしえた科学の進歩は目覚しいものがあります。これは否定のしようがない事実だといえるでしょう。しかし，だからといって私は科学こそがすべての学問の根源であり，世界のなぞを解明する唯一の道具だとは思いません。例えば，超能力などというのは存在します。さすがに瞬間移動や予言などは信じる気になれませんが，透視や予知ぐらいなら信じることにさほど抵抗は感じません。現にアメリカやヨーロッパなどではこのような能力を持つ人物が犯罪捜査にかかわり，いくつかの事件を解決したという記録もあります。

　ただ，これを科学的に，あるいは医学的に説明するのは困難でしょう。科学的に論証することができれば問題はないのですが，それができなければ，私がいくら説明したところで相手を説得することは不可能に近いのです。つまり私にとって科学とは，少なくとも他人を納得させ得る便利な道具に過ぎないのです。

問1　（　Ａ　）にはいるものとして最も適当なものはどれですか。　15

　　1　一方で

　　2　さて

　　3　しかし

　　4　とはいえ

問2　科学に対して筆者はどのように思っていますか。　16

　　1　すべての学問の根源

　　2　あらゆる謎を解くカギ

　　3　超能力を納得させ得る道具

　　4　第三者に説明できる一つの方法

ⅩⅣ　次の文章を読んで後の問いに答えなさい。

　日本は小学校から中学校までの9年間をいわゆる義務教育（ぎむきょういく）を受ける期間としている。法律上では年齢のみを規定しており、「すべての国民は、法律の定めるところにより、その保護する子女（じょ）に普通教育を受けさせる義務を負う。義務教育は、これを無償とする。」という、<u>日本国憲法第26条第2項（こう）の条文</u>を義務教育の根拠としている。つまり条文（じょうぶん）によるならば「義務教育」の「義務」は子どもたちの親が負うということである。私はこの規定を見るたびに何か大事なものが抜けているのではないかと思えてくる。

　まず、教育を受けるのは子どもたち本人だ。そして、教育は学校を通して国がするものである。それなのに、この教育に当たって義務を負うのは子どもたちでも国でもない「親」であるとするのは、やはり辻褄（つじつま）が合わないのではなかろうか。「義務」の反対側には必ず「権利」が存在する。この「権利」を子どもたちが教育を受ける「権利」だとすると、子どもたちの権利を守る責任は親にあり、国は権利も義務もなく第三者として親の「手助け（てだす）」をしているのに過ぎないと思えてしまう。

　国はもっと義務教育の主体となって、子どもたちが教育を受ける権利のために、この「義務」を負うべきではないだろうか。

問1　下線部「日本国憲法第26条第2項（こう）の条文（じょうぶん）」の内容に合う組み合わせはとして最も適当なものはどれですか。　⬚17

　　1　権利—記載なし　　　　義務—親

　　2　権利—子どもたち　　　義務—記載なし

　　3　権利—親　　　　　　　義務—記載なし

　　4　権利—記載なし　　　　義務—子どもたち

問2　この文章で筆者の最も言いたいことはどれですか。　⬚18

　　1　義務教育（ぎむきょういく）とは子どもたちが負わなければならない義務である。

　　2　国民の教育における権利は拡大させていくべきだ。

　　3　教育においての義務は国が負うべきものである。

　　4　親は義務教育（ぎむきょういく）において中心的役割をしなければならない。

XV 次の文章を読んで後の問いに答えなさい。

「100円玉を投げて表が出る確率を求めよ。」

これぐらいの問題なら中学生でも迷うことなく「50％」と答えるだろう。もちろん正解である。しかし，手元にあるコインを実際に投げてみると，これがなかなかうまくいかない。10回ほど投げてみると，はじめは7回も表が出たし，その次は2回しか出なかった。10円玉や500円玉でも試してみたが，当然ながら結果は似たようなものだった。ではいったい何度投げれば「正解」にたどり着けるのだろうか。

数学的計算ならば10回だろうと1,000回だろうと「50％」なのだから結果に変わりはないはずなのだが，現実的にはそうはいかないようである。では，次のような問題はどうだろうか。

「100円玉を1,000回投げて表が出た割合が50％になる確率を求めよ。」

我ながら多少意地悪な問題だとは思ったが，この問いに対し納得のいく解が得られない限り数学の初歩的な問題から生じた私の疑問は解明されないような気がした。

そして，ある数学者にこの問題を尋ねたところ，彼は自信を持ってこう述べた。

「100円玉を1,000回投げて表が出た割合が50％になる確率は100％だ。」

これはまったく意外な答えである。当然私は現実的にそうならなかったことを伝えたのだが，彼はやはり確信に満ちた表情でこう言った。

「もちろん，実際にはそうなりにくいだろう。だが，もしその命題を否定するとすれば，それは『数学』という学問，いや，『科学』という学問の根幹が揺さぶられかねない。」

問1 下線部「何度投げれば「正解」にたどり着けるのだろうか」の中で「正解」の意味として，最も適当なものはどれですか。 19

1 100円玉を投げて表と裏が出た割合がをれぞれ50％になること

2 100円玉を投げた回数と表が出た回数が同一になること

3 100円玉と100円玉以外のコインを投げたとき表が出た割合が同じになること

4 100円玉を10回投げて表が出た割合が50％ではないということを証明すること

問2 本文中の数学者が最も言いたいことはどれですか。 20

1 数学や科学は現実とはかけ離れた学問である。

2 理論と現実が一致しない学問は意味がない。

3 命題は現実の中から生まれるべきものだ。

4 命題は現実と違いがある。

ⅩⅥ　次の文章を読んで後の問いに答えなさい。

　もし「Ａ＝Ｂ」を証明しようとするならば，どのようなやり方があるだろうか。これには３つの方法があるということを知って感銘を受けたことをよく覚えている。まず，「Ａ」を解明した後，その結果が「Ｂ」と同一だということを立証する方法，反対に「Ｂ」を解明した後，その結果が「Ａ」と同じだということを立証する方法と，そして最後に「Ａ－Ｂ＝０（ゼロ）」を証明する方法だという。

　このように説明を聞いてみれば至極単純な論理だが，私が今まで生きてきた中でこの方法がどれだけ役に立ったか知れない。これを例えば次の問題に当てはめてみるとする。

　「『人間＝精神＋肉体』を証明せよ」

　この命題を立証する方法は医学的にも法学的にも，あるいは哲学的にも可能だと思われるが，やはり方法は一緒である。まず，人間とは「ホモサピエンス（homo sapiens）」つまり知恵を持った人間を指している。知恵とは人間の精神によってあわられるものであり，その精神とは「脳」という肉体の一部に内在されているという論理を展開していく方法もあれば，人間から精神と肉体を除けば何も残らないという点を根拠に命題の正しさを立証することも可能だといえる。

問1　下線部「人間から精神と肉体を除けば何も残らないという点を根拠に命題の正しさを立証すること」の立証方法として最も適当なものはどれですか。　21

　1　Ａ＝Ｂ

　2　Ａの解明＝Ｂ

　3　Ａ＝Ｂの解明

　4　Ａ－Ｂ＝０（ゼロ）

問2　筆者の最も言いたいことはどれですか。　22
　1　命題を証明するにはさまざまな例を挙げる必要がある。
　2　命題に関する解釈は人それぞれによって違いがある。
　3　命題を証明するために視点を変えてみる必要はない。
　4　命題を証明する方法は一つではない。

XVII　次の文章を読んで後の問いに答えなさい。

　「平等」を考えるときに，いつも念頭に置かなければならない概念のうち「差別」と「区別」がある。当然「差別」は敬遠しなければならないことだが，人によってこの定義を混同する場合がある。

　数年前のアンケート調査で「履歴書の項目のうち最も書きづらい項目は何ですか」という問いに対して圧倒的に多かった答えが「学歴」であった。今の時代は専ら「平等」を掲げているにもかかわらず，依然として「学歴」によって不当な待遇を受けているという思いが多々あるように見受けられる。企業の募集要項にだって「4年生大学卒業者に限る」と明記されている場合も少なからずある。さすがに「○○大学以上」などと具体的な学校名まで挙げているところはなくとも，「どこの学校のどの学部を卒業したことが就職試験の合否と無関係ではない」ということくらいは見当がつくものである。では，これをもって「不平等」だといえるのだろうか。もしこのような点においてまったくの平等を目指すとしたら，公立の小・中学校のように大学も義務教育として無試験による進学と，学校も選択の余地をなくし，本人の住む地域によって配分されるとしたら教育の平等が実現されるのだろうか。

　人によって見解の違いがあるだろうが（　Ａ　）。もちろん，このように制度を改めるとしたら今のような大学入試による受験戦争や子どもにかかる教育費は減るだろうが，これは問題の解決というよりは，単に先送りしているだけである。大学を卒業した後は一般的に就職をするか大学院に進学することになるだろう。大学の場合は現在，少子化問題などで定員と進学希望者の差が大きくないとしても，企業や大学院となると定員はぐっと減ってしまう。では，この場合は「早い者勝ち」かあるいは「抽選」でもすべきなのだろうか。それだけではない。例えば，公務員採用や会計士，税理士などの資格はというと，いくらなんでも，ここまでくればまさか「早い者勝ち」とは言えまい。

　学歴とは「差別」ではなく「区別」の領分である。つまり，区別というのは差別のように平等という概念を損なう要素ではなく，むしろそれを実現させるための手段だと考えなければならない。これを誤って区別を排するということは，平等そのものを否定する結果につながるからなのである。

問1 （　A　）に入るものとして，最も適当なものはどれですか。 23

   1　欧米の例を参考にすべきである。

   2　早急に制度を改正すべきである。

   3　この点においては同意しかねる。

   4　国民の意見を仰ぐべきである。

問2　「平等」「区別」「差別」の重要度を適切に示しているのはどれですか。 24

   （A＜B　AよりBのほうが重要，　A＝B　AとBとの重要度は同じ）

   1　平等＝区別＝差別

   2　平等＜区別＜差別

   3　平等＞区別＝差別

   4　平等＝区別＞差別

問3　これからの教育制度について筆者の意見と思われるものはどれですか。 25

   1　現在の制度を維持すべきである。

   2　区別の程度を強化すべきである。

   3　差別的な制度を改めるべきである。

   4　より平等な制度に改正すべきである。

독해의 비결

실전문제

번역

제1장 【독해문제의 우선순위】연습문제

1

엄마와 아기는 냄새로 서로를 인식할 수 있는가 하는 실험이 실시되었다.

아기의 얼굴 한쪽 편에 엄마가 사용한 모유패드를, 다른 한쪽에는 다른 사람의 모유패드를 놓고 어느 쪽에 아기가 얼굴을 향하고 있는 것이 긴지 시간을 측정했다. 생후 1개월 반 정도 지나자 엄마의 모유패드 쪽으로 관심을 보이는 시간이 길어지고, 어느 쪽이 엄마의 패드인지를 인식할 수 있다는 것을 알 수 있었다.

한 편으로 출산하고 얼마 지나지 않은 엄마의 시야를 가리고, 냄새로 자신과 다른 사람의 아이를 맞추는 실험에서는 자신의 아이를 맞춘 엄마가 81%에 이르렀다. 이 점으로 엄마는 자신의 아이를 냄새로 식별할 수 있다는 것이 밝혀졌다. 한편, 아빠가 자신의 아이를 맞춘 확률은 40%에도 미치지 못했기 때문에 아빠는 이와 같은 능력이 갖추어져 있지 않다는 것을 알았다고 한다.

문제   본문 내용과 맞는 것은 무엇인가?

     1   아기는 냄새로 엄마를 식별할 수 없다.

     2   아기는 엄마와 아빠의 냄새를 분간할 수 있다.

     3   아기는 체온으로 엄마를 식별할 수 있다.

     4   아기는 엄마를 냄새로 분간할 수 있다.   정답:4

어휘   におい 냄새   互い 서로   片方 한쪽 편   計る 측정하다   経つ 지나다, 경과하다   示す 보이다, 나타내다
    さえぎる 차단하다, 가로막다   ～にのぼる ~에 달하다   明らかになる 명확해지다   備わる 갖추다, 대비하다

2

일본인에게 있어서 당연하다고 생각하는 동작이라도 세계적으로는 그렇지 않은 경우가 많은 것 같다. 일본에서는 대답을 말로 하지 않더라도 고개를 세로로 흔드는 것(고개를 끄덕이다)만으로도 'Yes', 가로로 흔들면 'No'라는 뜻이 되지만, 사실은 이것이 만국공통은 아니다. 불가리아의 일부 지역에서는 이와 전혀 반대의 뜻이 되고, 인도 쪽이라면 'Yes'란 고개를 갸우뚱 하는 것과 같은 동작을 한다. 즉, 인도에 가서 상대방과 영어 등으로 말할 때, 이와 같은 것을 미리 알아두지 않으면, 이쪽이 아무리 설명해도 상대방은 고개를 갸우뚱거릴 뿐이라고 하는 묘한 일이 발생할 수 있다. 또한 일본에서는 이른바 '손짓'을 하는 경우, 손바닥을 밑으로 향하여 동작하는 경우가 일반적이지만, 이를 영어권에서 하면 '저쪽으로 가라'고 하는, 이 또한 전혀 반대의 뜻이 되고 만다. 그렇다면 상대방에 대해서 '빠이빠이' 하고 손을 흔들면 어떻게 되냐 하면, 이것은 영어권에서는 '이쪽으로 오라'는 의미가 된다.

문제   불가리아 일부 지역에서의 동작의 의미에 대하여 알맞게 설명하고 있는 것은 무엇인가?

     1   고개를 세로로 흔들면 'Yes'를 의미하고, 가로로 흔들면 'No'를 나타낸다.

     2   고개를 가로로 흔들면 'Yes'를 의미하고, 세로로 흔들면 'No'를 나타낸다.

     3   고개를 갸우뚱거리면 'Yes'를 의미하고, 세로로 흔들면 'No'를 나타낸다.

     4   고개를 세로로 흔들면 'Yes'를 의미하고, 고개를 갸우뚱거리면 'No'를 나타낸다.   정답:2

어휘   当たり前 당연함   返事 대답, 답장   縦 세로   振る 흔들다, 휘두르다   万国 만국   逆 반대, 거꾸로   かしげる 갸우뚱 거리다
    相手 상대방   あらかじめ 미리, 사전에   手招き 손짓으로 부름

3

돈을 절약하기 위해서는 가계부를 쓰는 것이 효과적이라고 한다. 나도 해보았지만 이게 좀처럼 오래가지 않는 법이다. 우선 무엇을 살 때마다 메모를 해야만 한다. 자동판매기에서 콜라를 사거나 편의점에서 도시락을 살 때마다 몇 백 몇 십 몇 엔이라고 적는다면 그것만으로 힘이 든다. 더구나 그토록 어렵게 해도 반드시 몇 엔이 남거나 부족하거나 해서 결국 포기하고 마는 것이다.

그러나 얼마 전 신문에서 재미있는 가계부 적는 법이 실려 있었다. 그것은 분명 가계부인데도 숫자를 적을 필요가 없다는 것이다. 그 내용은 그 날에 든 비용으로 가치 있는 것이 얻어졌다고 생각되는 지출이 많으면 'ㅇ', 낭비가 많았다고 생각되면 '×'를 적을 뿐이

라고 한다. 즉, 단순히 그 날 얼마 썼다는 것을 적는 것이 아니라, 용도에 초점을 맞추고 있는 것이다. 그리고 그것을 1주일 단위로 보았을 때 'ㅇ'가 많으면 그 주는 'ㅇ'라는 식으로 계속해 가면 조금 더 검토한 후에 돈을 쓸 수 있게 되기 때문에 자연히 절약으로 이어진다는 것이다. 여러분 도 한번 해보시면 어떨까 한다.

문제 필자가 권하는 가계부의 특징은 무엇인가?

1 숫자 대신 기호를 사용하여 수입을 늘릴 수 있다.

2 일주일 단위로 가계부를 씀으로써 페이지 수를 줄일 수 있다.

3 돈의 용도가 명확해져서 장기적인 저축계획을 세울 수 있게 된다.

4 무의미한 지출을 줄이고 유용한 용도를 생각하게 된다.   정답:4

어휘 家計簿をつける 가계부를 적다 長続きしない 오래가지 않는다 メモを取る 메모를 하다 骨が折れる 힘이 들다
あきらめる 포기하다, 단념하다 載る 싣다, 게재하다 出費 지출 無駄遣い 낭비 単に 단순히
焦点を当てる 초점을 맞추다 使い道 용도

4

얼마 전 신문 칼럼에서 '주먹을 펴지 않으면 악수할 수 없다'는 한 구절을 발견했을 때, '그렇군'이라고 생각했다. 내용은 미국과 이슬람 간의 대립에 관한 것이었는데, 이 한 구절은 그 외에도 많은 것을 시사해주는 듯했기 때문이다.

역사를 돌이켜보면 어느 시대에도 많든 적든 전쟁이나 분쟁과도 같은 것이 존재하고 있으며, 역사 그 자체가 그와 같은 다툼에 의해 성립되었다고도 할 수 있을 정도이다. 이와 같은 대립은 그것을 피할 수는 없더라도 일어나버린 사태는 수습할 필요가 있다. 물론 한 쪽이 다른 한쪽을 완전히 진압할 수 있다면 쉽겠지만, 거기에 이르기까지는 많은 희생을 치러야만 한다. 여기서 '열쇠'가 되는 것이, '어떻게 화해하는가?'이다. 화해란 즉 '악수'이다.

악수를 하기 위해서는 당연히 주먹을 펴야 한다. 그리고 '주먹을 펴다'는 말 속에는 두 가지 의미가 담겨 있는 것 같다. 먼저, 공격을 하지 않는다는 의미이다. 주먹은 '투지'나 '적의'를 상징하지만, '주먹을 펴는 것'으로 상대방에게 공격할 의사가 없다는 것을 내보이는 것이다. 또 하나는 권리의 양보이다. 주먹은 자신이 이미 쥐고 있는 '물건'이나 '힘'도 상징하지만, '주먹을 폄'으로써 이미 갖고 있는 것을 화해하기 위해 양보할 준비가 되어있다는 것을 나타내는 것이다.

문제 필자가 들고 있는 다툼의 해결방법으로서의 '주먹을 펴다'란 무슨 뜻인가?

1 대립을 완화시키기 위해 스스로의 권리를 주장하여 상대방에게 양보를 독려하는 것

2 다툼을 종결시키기 위해 서로의 주장을 억제하고 해결의 길을 찾는 것

3 평화를 실현시키기 위해 다툼을 포기하고 상대방에게 복종하는 것

4 사태를 수습하기 위해 투지나 적의를 주장하는 대상을 바꾸는 것   정답:2

어휘 コラム 칼럼 こぶし 주먹 握手 악수 一節 한 구절 示唆する 시사하다 多かれ少なかれ 많든 적든 トラブル 트러블
成り立つ 성립하다 避ける 피하다 収束させる 수습하다 鎮圧 진압 犠牲を払う 희생을 치르다 カギ 열쇠
抑える 억제하다 争う 다투다

5

고민을 갖고 있는 사람에 대해 무언가 한 마디라도 위로의 말을 하거나, 힘이 되고 싶다는 생각을 갖는다는 것은 지금과 같은 삭막한 시대에 있어서 오아시스와도 같은 역할을 해내게 될 것입니다. 그렇다고 해서 무턱대고 무슨 말이든 걸면 된다는 것은 아닙니다. 그것은 경우에 따라 깊은 생각 없는 한 마디가 오히려 상대방에게 상처를 주거나 슬프게 할 수도 있기 때문입니다.

제가 아는 분 중에 발당장애인 아들을 키우고 있는 어머님이 계십니다. 그녀의 말에 의하면, 우선 자신의 아들에 대해 지인이나 친구에게 털어놓으면 상대방은 사안의 중대함 때문에 어떤 말을 해야 할지 몰라 당황한다고 합니다. 그리고 때로는 위로의 말도 듣는다고 하지만, 그러나 여기서 절대로 하면 안 되는 말이 있습니다.

'당신이라면 키울 수 있기 때문에 당신한테 태어난 거예요.' 이것은 듣는 본인의 고립감이 깊어진다고 합니다. 장애를 받아들였을 때

에 부모가 스스로 느낀다면 모를까 다른 사람이 할 말은 아닙니다.

'푸념이든 뭐든 다 들어줄게!' 이런 말을 들어도 같은 입장이 아니라면 절대로 모르는 것이기 때문에 허망하게 느껴진다고 합니다. 그녀에 의하면 가장 힘이 되는 것은 '힘들겠네. 도울 수 있는 거라면 뭐든 말해 줘요.'라는 한 마디라고 합니다. 그저 부질없는 말만으로 위로하려 하지 않고 자연스럽게 상대방 입장이 되어 도우려는 마음만으로 매우 힘이 되고 감사하게 여겨진다고 합니다.

문제 본문에 의하면 발달장애 자녀를 둔 부모가 가장 듣고 싶은 말은 무엇인가?

1 장애가 있는 아이를 키우는 어려움을 이해하면서 필요한 일은 흔쾌히 맡아준다고 하는 말

2 장애가 있는 아이를 갖게 된 것은 필연적이라는 사명감을 떠올리게 해 주는 말

3 같은 문제를 서로 나누고 좌절하지 않고 극복할 수 있는 희망과 용기를 주는 말

4 평소 스트레스나 육아에 관한 고민에 대해 의논해 줄 수 있다고 하는 말

정답:1

어휘 慰（なぐさ）める 위로하다　殺伐（さつばつ）とした 삭막한　何気（なにげ）ない 아무렇지도 않다, 특별한 생각이 없다　発達障害（はったつしょうがい） 발달장애
打（う）ち明（あ）ける 속마음을 털어놓다, 고백하다　戸惑（とまど）う 당황하다　孤立感（こりつかん） 고립감　愚痴（ぐち） 푸념　空（むな）しい 허무하다, 허망하다
素直（すなお）に 순순히　寄（よ）り添（そ）う 서로 다가가다　心境（しんきょう） 심경　快（こころよ）く 흔쾌히　乗（の）り越（こ）える 헤쳐나가다, 극복하다　ストレス 스트레스
相談（そうだん）にのる 의논에 응하다

제2장 【선택지의 구성】 연습문제

1

역사의 보물창고라 할 수 있는 교토에서 오래된 건축물 수리를 하고 있는 장인의 이야기이다. 몇 백 년이나 된 건물만이 아니라 역사적으로도 가치가 높은 문화재의 경우에는 단지 새롭고 튼튼한 소재를 사용하면 되는 것이 아니다. 우선 수리 대상이 되는 부위를 선별하여 본래의 것에 가까운 재질을 선택하는 것은 물론이지만, 이 장인은 '옛 장인의 일을 남긴다'는 점을 중요하게 여긴다고 한다.

옛 목재를 꺼내보면 간혹 종이가 붙여져 있는 것이 나오는데, 그것은 옛 장인이 어느 부분을 어떻게 수리했는가 하는 내용이다. 이것은 즉, 그 정도로 자신의 일에 책임감이나 자부심을 가지고 있었다는 증거일 것이다. 수리작업에 있어서는 그 부위를 모두 꺼내어 새로운 목재로 바꾸면 가장 손쉽겠지만, 이 장인은 그 증거를 그대로 남기고, 교환하는 목재를 최소한으로 제한한다고 한다.

문제 수리작업에서 장인이 중시하고 있는 것은 무엇이라고 하는가?

1 오래된 목재를 빼내어 새로운 소재를 고르는 것

2 과거에 수리한 흔적을 제거하지 않고 유지하는 것

3 수리한 장소가 상하지 않게 하는 것

4 자신의 책임감이나 자부심을 남기는 것

정답:2

어휘 宝庫（ほうこ） 보고　修復（しゅうふく） 복구　携（たずさ）わる 관계하다, 종사하다　職人（しょくにん） 장인　経（た）つ (시간이나 세월이) 경과하다　丈夫（じょうぶ）だ 튼튼하다
貼（は）り紙（がみ） 벽보　プライド 프라이드, 자존심　証（あかし） 징표, 증거　取（と）り替（か）える 바꾸다, 교환하다　手（て）っ取（と）り早（ばや）い 손쉽다
最低限（さいていげん）にとどめる 최소한으로 하다　取（と）り除（のぞ）く 제거하다

2

어떤 자동차 회사에서 거기서 제조 판매하고 있는 차가 리콜을 당하게 되었다. 원인은 그 자동차의 설계 실수에 있었으며, 이 건에 대해서 기자회견이 열렸으나 그 자리에서 사장은 "매우 유감스럽다"는 심경을 발표했을 뿐이었다. 그러나 이와 같은 대응에는 의문이 남는다. '유감'이란 과연 어떤 의미일까? 가지고 있는 사전에서 이 단어를 살펴보면, '기대한 것만큼 되지 못하여, 아쉬운 것. 안타깝게 생각하는 것'이라는 의미라고 한다. 그러나 '안타깝게 생각하는 것'은 제조한 회사 측이 아니라, 자칫 큰 사고에 휘말렸을지도 모르는 소비자가 아닐까?

아무래도 이 '유감'이라는 말은 애매한 뜻으로 사용되고 있는 것 같다. 인터넷 뉴스 검색으로 '유감'을 입력해 보았더니, '안타깝게 생각하는 쪽'도 '안타깝게 생각하도록 만든 쪽'도 양쪽 다 '유감'이라는 말을 사용하고 있다. 전자가 말하는 것은 이해가 가지만, 후자의

경우에는 얼버무리지 말고 솔직하게 제대로 사과해야 할 것이다. 그것을 그저 '유감이다'라는 것은 단순히 눈속임하는 것일 뿐이라고 생각된다.

문제　필자는 '유감'이라는 말을 어떻게 생각하고 있는가?

　　　1　적절한 표현으로써 이해하기 쉽도록 하기 위해 사용되고 있다.

　　　2　말 뜻은 사용방법에 따라 가해자와 피해자가 뒤바뀐다.

　　　3　실수를 인정하지 않고 잘못된 말의 사용법으로 책임회피를 하고 있다.

　　　4　과오의 원인 규명보다도 결과에만 집착할 때 사용된다.

정답:3

어휘　リコール 리콜(recall)　心残り 마음에 걸림　下手をすると 자칫 잘못하면　巻き込まれる 휘말리다, 휩쓸리다
　打ち込む 열중하다, 몰두하다　ごまかす 얼버무리다, 속이다　手落ち 실수, 부주의, 과실　責任逃れ 책임회피　過ち 과오, 과실
　こだわる 집착하다

3

　'엘리베이터의 문 정면에서 기다리는 사람과는 일을 하고 싶지 않다'는 제목의 짧은 수필을 본 적이 있습니다. 그 때는 일에 쫓기고 있어 천천히 읽지는 못했으나, 그 제목만으로 충분히 전해져 오는 것이 있었습니다. 저도 가끔 엘리베이터를 기다릴 때 문 정면에 서 있는 사람을 본 적이 있습니다. 하지만, 엘리베이터라고 하는 것은 문이 열리면 안에서 사람이 나온다는 가능성을 지니고 있습니다. 그렇다면 서로 부딪히지 않기 위해서라도 문 정면이 아닌 옆에서 기다려야 할 것입니다. 그 정도의 예측은 당연하지 않은가요?

　대부분의 일이 그렇습니다만, 진행하고 있는 중에 예상도 하지 못했던 일이 일어나는 것은 이상하지 않습니다. 오히려 모든 것이 처음부터 끝까지 순조롭게 끝나는 경우가 드물 정도입니다. 일의 파트너로서는 그와 같은 예측하지 못한 사태가 발생했다고 하더라도 어느 정도의 예상과 대비가 있는 편이 서로의 작업이 원활하게 진행될 것입니다. 그러나 불과 수십 초 후의 일도 예측하지 못하는 사람이라면 그런 것은 바랄 수 없겠지요.

문제　필자는 어떤 사람을 이상적인 일의 파트너라고 생각하고 있는가?

　　　1　일을 진행하면서 예상 외의 사태에도 대처할 수 있는 사람

　　　2　원활한 작업을 도모하기 위해 어느 정도의 과정은 생략할 수 있는 사람

　　　3　엘리베이터 단추를 눌러주는 배려심이 있는 사람

　　　4　일어날 가능성이 있는 문제를 정확하게 예측할 수 있는 사람

정답:1

어휘　タイトル 타이틀, 제목　エッセイ 에세이, 수필　追われる 쫓기다　扉 문　見かける 눈에 띄다　互い 서로
　不思議だ 이상하다, 신기하다　むしろ 오히려, 도리어　珍しい 보기 드물다　パートナー 파트너, 동반자
　不測の事態 예상치 못한 사태　備え 대비　円滑だ 원활하다　望めない 바랄 수 없다　対処 대처　省く 생략하다
　気を配る 배려하다

4

　강연을 부탁 받고 동네 초등학교에 초대 받았을 때의 일입니다. 요청이 있었을 때에는 그저 가벼운 마음으로 수락했으나, 평소에는 어른들을 상대로 말할 기회가 많았기 때문에 어린 아이들에게 어떤 주제로 이야기를 할까 하고 생각하기 시작했더니, 좀처럼 아이디어가 떠오르지 않습니다. 여러 가지 고민을 한 끝에, 요즘 아이들은 어렸을 때부터 돈에 너무 집착하는 경향이 있다는 말을 들었기 때문에 '아무리 돈이 많이 있다고 해도 전혀 도움이 안 될 경우가 있다'는 것을 가르쳐 주려 했습니다.

　그리고 당일.

　'여러분이 타고 있던 배가 태풍으로 침몰하여, 간신히 무인도에 도달했다고 합시다. 먹을 것도 없고 배가 고파서 정신이 혼미합니다. 그 때 눈 앞에 케이크와 만 엔 짜리 지폐가 눈에 들어왔습니다. 자, 여러분은 어느 쪽을 고르겠어요?'

저는 아무리 요즘 아이들이라 하더라도 이런 상황에서까지 돈을 고를 리는 없다고 믿었습니다. 그러나 돌아온 아이들의 대답은 뜻밖이었습니다.

'둘 다요!'

그런 대답을 듣고 저는 매우 곤란했던 기억이 있습니다.

요즘 아이들은 제가 생각하고 있는 것보다 현명할지도 모르겠네요.

문제   필자가 강연을 시작하기 전에 예상하고 있었던 아이들의 반응은 무엇인가?

1　금전감각이 발달한 아이들은 돈과 케이크 둘 다 고를 것이다.

2　돈에 집착하는 아이들이 많기 때문에 무인도에서도 아이들은 돈을 갖고 싶어할 것이다.

3　금전감각이 발달한 아이들은 무인도에서도 돈으로 케이크를 산다며 고집을 부릴 것이다.

4　돈을 갖고 싶어하는 아이들이라 해도 돈이 도움이 안 되는 무인도에서는 케이크를 고를 것이다.　　　정답:4

어휘　頼む 부탁하다　幼い 어리다　役に立つ 도움이 되다　たどり着く 도달하다　困る 난처하다　覚える 외우다, 익히다, 기억하다　賢い 영리하다, 현명하다　言い張る 끝까지 우겨대다

5

인간에게는 만족도와 기대치가 있다. 지금은 초등학생 사이에도 당연시 되어가고 있는 휴대전화도 1980년대까지는 전화란 집이나 사무실에 고정되어 있는 것, 일부 부유층이 자동차 안에 설치해 놓은 것으로서, 나와 같은 일반서민이 밖에서 전화를 걸 때에는 오로지 공중전화였다. 그 때 가장 곤란했던 것은 만나는 약속을 했을 경우이다. 약속 시간에 만나는 장소까지 나가도 상대방이 나타나지 않는다면, 특히 그 만나는 장소가 바깥이라면 정말로 난처해진다. 상대방의 자택이나 사무실에 전화를 걸어 전언을 부탁해 둘 수 있다면 조금은 다행스럽지만, 그 곳에 아무도 없거나 하면 달리 손을 쓸 방법이 없다. 그대로 기다리거나 아니면 돌아갈 수밖에 없다.

그런 일이 일어나면 마음은 상하지만, 연락을 취할 수 없다는 것을 당연하게 받아들이고 그다지 불편하다고는 생각하지 않았다. 하지만 지금은 어떠한가? '휴대전화는 항상 갖고 있는 것이 당연', '휴대전화로 전화를 걸면 언제든지 연결되는 게 당연'이라는 편리한 시대가 되었다. 하지만 그렇다고 해서 인간의 만족도가 상승했다고는 생각하기 어렵다. 예컨대 휴대전화를 받지 않으면 불만도 느낄 것이고, 경우에 따라서는 자칫 다툼이 생길 수도 있다. 즉, 기대치가 오름으로 인하여 과거에는 존재하지 않았던 실망감이 늘어버린 것이 아닌가 하는 생각마저 든다.

이렇게 생각해보면 과학의 발전이 꼭 인간의 만족도에 있어서 상승을 초래하는 것은 아닐지도 모르겠다. 물론 이미 지금 과학의 상황에 걸맞은 만족도를 갖는 우리가, 다시 과거처럼 휴대전화도 인터넷도 없는 시대에 지내게 된다면 적지 않게 불편함을 느끼겠지만, 미래에 하늘 나는 자동차가 보급된 세상이 되었다 하더라도 역시 마찬가지가 아닐까?

문제   필자는 과학의 발전이 인간에게 준 영향을 어떻게 생각하고 있는가?

1　과학의 발전에 따라 인간이 느끼는 불만은 적지 않게 증가했다.

2　과학이 발전함으로써 생활 속에서 잃어버린 것이 있다.

3　과학의 발전과 만족도와의 관련성을 희박하다고 할 수 있다.

4　과학의 발전에 따라 불편은 어느 정도 해소되었다.　　　정답:3

어휘　取り付ける 설치하다　待ち合わせ場所 만남의 장소　言伝 전갈, 전언　留守 부재중　お手上げ 어쩔 도리가 없음　受け止める 받아들이다　思いがたい 생각하기 힘들다　科学の進歩 과학의 발전　もたらす 초래하다　見合う 걸맞다　少なからず 적지 않게　失う 잃다

1

여러분은 참치라는 물고기가 잠을 안 잔다는 이야기를 들어본 적이 있으십니까? 그렇다고 해서 전혀 안 잔다는 것은 아니고, 정확히는 수면 중에도 헤엄을 멈추지 않는다는 것입니다. 그것은 몸이 속도에 초점이 맞추어져 있는 구조로 되어있기 때문에 그렇습니다. 평소 참치는 시속 40~60km 정도의 속도로 헤엄치고 있으나, 신변에 위험을 느끼면 순간속도가 시속 160km까지나 됩니다. 이는 수중익선 또는 최신형 고속선의 속도에 필적합니다.

일반적으로 어류에는 인간의 폐에 해당하는 '아가미'라는 것이 있어 헤엄치지 않을 때에도 아가미를 움직여서 신선한 바닷물을 빨아들여 그 속에 들어 있는 산소를 흡수합니다. 그러나 참치는 아가미를 움직일 수가 없습니다. 즉 아가미를 움직여서 물을 빨아들일 수가 없는 것입니다. 그러므로 바닷물에 포함되어 있는 산소를 섭취하기 위해서는 스스로 앞으로 나아가면서 입으로부터 바닷물을 빨아들일 수밖에 없는 것입니다.

문제 참치의 특징으로서 올바른 설명은 무엇인가?

1 앞으로 전진하지 않으면 호흡을 할 수 없어 생명을 유지할 수 없다.
2 참치에게 있어서 헤엄친다는 것은 잠을 자기 위해 필요한 행동이다.
3 헤엄칠 때에도 아가미를 움직여 호흡함으로써 수면의 효율을 높인다.
4 움직이고 있을 때에 수면을 취함으로써 헤엄치는 속도를 높이는 것이 가능하다.   정답:1

어휘 マグロ 참치 普段(ふだん) 평소 匹敵(ひってき)する 필적하다 肺(はい) 폐 新鮮(しんせん)だ 신선하다 取(と)り入(い)れる・取(と)り込(こ)む 섭취하다, 받아들이다
エラ 아가미 吸(す)い込(こ)む 들이마시다 摂取(せっしゅ) 섭취 自(みずか)ら 스스로 効率(こうりつ)を上(あ)げる 효율성을 높이다

2

행정이란 강자를 위한다기 보다는 약자에 그 중점을 두어야 할 것이다. 그러나 현실은 반드시 그런 것은 아닌 것 같다. 예컨대 도로이다. '보행자 우선'이라고는 하지만, 도로의 넓이나 개발 우선순위를 보더라도 차도에 비해 인도는 뒷전으로 밀리는 경향이 있다. 정말로 행정이 약자를 배려한다면 차도보다도 인도를 중심으로 한 도시개발이 진행되어도 좋을 텐데도, 좁고 불편한 인도와 달리 일직선으로 뻗은 넓고 깨끗하게 포장된 차도, 횡단보도보다도 훨씬 시간이 긴 자동차용 청신호 등을 보면 아무래도 이 도시는 보행자(약자) 중심이라기보다는 자동차(강자)의 편리함을 중시하고 있는 것처럼 여겨진다. 나도 버스나 때로는 택시도 타기에 자동차 중심의 도시 시스템을 모두 부정할 생각은 없으나, 도시개발에 있어서 중심이 되어야 할 약자가 보행자인 것은 두말할 나위도 없다. 행정은 이처럼 이치에 맞지 않는 제도를 개선하기 위해 노력하여야 할 것이다.

문제 필자의 생각으로서 가장 적합한 것은 무엇인가?

1 불편하더라도 자동차나 보행자는 신호를 지켜야 한다.
2 자동차 중심의 도시 시스템을 근본적으로 재검토하여야 한다.
3 횡단보도의 신호시간을 자동차용 수준으로 개선하여야 한다.
4 행정은 보행자의 편의를 염두에 둔 개발을 하여야 한다.   정답:4

어휘 行政(ぎょうせい) 행정 重点(じゅうてん)を置(お)く 중점을 두다 必(かなら)ずしも~ない 꼭 ~한 것은 아니다 比(くら)べる 비교하다
後回(あとまわ)しにする (우선순위를) 뒤로 미루다 狭(せま)い 좁다 伸(の)びる 뻗다 舗装(ほそう) 도로포장 理不尽(りふじん) 불합리, 도리에 어긋남
努(つと)める 노력하다 見直(みなお)す 다시 보다, 재검토하다 ~並(なみ)に ~수준으로 念頭(ねんとう)に置(お)く 염두에 두다

3

귀금속의 대명사인 '금'에 관한 가치는 예부터 인정되고 있어, 장식품으로서 인류가 사용하기 시작한 것은 기원전 3000년대까지 거슬러 올라간다. 이를 파내지 않고 저렴한 금속을 혼합함으로써 만들어낼 수 없을까? 하는 시도가 16세기 무렵의 유럽에서 한창이었

다. 이것이 이른바 연금술이지만 그 방법은 실로 가지각색이었다. 물론 어떤 성질의 다른 금속끼리를 혼합시켜 제 3의 금속을 만들어 내는 것은 불가능하지 않다. 그러나 이와 같은 방법을 통하여 '금'을 만들어내려는 시도는 모두 실패로 끝났다. 그도 그럴 수 밖에 없는 것이 '금'이란 몇 가지의 물질에 의해 되어 있는 것이 아니라 단일원소에 의해 구성되어 있기 때문에, 다른 금속을 아무리 혼합시켜도 진정한 '금'을 얻는 것은 불가능한 것이다.

그렇다고 해서 이 연금술의 시도가 무의미했는가 하면, 그렇지 않다. 본래 목적은 달성하지 못했다고는 하나, 그 과정에서 우연히 발견된 약품이나 합금도 적지 않게 있었기 때문이다. 뿐만 아니라 실험도구로서 발명된 여러 기구도 넓은 의미에서는 연금술의 성과라고 할 수 있을 것이다.

문제 연금술의 성과로서 올바른 설명은 무엇인가?

1 다른 금속을 융합시켜도 '금'은 얻을 수 없다는 사실이 증명되었다.

2 우연히 발견된 약품이나 합금의 발견으로 불가능을 가능하게 한 기록으로서 남는다.

3 욕망이나 호기심이 있어도 학문적 무지로는 성공할 수 없다는 것을 깨달았다.

4 기대했던 성과는 얻지 못했으나 예상 외의 결과를 남길 수 있었다.　　　　　　정답:4

어휘 掘り出す 캐내다　安価だ 저렴하다　掛け合わせる 서로 섞다　試み 시도　世紀 세기　盛んだ 한창이다　いわゆる 이른바
同士 끼리　不可能 불가능　ことごとく 전부, 모조리　成り立つ 성립하다　混ぜ合わせる 한데 섞다, 혼합하다
無駄だ 쓸데없다, 보람없다　本来の 본래의　のみならず 뿐만 아니라　幾多の 허다한　悟る 깨닫다, 깨우치다
さかのぼる 거슬러 올라가다

4

아프리카의 야생동물공원에서는 질병이나 부상에 의해 죽음을 앞둔 동물들의 치료를 하지는 않는다. 그것은 일손부족 때문이 아니라 자연을 자연 그대로 남겨두는 것을 모토로 삼고 있기 때문이다. 관리인은 말한다. "한 마리가 죽으면 몇 마리의 동물들이 살아남을 수 있다." 사정을 모르는 우리가 본다면 상당히 엄격한 말처럼 들리지만, 이것이 '자연의 섭리'라고 한다. 죽은 동물들은 질병이나 부상에 의해 사냥을 할 수 없는 육식동물들에게 있어서 몇 안 되는 소중한 먹이가 된다고 한다.

그 한편으로 적극적으로 관리를 하고 있는 것도 있다. 그것은 멸종위기종에 해당되는 동물들이다. 일본뿐만이 아니라 많은 나라에서는 멸종위기에 있는 동물을 천연기념물로 지정하여, 인위적인 보호와 번식을 시도하고 있다. 그러나 역시 그것도 '자연의 섭리'로 받아들여야 하지 않을까? 새로운 생물이 탄생하는 것도 자연이라면 이 세상에서 자취를 감추는 것도 자연이다. 아무리 멸종위기에 있다 하더라도 그와 같은 것에 사람이 손을 가하는 것은 진정한 의미로서의 자연보호라고는 할 수 없기 때문이다.

문제 필자는 자연의 보호에 관하여 어떻게 생각하고 있는가?

1 천연기념물의 지정범위를 넓히고 지정기준을 재검토해야 한다.

2 멸종위기에 있는 동물도 그 이외의 동물과 마찬가지로 다룰 필요가 있다.

3 동물이 멸종위기에 있는 원인을 규명하고, 해결해가는 것이 자연의 섭리이다.

4 동물의 인위적인 보호와 관리는 건강하지 않은 동물들이 살아가기 위해 필요하다.　　　정답:2

어휘 怪我 부상, 상처　間近にする 앞두다　介抱 간호　人手 일손　モットー 모토, 표어　摂理 섭리　餌 먹이
絶滅危惧種 멸종위기종　受け入れる 받아들이다　姿を消す 자취를 감추다　同様に 마찬가지로　扱う 다루다
解明 사실・진실 구명

5

'키라키라 네임'이나 '도큔 네임'이라는 것이 화제가 되고 있다. 명명권이란 그 부모가 갖는 권리이며 호적법상 문제가 없다면 수리 되지만, 지나친 이름이 증가추세에 있다고 한다. 호적법에는 사용하는 한자에 관한 규정은 있으나 한자의 읽기에 관한 제한은 없기에, 귀엽고 멋지고 예쁘다는 이유로 '시온', '키라라', '라이무'라는 매우 읽기 힘든 이름이 속출하고 있는 것이 실정이다. '파라다이스'라는 이름을 보았을 때에는 어이가 없어 그저 웃고 말았다. 특히 골치를 앓고 있는 것이 초등학교 선생님이라고 한다. 새롭게 들어온 학생

이름을 읽을 수가 없어 잘못 읽거나 하면 부모로부터 항의가 들어오기도 한다니 문제이다.

　내가 어렸을 때에는 '이치로', '지로', '사부로'나 '유코', '요코', '마치코'와 같은 이름이 많았던 것 같은데, 변해도 많이 변했다. 갓 태어난 아기에게 귀여운 이름을 붙이고 싶은 부모 마음을 모르는 것은 아니다. 그러나 이름이란 그 아이가 마흔이 되고 여든이 되어도 변하지 않는 것이다. 정말로 자신의 아이를 생각한다면 조금 더 읽기 쉽고 친숙한 이름으로 해 주었으면 좋겠다고 생각하는 것은 고지식한 중년의 주장일까? 몇 십 년 뒤에는 '시온 할아버지'나 '키라라 할머니'가 당연시 되는 날이 올지도 모른다.

문제　필자는 '키라키라 네임'에 대해서 어떻게 생각하고 있는가?

　　1　어느 시대에도 이름에 담겨진 귀여운 아이를 생각하는 애정에는 변함이 없다.

　　2　법률상 문제는 없더라도 학교 교사도 읽지 못하는 이름을 붙여서는 안 된다.

　　3　이름이란 어릴 때만이 아니라 평생 사용하는 것이라는 점을 생각했으면 한다.

　　4　현대에 걸맞은 참신한 이름을 짓는 관행을 널리 퍼뜨려야 한다.　　　　　　　정답:3

어휘　行き過ぎる 지나치다　目立ってくる 두드러지다　読みづらい 읽기 어렵다　呆れる 어이 없다
　　　頭を抱える 머리를 싸쥐다, 고민하다　言い分 주장　当たり前になる 당연하게 되다　ふさわしい 걸맞다

제4장 【필자는 바쁘다 – 강조의 특징】 연습문제

1

　세계에는 그 나라가 지정한 나라의 보물, 즉 국보라는 것이 있다. 물론 일본에도 수많은 그림이나 조각, 공예품, 서적이나 자료 그리고 건축물에 이르기까지 여러 종류의 국보를 소유하고 있으며, 이와 같은 것들은 일본의 문화보호법에 의해 중요문화재 중 '세계 문화의 견지에서 가치가 높은 것으로서 비길 데 없는 국민의 보물인 것'을 국보로 지정할 수 있다고 한다(제 27조 제 2항). 이와 같은 것 중에는 그야말로 금이나 은 등, 재료만을 보아도 상당히 값이 나간다는 것을 알 수 있는 것도 있으나, 그 반면에 정말 값어치가 있는 것인지 비전문가의 눈에는 알아보기 힘든 것도 적지 않다.

　그러나 국보 즉 나라의 보물이란 과연 그런 것 뿐일까? 일상 속에서 자신의 일을 제대로 하루하루 해내고 있는 국민 한 사람 한 사람이야말로 그 나라의 진정한 보물인 것이다. 사람에 있어서도 외모나 학력 등이 훌륭한 사람도 있지만 사람의 가치는 그런 것만으로 판단할 수 있는 것은 아니다. 이른바 국보는 역사 속에 남아 있고, 우리에게 과거를 말해주지만 이 진정한 국보는 우리 미래를 일구어 나아가는 힘이 되고 있는 것이다.

문제　'진정한 국보'의 설명으로서 가장 적합한 것은 무엇인가?

　　1　법률에 의해 규정된 세계적으로 보더라도 귀중한 문화재

　　2　그 나라의 역사를 가치 있는 것으로서 후세에 전하는 인물

　　3　사회 속에서 주어진 스스로의 역할을 감당해내고 있는 국민

　　4　그림이나 공예품, 건물 등 역사적으로 연구가치가 있는 것　　　　　　　　　정답:3

어휘　宝 보물　絵画 회화, 그림　値打ち 값어치　素人 초보자, 비전문가　果たして 과연　外見 외견, 겉보기　立派だ 훌륭하다
　　　築く 구축하다, 이루다, 일구다　担う (주로 추상적인 의미로) 짊어지다

2

　바야흐로 '2개 국어는 기본 중 기본, 바라건대 3개 국어'라는 시대이다. 책이나 텔레비전만이 아니라 유학이나 어학연수 등의 기회를 마음껏 활용해서 직접 그 나라까지 가서 몸으로 배우려는 적극성이 요망된다. 해외 문화와 접하는 것에 대한 장점으로는 자신의 나라에 없는 가치 있는 것을 받아들이고 자기 안에서 훌륭하게 만들어가는 것이라 하겠으나, 외국에 관하여 배우는 것에 대한 이점은 그뿐만이 아니다.

　최근 국내 뉴스나 신문만을 보고 있으면, 비리나 부적절한 대응 등으로 화도 나고 한심해지기도 한다. 도대체 이런 나라가 또 있을까 하고 어이가 없어질 때도 있지만, 사실은 외국이라 하더라도 그리 큰 차이는 없다. 웬만한 나라에도 비리는 있고, 이기심으로 똘똘

뭉친 정치가도 적지 않다. 인간이 살아가는 사회인 이상, 아무리 훌륭한 나라라 하더라도 수백만 수천만 명 모두가 훌륭하다는 것은 있을 수 없다. 예컨대 범죄율이 높거나 낮은 차이는 있을지언정, 거기에도 남에게 민폐를 끼치는 사람들은 반드시 존재한다.

이와 같이 외국의 좋지 않은 부분까지 알게 되면 자기 나라도 그리 나쁜 것만은 아니라고 여겨지게 되는 법이다.

문제　필자에 의하면 외국 문화를 배운다는 것에 대한 이점은 무엇인가?

　　1　외국이라 하더라도 나쁜 점도 있으며, 자기 나라만이 문제를 안고 있는 것은 아니라고 알게 되는 것

　　2　외국과 자국을 비교하고 좋지 않은 부분을 서로 제거할 수 있게 되는 것

　　3　해외의 뛰어난 문화를 국내에 도입하여 풍요로운 나라 만들기에 도움을 주는 것

　　4　해외에서 일어난 비리나 사건 등의 해결방법을 배우고 자기 나라로 도입할 수 있게 되는 것　　　　정답:1

어휘　バイリンガル 바이링걸, 2개 국어 구사자　願わくば 바라건대, 원컨대　ご時世 시대의 추세　フルに 충분히　赴く 향해 가다
望まれる 요망되다　メリット 장점　素晴らしい 훌륭하다　利点 이점　不祥事 불상사　情けない 한심하다
～といえども ~라 하더라도　大差 큰 차이　大抵の 대개의　汚職 비리　エゴ 에고이즘(egoism 이기주의)의 준말,
塊 덩어리　ありえない 있을 수 없다　～にしろ ~이긴 하나　迷惑をかける 민폐를 끼치다　マイナス 마이너스
捨てたものでもない 그리 나쁘지만은 않다　優れる 뛰어나다　豊かだ 풍부하다, 풍요롭다

3

일반적으로 약육강식의 세계 속에서 살아남기 위해서는 공격력이나 방어력이 높아야만 한다. 초식동물은 육식동물로부터 몸을 지키기 위해 이동속도를 늘리고 수면시간도 줄여왔다. 실제로 기린이나 코끼리는 하루에 2~3시간 밖에 수면을 취하지 않는 것에 비해, 백수의 왕이라 일컬어지는 사자는 자고 있는 동안에 공격을 받을 우려가 없으므로 15시간이나 수면을 취하고 있다.

그러나 여기에도 예외가 있다. 그것은 나무늘보라고 하는 포유류 동물이다. 이 동물의 수면시간은 15~16시간으로 사자에 필적한다. 그렇다고 해서 사자처럼 먹이사슬의 정점에 서 있는 것은 아니다. 그렇다면 치타처럼 발이 빠른가 하면 이는 전혀 반대로, 이동속도는 1분에 1.8~2.4미터라고 한다. 이처럼 얼핏 보기에 무방비라고도 할 수 있는 동물이 어떻게 지금까지 살아올 수 있었던 것일까?

그것은 천적으로부터 '발상의 전환'으로 도망쳤던 것이다. 다른 종족이라면 상대에게 대항할 수 있는 날카로운 발톱이나 뿔, 또는 순발력을 배양함으로써 어려움을 헤쳐나가지만, 나무늘보의 경우는 반대의 길을 선택했다. 즉, 가급적 움직이지 않고 이동할 때에도 천천히 움직임으로써 천적의 눈에 띄지 않는 방법을 터득한 것이다.

문제　나무늘보가 지금까지 살아남을 수 있었던 이유로서 가장 적합한 것은 무엇인가?

　　1　큰 체격을 작게 보여서 적의 눈을 속였다.

　　2　움직이는 속도를 줄이고 기척을 없애도록 했다.

　　3　적으로부터 도망치는 속도를 높이는 방법을 터득했다.

　　4　위험이 닥치면 보다 빨리 알아차리는 능력을 획득했다.　　　　정답:2

어휘　削る 깎다　襲う 습격하다　食物連鎖 먹이사슬　一見 얼핏 보기에　立ち向かう 맞서다, 대항하다　鋭い 예리하다
爪 손톱 또는 발톱　角 뿔　素早さ 순발력　養う 기르다, 양육하다　困難 어려움　切り抜ける 헤어나다, 벗어나다, 타개하다
なるべく 가급적　のろのろと 느릿느릿　目につく 눈에 띄다　見せかける 겉을 꾸미다　欺く 속이다　気配 기척
逃れる 벗어나다　身につける 익히다, 몸에 걸치다　察知 헤아려 앎

4

"승객 300명을 태운 여객선이 예기치 못한 고장을 일으켰다. 가장 가까운 항구까지 간신히 갈 수 있는 연료밖에 없다. 그 때 승객 한 명이 바다로 떨어지고 말았다는 사실을 알았다. 그 승객은 바다에서 도움을 청하고 있으나, 여객선이 되돌아가면 연료부족이 되고 만다. 그렇다고 해서 그 승객을 그대로 두면 목숨을 건질 가망성은 전혀 없다."

배를 세우고 바다로 떨어진 승객을 구조하면 300명 모두가 위험에 처해지지만, 그 한 명을 포기하면 299명은 무사히 구조할 수 있게

된다. 만약 당신이 선장이라면 이 때 어떻게 할 것인가?

　대부분의 사람은 선장이 될 일도 없으며, 이와 같은 사고에 휘말리지도 않을 것이다. 그러나 실제로는 비슷한 선택을 강요당할 경우가 있다. 그럴 때에는 한숨 돌리고 문제를 재검토해 보자. 위와 같이 얼핏 보기에는 양자택일처럼 보이는 문제라도 실제로는 그 외의 선택지가 있을 수도 있는 것이다. 예를 들어 구명구를 던져줄 수도 있을 것이며, 선원 중 한 명을 구명보트에 태워 구조를 하도록 할 수도 있다. 우리는 문제에 직면했을 때 답은 두 개 밖에 없다고 생각하고 극단적인 선택을 하고 말 때가 있으나, 선택이 닥치면 결단을 서두르지 말고 다시 한 번 '숨은 제 3의 선택지'는 없는지 검토해 보는 것이 중요하다.

문제　필자가 권하는 생각하는 방법의 설명으로서 가장 적합한 것은 무엇인가?

　　1　방법을 한정하지 말고 선택의 폭을 넓혀서 다른 가능성도 생각해야 한다.
　　2　자기 혼자서 해결하려 하지 말고, 주위로부터의 조언도 고려할 필요가 있다.
　　3　문제에 임할 때에는 바다에서의 사고의 예를 참고로 하면 해결하기 쉽다.
　　4　문제에 부딪혔을 경우, 제 3의 선택지를 선택하는 것이 옳은 경우가 많다.　　　　정답:1

어휘　予期せぬ 예기치 못한　気づく 알아차리다　引き返す 되돌아가다　見込み 가망성　さらされる 노출되다
　見捨てる 내버려둔 채 돌보지 않다　強いられる 강요받다　一呼吸おく 한숨 돌림　二者択一 양자택일　選択肢 선택지
　直面する 직면하다　思い込む 고정관념을 갖다　極端な 극단적인　迫られる 몰리다　周り 주변　取り組む 임하다
　問題にぶつかる 문제에 부딪치다

5

　일본문학은 독특한 매력을 갖고 있는데, 특히 '하이쿠'의 세계는 그 으뜸가는 것이 아닌가 한다. 하나의 글자마다 의미를 이루는 한자도 아닌, 단지 '음'을 갖는 17의 표음문자를 사용하는 것만으로 다양한 자연이나 감정을 표현할 수 있는 예술이 또 있겠는가?

　하이쿠의 대표격이라 할 수 있는 마쓰오 바쇼의 '오래된 연못 개구리 뛰어드는 물의 소리여'라는 시에 깊은 감동을 받았다. 나는 스무 살이 넘을 때까지 이 시가 왜 유명하고 명시인지를 배운 기억이 없다. 불과 17글자로 된 시는 아무리 읽어도 '개구리가 연못에 뛰어들었을 때의 물소리'를 말하고 있을 뿐이다. 그러나 어느 날 문득 수수께끼가 풀린 것이다. 이 하이쿠는 물소리에 대해서 쓰여 있지만, 사실은 여기에 쓰여 있지 않은 '정적'을 노래한 것이다. 즉, 연못에 개구리가 뛰어드는 작은 소리가 들리기 위해서는 그 전에 한없는 정적이 있었을 것이며, 뛰어드는 소리로 깨진 정적은 또다시 본래 모습으로 되돌아간 것이다.

　그 뿐만이 아니다. 과연 작가는 오래된 연못을 본 것일까? 개구리를 정말로 본 것일까?

　만약 오래된 연못이나 개구리를 직접 보았다면, 아마도 이 시는 세상에 나오지 못했을 것이라고 생각한다. 바쇼는 처음부터 아무것도 보지 않고 그저 '풍당'하는 소리를 들었을 뿐이 아니었을까? 그리고 그 소리를 듣고 비로소 그 소리가 나기 전에 존재했던 정적을 알아차리고, 소리 뒤에 감도는 정적도 알아차린 것이 아닐까? 하는 것이다.

문제　필자가 '오래된 연못 개구리 뛰어드는 물의 소리여'라는 시에 감동 받은 이유는 무엇인가?

　　1　보지 않은 것을 마치 본 것처럼 그렸기 때문에
　　2　물 소리를 표현함으로써 일본 문학의 맛을 높였기 때문에
　　3　글자로 쓰여져 있지 않은 것까지도 문학적으로 표현했기 때문에
　　4　오래된 연못과 개구리의 조화는 절묘한 균형을 보여주고 있기 때문에　　　　정답:3

어휘　殊に 특히　俳句 일본의 5 7 5 운율로 구성되는 시　最たるもの 으뜸가는 것　意味を成す 의미를 이루다　用いる 사용하다
　あらゆる 모든, 온갖　他にあろうか 달리 있을까　飛びこむ 뛰어들다　感動を覚える 감동을 느끼다　記憶 기억
　わずか 불과　述べる 말하다　ふと 문득　解ける 풀리다　詠む 읊다　限りない 끝없는　元通りの 본래대로의　姿 모습
　戻る 돌아가다　ポチャン 풍당　漂う 감돌다, 떠다니다　描く 그리다　絶妙だ 절묘하다　バランス 균형

제5장 【본론을 찾아라 – 위치 파악】 연습문제

1

'칭찬하다'는 것은 중요하지만, 무조건 칭찬하면 되는 것도 아닌 것 같다. '라쿠고'에서 '아이 칭찬', '소 칭찬' 등은 유명한 이야기이다. 우리에게 친숙한 '요타로'라는 인물이 등장해서 '칭찬'에 관한 여러 해프닝을 일으키고 많은 사람들을 웃겨왔다. 칭찬하는 방법에도 여러 가지 있으나, 여기에도 요령이 필요하다. 예를 들어 피아니스트에게는 "피아노를 잘 치네요"라거나, 미술가에게 "그림을 잘 그리시네요" 등의 말은 매우 실례라고 한다. 칭찬하는 것도 꽤 어렵다.

얼마 전, 지인인 성악가에게 이런 말을 했더니, 그도 공연이 끝난 후 가장 듣고 싶지 않은 칭찬이 있다고 한다. 그것은 "정말 열심히 노래하더라"는 말이라고 한다. 그 이유를 묻자 그는 이렇게 답했다. "열심히 노래를 하는 건 당연한 거예요. 항상 열심히 마음을 담아 부르고 있습니다. 하지만 그 말은 자신의 노래에 아무런 감동도 느낌도 없이 그저 겉모습밖에 인정을 못 받았다는 것이니까요."

문제　필자는 '칭찬하다'는 것에 대해 어떻게 생각하고 있는가?

　1　일본 고유의 문화인 '라쿠고'에서는 빼놓을 수 없는 주제이다.

　2　칭찬하는 말이 상대방에게 흔쾌히 받아들여진다고는 단정할 수 없다.

　3　음악이나 예술 관련 일을 하고 있는 사람에게는 큰 힘이 된다.

　4　전문분야 이외에 관하여 칭찬한다는 것은 지극히 예의에 어긋나는 행위이다.　　　정답:2

어휘　褒める 칭찬하다　題目 주제, 테마　関わる 관여하다　巻き起こす 일으키다, 야기하다　コツ 요령　コメント 코멘트
必死に 필사적으로　心を込める 마음을 담다　胸を打たれる 감명을 받다　見かけ 겉모습　認める 인정하다
欠かすことのできない 빼놓을 수 없다　励み 격려, 자극　極めて 지극히

2

오늘도 통근전철은 만원으로 숨이 막힐 것 같다. 내 앞의 여성은 좌우로부터 밀리면서 익숙한 솜씨로 화장을 하고 있다. 도로는 자동차로 매우 붐비고 있다. 매일처럼 되풀이되는 이와 같은 일상을 좋아하는 사람은 없을 것이다. 굳이 말하자면 철도회사 직원일까? 이런 꼴인데도 사람들은 질리지도 않고 매일 아침 열심이네 하고 감탄한다. 버스로 전철로 갈아타며, 나아가서는 '신칸센'으로 통근하는 사람도 있다고 하니 놀랄 따름이다. 그렇게 회사에 가는 것이 힘들다면 아예 회사 근처로 이사를 하면 좋으련만 하고 생각하지만 거기에는 여러 사정이 있을 것이다. 나도 그렇다. 부부 맞벌이 가정이기에 중간지점을 골라 거처를 마련했다. 그래도 편도 1시간은 걸린다.

왜 이토록 이동하여야 하는가 하고 푸념하고 있는 중에, 한 가지 의문이 떠올랐다. 과연 이동하고 있는 것은 인간뿐일까? 우편도 택배도 팩스, 돈도 마찬가지다. 그것만이 아니다. 공기나 전파 등도 끊임없이 이동하고 있다. 이렇게 생각하면 이 세계는 모든 것이 이동투성이다. 그렇다면 내 몸은 어떤가 하면, 심장에서 출발한 혈액은 약 25초로 심장으로 되돌아온다고 한다. 이를 계산하면 시속 216km라고 한다. 이는 과히 초특급수준이다. 이와 같은 혈액의 흐름 덕분에 내가 지금 이렇게 있을 수 있는 것처럼, 이 세계도 또한 여러 이동에 의해 이루어지고 있다. 그렇다. 이동이란 즉, 인간도 세계도 살아있다는 증거라고 말할 수 있을지도 모르겠다.

문제　본문 내용과 맞는 것은 무엇인가?

　1　매일 아침 만원전철을 타고 있는 것은 자신이 살아있다는 증거이다.

　2　움직인다는 것은 살아있다는 것과 같은 뜻을 지닌다.

　3　시스템을 바꿈으로써 이동을 최소한으로 억제할 수 있다.

　4　움직인다는 것은 인간과 세계를 보았을 때 그 작용에는 차이가 있다.　　　정답:2

어휘　息が詰まる 숨이 막히다　慣れる 익숙해지다　ごった返す 몹시 혼잡하다, 붐비다　繰り返す 되풀이하다
敢えて言えば 굳이 말하자면　有様 모양, 상태　飽きもせず 질리지도 않고　乗り換える 갈아타다　ひいては 나아가서는
引っ越す 이사하다　共働き 맞벌이　構える 자세를 잡다, (집 따위를) 짓다　愚痴をこぼす 무념을 늘어놓다
宅配便 택배　絶え間なく 끊임없이　何もかもが 모든 것이　だらけ 투성이　抑える 억제하다

3

요즘은 자신의 차를 갖는 젊은이들이 늘었다. 한눈에 보아도 대학생처럼 보이는 남성이 아르바이트로 번 돈으로는 그 차의 바퀴 하나도 살 수 없는 외제차를 타고 다니는 것을 보면 복잡한 마음이 든다. 운전을 시작했을 때에는 그야 즐거울 것이다. 곁에 여자친구라도 태웠다면 도쿄 시내의 지옥과도 같은 정체라 하더라도 퍼스트클래스 수준의 쾌적함으로 느껴질지 모르겠다. 그렇다고 나쁜 짓을 해서 산 것도 아니며, 그 부모가 사 준 것일 테니 여기서 투덜거려봤자 소용없겠지만 이 점만은 이해해주었으면 좋겠다. 자동차란 사실은 무서운 것이라는 실감이 있는가 하는 점이다.

몇 백 킬로나 하는 쇳덩어리가 80킬로 100킬로까지 내면서 도로를 질주하는 것이지만, 그런데 사람과 부딪혔을 때 보행자의 생명에 지장을 주는 속도는 어느 정도일까? 전문가에 의하면 놀랍게도 불과 30킬로 정도라고 한다. 교통사고의 통계를 보면, 가장 사고를 일으키기 쉬운 것은 운전경력 3년째의 20대라고 한다. 초보 때에는 어느 정도 안전운전도 하지만, 3년째 정도 되면 자동차도 핸들도 자신이 원하는 대로 다룰 수가 있다. 아니, 적어도 본인은 그렇게 생각하게 될 것이다. 그러나 그럴 때일수록 다시 한 번 정신을 가다듬고 초심으로 돌아가 자동차란 경우에 따라서 엄청난 흉기가 될 수도 있다는 것을 명심해주었으면 하는 것이다.

문제   운전을 함에 있어서 가져야 할 마음자세는 어떤 점인가?

1　자동차는 자신의 힘으로 구입한 것이 아니기에 충분히 조심해서 다루어야 한다.
2　자동차를 운전하는 경우에는 특히 과속에 유의해야 한다.
3　자동차 운전은 3년을 지날 때까지 방심하면 자칫 사고로 이어진다.
4　자동차는 사고를 일으킬 가능성이 있다는 점을 잊어서는 안 된다.　　　　　　　　정답:4

어휘　バイト '아르바이트'의 준말　稼ぐ (돈 시간 등을) 벌다　外車 외제차　渋滞 도로정체　文句を言う 불평을 말하다
突っ走る 질주하다　初心者 초보자　操る 다루다　気を引き締めて 정신을 가다듬다　初心 초심
とんでもない 어처구니 없다, 뜻하지 않다　なりうる 될 수 있다　肝に銘じる 명심하다　つながる 이어지다
〜かねない 자칫 ~할 수 있다

4

인생은 생각대로 되지 않는다고 느낀 적이 있습니까? 하지만 사실은 인생은 분명 생각대로 정확히 말하자면 '생각한 대로 된다', '마음 속에 그린 대로 된다'고 저는 확신합니다.

이런 이야기가 있습니다. 어떤 교외에 부랑자 소년이 있었습니다. 학교에도 다니지 않고 간혹 길가에서 구걸을 하거나 거리를 의미 없이 어슬렁거리는 것만이 그의 일과였습니다. 그러던 어느 날, 근처의 강가에 가보니 한 청년이 강 풍경을 캔버스에 그리고 있었습니다. 부랑자 소년이 신기한 광경에 이끌려 멀리서 보고 있자, 청년이 그를 돌아보고 "너를 그려줄게"라고 한 것입니다. 그리고 잠시 후 그는 완성한 그림을 소년에게 내밀었는데, 소년은 그 그림을 보고 놀랐습니다. 거기에 그려진 것은 볼품없는 부랑자 소년이 아닌 훌륭한 신사였기 때문입니다. "이게 나라구? 전혀 달라". 그러자 청년은 "그건 미래의 네 모습이야"라고 말했다고 합니다. 그리고 그 소년은 그 그림을 소중하게 가지고 가서, 자신의 침상 옆에 있는 벽에 붙인 후 항상 바라보았습니다. 그 그림을 본 친구들이 신기해서 물어보자, 매우 자랑스럽다는 듯이 "이게 미래의 나야"라고 대답했습니다. 당연히 그들은 비웃습니다. "무슨 정신 나간 소리야. 넌 부랑자라구." 그러나 무슨 말을 들어도 소년은 떼어내려 하지 않습니다. 그러던 중에 소년은 "이런 신사가 되기 위해서는 어떻게 하면 좋을까"라고 생각했습니다. 생각한 끝에 소년은 부랑자의 생활을 청산하고 낮에는 공장에서 일하면서 밤에는 야간학교에 다녀, 그로부터 20년 후에는 청년이 그려준 그림보다 훨씬 더 훌륭한 신사가 되었다는 것입니다.

문제   필자가 본문에서 든 일화로부터 생각할 수 있는 것은 무엇인가?

1　미래에 대한 목표를 정하는 것이 성공으로 이끄는 열쇠가 된다.
2　인생을 바꾸기 위해서는 일상과 다른 분야에 도전해 보아야 한다.
3　인생에 있어서 꿈을 그리는 것보다 훌륭한 것은 없다.
4　장래의 꿈을 실현시키기 위해서는 찬스와 만날 필요가 있다.　　　　　　　　정답:1

5

　세상에는 소방관이나 경찰관 등 힘든 일들이 많다. 그러나 '힘든 일'이라는 것은 겉보기만으로 판단할 수 없다. 이른바 고급관료나 기업의 관리직, 의사나 법률가라 하더라도 꽤 힘들 것이다. 그러나 이것은 보는 시각에 따라서도 달라지는 것 같다.

　얼마 전 대학 동창회에서 법원에 판사로 근무하고 있는 친구와 만났는데 그의 얼굴은 몇 년 전에 비해 야위어 보였다. 그의 말에 의하면 그때까지 지방근무였으나 작년부터 대도시 쪽으로 인사이동이 되어 업무량이 3배 정도로 늘었다고 한다. 물론 본인이 원한다면 그대로 지방에 남을 수 있겠지만 문제는 자녀교육이었다고 한다. 교육 같은 건 지방이든 도시든 큰 차이는 없다, 지방에 있는 편이 더 나은 환경에서 공부할 수 있다고 말해보긴 했지만, 부인이 꼭 도시로 가고 싶다는 고집을 꺾지 않았다고 한다. 스트레스 때문에 판사를 그만두고 변호사로서의 출발도 생각했으나, 불경기 속에서 개업하는 것은 무모하다며 주위에서 말렸다고 한다.

　그러자 옆에 앉아 있던 고등학교 교사가 자신은 2년 전부터 고등학교 3학년 반을 맡고 있는데, 유명대학에 진학시키도록 하는 '위'로부터의 압력과 학생들이나 그 부모로부터 받는 스트레스 때문에 고민한다고 한다. 내가 보기에는 둘 모두 부러울 따름이지만, 그들이 거의 동시에 튀어나온 말이 있다. 놀랍게도 내가 부럽다는 것이다. 잠깐만 기다리시게, 내 생활환경 같은 건 남들 수준 이하라구, 회사에서는 상사나 거래처한테 굽실거리면서 집에서는 마누라 눈치를 보는 하루하루. 사회적 지위라 해도 판사는 물론 교사보다 낮은, 언제 정리해고 당해도 이상할 것 없는 중소기업 만년과장이다. 항상 이렇게 고달픈 인생이 달리 또 있을까 하고 생각한다. 그런 내가 부럽다니 믿어지지 않는다. 농담이라고 생각했더니 그들의 표정은 진지함 그 자체였다. 그렇군, 모두 같은 생각을 하고 있었네, 라고 조금 마음이 가벼워진 것 같았다.

문제　일에 대해서 필자가 말하고 싶은 것은 무엇인가?
　　1　자신은 상사로부터의 스트레스가 없기 때문에 친구들보다는 나은 편이다.
　　2　어떤 직업이든 다른 사람들의 일이 편해 보인다.
　　3　근무지로서는 지방 쪽이 대도시보다도 이상적이다.
　　4　직업은 경기의 좋고 나쁨에 따라 취향은 바뀌는 법이다.　　　　　　　　　　　정답:2

제6장 【외모로 판단하자 - 밑줄 문제 공략】 연습문제

1

　최근에는 전문가가 아니더라도 '알리바이'라는 말을 알고 있습니다. 이를 일본어로 번역하면 다소 부자연스럽긴 하나 '부재증명'이라고 한답니다. 이 말을 보다 자세히 표현한다면 '사건발생시 범행현장 부재증명'이라고 할 수 있을 것입니다. 즉, 사건이 발생한 그 시간에 현장이 아닌 다른 장소에 있다는 것이 증명되면 일단 범인일 가능성은 낮아진다는 것입니다.

　추리작가는 이 '알리바이'라는 벽에 도전합니다. 예를 들어서 범행이 발생했을 때 범인은 여러 트릭을 구사하여 다른 장소에 있었던 것처럼 꾸미지만, 이와 같이 엮인 트릭을 경찰이나 탐정이 규명해간다는 것입니다. 지금도 서점에는 이른바 '알리바이관련 추리소설'은 적지 않습니다만, 실제 범죄에 <u>이와 같은 문제</u>가 초점이 되는 경우는 그리 많지 않다고 합니다.

문제　<u>이와 같은 문제</u>란 무엇을 가리키는가?
　　1　범인을 체포하기 위해 피의자의 부재증명을 허무는 것
　　2　사건이 발생한 경우에 범인의 부재증명을 확인하는 것

3 알리바이를 주제로 한 추리소설의 트릭을 푸는 것

4 사건의 동기나 배후관계를 명확하게 하여 범인을 체포하는 것

정답:1

어휘 訳す 번역하다 仕組まれる 기도하다, 계획하다

2

아마추어와 프로와의 차이는 무엇일까? 물론 아마추어는 금전적 이익을 받지 않고, 그에 비해 프로는 그것을 직업으로 영위하고 있다는 차이는 있지만 그것만은 아니다. 아마추어는 자신이 싫어지면 언제든지 그만둘 수 있으나, 프로의 경우는 ①그렇지 못하다. 자신이 해야 할 일은 취향과 관계없이 끝까지 해내는 것이 진정한 프로이다. 즉, '하고 싶은 일'과 '해야 하는 일'의 양쪽을 저울질했을 때 전자에 중점을 두는 것을 아마추어라고 한다면, 후자는 프로라고 할 수 있을 것이다.

몇 년 전에 미얀마에서 치열한 분쟁이 일어났을 때, 이를 취재하는 중에 피해를 입은 일본인 저널리스트의 입버릇은 '아무도 가지 않는 곳에 누군가가 가야 한다'는 것이었다고 한다. 내란이 일어난 곳이나 전쟁터 등은 그저 아마추어적인 호기심 정도로는 도저히 발을 들여놓을 수 있는 장소는 아닐 것이다. 그러나 '가야 할 곳', '있어야 할 곳', '해야 할 일'을 간파하고 거기에 가서 그 현장에서 해야 할 일을 하는 것, 그것이 ②진정한 프로가 아닐까?

문제1 ①그렇지 못하다고 했는데, 무엇이 그렇지 못한가?

1 자신의 기분에 따라서 직업을 선택하는 것

2 자신의 사정으로 일을 포기하는 것

3 다른 사람의 부탁으로 회사를 그만두는 것

4 다른 사람의 요구로 취미를 고르는 것

정답:2

문제2 ②진정한 프로란 무엇인가?

1 자신이 원하는 일과 해야 하는 일을 분간할 수 있는 사람

2 가고 싶은 곳에 가고, 하기 싫은 일을 해내는 사람

3 스스로의 희생을 되돌아보지 않고 해야 하는 사명을 감당할 수 있는 사람

4 전쟁터 등에서 취재를 하며 위험을 극복할 수 있는 사람

정답:3

어휘 営む 영위하다 やり遂げる 끝까지 해내다 口癖 입버릇

3

미국에서 의류관련 가게를 경영하는 분으로부터 흥미로운 말을 들었다. 그녀의 장사 비결이란 '좋은 옷을 바깥에 전시한다'는 것이라고 한다. 전시라고 해도 호화로운 쇼윈도 속에 장식하는 것이 아니라, 그야말로 가게 앞에 십 여벌의 옷을 걸 수 있는 옷걸이에 마치 싸구려처럼 걸어놓는다는 것이다. 그렇게 하면 지나가는 손님은 "이렇게 멋진 옷이 바깥에 걸려 있을 정도라면, 안에는 더 좋은 옷들이 갖춰져 있을 것이다"라고 생각해서 들어온다는 것이다. 이렇게 되면 이제 승부는 끝났다. 손님이 지금 입고 있는 옷의 디자인, 피부색(미국이기 때문에 피부색도 다양하다), 달고 있는 액세서리, 화장법 등으로 취향을 파악하고 몇 벌을 골라 권한다. 내 생각에는 그쪽이 훨씬 더 어려울 것 같지만, 그녀는 말한다.

"이 업계에서 6~7년 정도 일하면 누구나 그 정도의 눈썰미는 갖게 됩니다. 그리고 손님을 상대할 때에도 요령만 파악하면 누구나 할 수 있습니다. 문제는 앞을 지나치는 사람을 가게 안으로 불러들이는 것입니다. 가게 바깥에 계시는 분은 행인에 불과합니다. 행인인 분을 손님으로서 상대할 수는 없겠죠. 그러나 가게 안으로 들어왔을 때 비로소 손님이 되시는 것입니다."

문제 훨씬 더 어려울 것 같지만이라고 했는데, 무엇이 어려운가?

1 가격이 싼 옷을 안에 들여놓고 비싼 옷을 바깥에 장식하는 것

2 가게 앞을 지나가는 사람을 가게 안으로 들어오도록 하는 것

3 가게 안으로 들어온 손님에게 어울릴 것 같은 옷을 골라내는 것

4   바깥에 걸려 있는 비싼 옷을 싼 것처럼 보이게 하는 것   정답:3

어휘   安物やすもの 싸구려   素敵すてきだ 멋지다   勧すすめる 권하다   コツをつかむ 요령을 파악하다   似合にあう 어울리다

4

초등학생인 딸 유키는 친구와 사귀는 방법에 있어서 탁월한 재능을 가지고 있다. 하루는 그 요령을 살짝 물어보았더니 자신의 비결을 전수해 준다고 했다.

"친구가 말이에요, 자신의 고민을 말하고 있을 때는요, 말을 끊지 말고 끝까지 들어주는 게 중요해요. 그렇지 않으면 고민을 들어주다가 그 친구랑 싸우게 될 수도 있거든요."

"엄마는 그게 잘 안 돼서 말이야……" 여기까지 말하고는 아차 싶었으나 이미 때는 늦었다. 딸은 놀란 듯이 눈을 크게 뜨고 "난 그거, 2학년 때 알았는걸요? 얼마 전에도 마미 짱이 자기 고민을 털어놓고 있는데, 치카 짱이 말을 끊는 거예요. 그래서 몇 번씩이나 치카 짱한테 눈짓을 줬지만, 전혀 알아차리지 못하고 결국 마미 짱이 화나서 나가버렸거든요. 그 다음에 내가 마미 짱을 불러서 계속 말해보라고 해서……. 정말 난리였다니까요. 엄마는 다른 사람 고민도 많이 들어준다고 했으면서……."라며 의심 어린 눈빛으로 나를 바라본다.

그 모습을 곁에서 듣고 있던 남편이 딸에게, "그럼 유키는 고민이 있으면 누구랑 의논하는데?"라고 화제를 돌려주었다. 체면이 구겨질 참이었기에 안심하고 딸을 보자 그녀는 매우 밝은 표정으로 말했다.

"나? 고민 같은 건 없어요!"

정말 이 천진난만한 성격은 누굴 닮은 걸까?

문제   놀란 듯이 눈을 크게 뜨고라고 했는데, 왜인가?

    1   엄마는 다른 사람에게 상담을 잘 해 주는 줄 알았는데, 그렇지 않다는 것을 알았기 때문에
    2   자신이 친구 상담을 들어주고 상대방을 화나게 만들었다는 사실을 엄마가 알아 버렸기 때문에
    3   엄마는 자신이 2학년 때에 친구와 말한 내용을 지금까지 기억하고 있었기 때문에
    4   자신한테 고민이 없다는 것을 지금까지 엄마가 몰랐기 때문에   정답:1

어휘   口くちを挟はさむ 참견하다   悩なやみ 고민   目めくばせをする 눈짓하다   疑うたぐる 의심하다

5

옛부터 전해 내려오는 속담이라 해서 지금도 똑같이 통한다고는 할 수 없다. 어떤 텔레비전 방송에서 오랜 세월을 살아온 어르신들에게 '"이건 거짓말이다"라고 생각되는 속담'을 골라달라고 했는데, 그 톱3는 '과보는 자면서 기다려라', '늙어서는 자식 말을 들어라', '이 세상에 악인은 없다'라고 한다. 과보 즉 좋은 일은 자면서 기다리는 것이 아니라 스스로 적극적으로 찾아나서는 것이며, 나이 들어도 따를만한 뛰어난 자식이 있다고는 할 수 없다. 그리고 세상에는 악인도 있다는 것인가?

그러나 속담 중에는 정말로 납득이 가는 것도 있다. 예컨대 '공짜보다 비싼 것은 없다'는 속담은, 이건 아무래도 정말인 것 같다. 친구나 지인끼리 돈 거래는 할 것이 못 된다고 하나, 만약 내가 친한 친구나 누군가에게 일을 맡기고 보수를 지불하지 않았다면 그것으로 끝인가 하면, 거기에는 묘한 '빚'이라는 것이 생기고 만다. 그리고 그 '빚'이라는 것은 적어도 상대방은 기억하고 있어서, 훗날에 어이없는 일을 부탁 받게 되어 '빚'을 갚는 꼴이 되고 만다. '빚'을 지거나 지게 하거나 하는 식의 번거로운 일은 하지 말고 돈으로 환산할 수 있는 것이라면 지불하는 것이 훨씬 더 깨끗하지 않을까?

앞 이야기로 돌아가지만 그 세 가지도 완전히 '거짓'은 아닌 것 같다. 매주마다 열심히 일하고 복권 가게를 드나드는 서민이나, "난 아직 젊은 녀석들한테는 지지 않아"라고 억지를 부리는 노인 분들은 적지 않게 계신 것이 사실이다. 이런 분들을 훈계시키기 위해서는 그런 속담도 필요할 것이다. 더구나 완벽하게 착한 사람은 있을 리도 없기에 한 사람 한 사람을 '악인'으로 보기 시작하면 끝도 없다. 이렇게 보면 선인들의 지혜도 전혀 무의미하지는 않을지도 모르겠다.

문제 이건 아무래도 정말인 것 같다에서 무엇이 '정말'인가?

    1 친한 사이인 사람한테는 돈을 지불하고 일을 부탁하는 것이 좋지 않다는 것

    2 예로부터 전해지는 속담은 지금 시대에 있어서도 도움이 된다는 것

    3 일을 부탁 받았을 때 보수를 약속하지 않으면 못 받게 된다는 것

    4 비용이 들지 않았다 하더라도 더 비싸게 갚게 되는 경우가 있다는 것 정답:4

어휘 ことわざ 속담 優れる 뛰어나다 やり取り 주고받음 報酬 보수 潔い 미련없이 깨끗하다 あくせくと 열심히 (일을 하다)
張り切る 자신감이 넘치다 戒める 징계하다, 훈계하다 キリがない 끝이 없다 無駄 소용없음

제7장 【흐름을 파악하자 – 접속사의 이해】 연습문제

1

"당신은 왜 산에 오르는가"라는 질문에 대하여 어느 등산가가 "거기에 산이 있기 때문에"라고 대답한 것이 유명하다고 하지만, 내게는 잘 와 닿지가 않는다. 같은 질문에 대하여 어떤 무명 등산가는 "유명해지고 싶기 때문에"라고 말했다고 한다. 유명해져서 명성이 생기면 이에 의해 후원업체가 붙기 때문에 자신이 좋아하는 등산을 마음껏 즐길 수 있다고 한다. 둘 중에서 나는 후자 쪽이 더 솔직해 보인다. 물론 전자에 비하면 너무나도 현실적이기에 낭만이나 멋은 결여될지 모르지만, 그러나 바로 그것이야말로 현실이기 때문에 어쩔 수가 없다. 이 세상에는 여러 형태의 '행복'이 있겠지만 그 중에서 자신이 좋아하는 것을 자신의 직업으로 가질 수 있는 것도 훌륭한 행운 중 하나이다. 하지만 아무리 그렇다고 하더라도 이를 위해서는 역시 이에 상응하는 노력이 필요한 것이다.

문제 필자 생각으로서 가장 적합한 것은 무엇인가?

    1 직업을 고를 때에는 명성을 얻는 방법도 생각하여야 한다.

    2 직업은 현실성을 배제하고는 생각할 수 없다.

    3 장래 꿈을 갖기 위해서는 일에 대한 낭만이 필요하다.

    4 자신이 원하는 길을 가기 위해서는 노력이 불가결하다. 정답:4

어휘 存分に 마음껏 欠ける 결여되다 相応 상응

2

도쿄 신주쿠나 시부야 같은 도심에는 수많은 초고층빌딩이 있다. 내진을 비롯한 건축기술 발전에 의해 훌륭한 디자인의 건물이 세워지게 되었다. 시내에 나가보면 이것은 내가 초등학교 시절에 막연하게 상상해 오던 미래도시와도 같다. 지상은 물론이거니와 지하에도 많은 시설이 만들어지게 되었다.

그러나 이와 같은 건물에 문제가 발생하고 있다고 한다. 나라 현에 있는 호류지(법륭사)는 창건 이래 1400년 이상이 지났는데 아직도 건재하며, 그 이외에도 몇 백 년을 넘는 역사적 건조물이 적지 않다. 그 반면, 현대 건물은 과연 어느 정도 그 모습을 유지할 수 있을까? 사원처럼 특별한 의미가 담긴 것이 아니더라도, 예컨대 총리관저를 보면 불과 70년 후에 재건축되었다. 1957년에 준공한 도쿄 도청도 지금은 헐리고 1991년에 이전되었다. 일본의 심장이라 할 수 있는 수도 도쿄 도청이자 디자인의 정수를 모은 청사이면서도 완성으로부터 16년 지난 후 빗물이 심하게 새, 그 보수공사에 1000억 엔 이상이 든다고 하니 한심하다. 최신기술도 참신한 디자인도 좋지만, 먼 미래까지를 내다본 옛 건조물에 비해, 지금은 건물에 대한 깊은 애정이 줄어든 것은 아닐까?

문제1 필자는 옛날과 지금의 건축물을 비교하여 무엇이 가장 큰 차이라고 하는가?

    1 옛날에는 의미를 담아 지었으나, 지금은 아무런 의미를 갖지 않는 건물이 늘고 있다.

    2 옛날에는 장기간 유지되는 것을 생각하고 지었으나, 지금은 그 점이 고려되고 있지 않다.

    3 옛날에는 내진에 관하여 무방비였지만, 지금은 최신기술로 지진에도 견딜 수 있는 건물이 지어지고 있다.

    4 옛날에는 사원 같은 건축물에 중점을 두었지만, 지금은 건물 종류도 다양화되고 있다. 정답:2

어휘 　耐震 내진　漠然と 막연히　〜さながら 마치〜와도 같이　設ける 마련하다　竣工 준공　雨漏り 비가 샘　見越す 예측하다
　　　思い入れ 깊이 생각함　保たれる 유지되다

3

1930년대 후반, 미국에 있는 프리웨이에 자동차가 한 대 서 있었다. 달리던 중 갑자기 고장을 일으켜 그대로 길가에서 멈춰서 버린 것이다. 운전자는 자동차 수리공이었기 때문에 보닛(자동차 앞면 덮개)을 열고 수리를 시도하였으나, 좀처럼 잘되지 않았다. 어떻게 하면 좋을까 하고 넋을 잃고 있었는데 어떤 차가 그 앞에 서고 초로의 신사가 내렸다.

"자동차 고장인가요? 제가 봐 드리죠."

"아니, 이래 봐도 저는 수리공입니다. 제가 손을 쓸 수 없는데, 소용 없어요."

"글쎄, 괜찮으니까 잠깐 봅시다."

젊은 수리공으로부터 스패너를 건네 받자 그 신사는 보닛 안을 들여다보며 몇 군데 나사를 조절한 후, "시험 삼아 엔진을 한 번 걸어 보세요."라고 말했다.

운전자는 소용없다고 생각하면서도 거절할 수가 없어 키를 돌려보았다. 그러자 엔진이 걸린 것이다.

"다행이네요. 또 차에 문제가 생기면 이쪽으로 연락해주세요."

눈이 동그래진 그에게 노신사는 웃으면서 한 장의 명함을 건넸다. 그 명함을 보고 젊은이는 깜짝 놀랐다. 그렇다. 그 노신사야말로 자동차 왕이라 불렸던 포드 모터의 창업자인 헨리 포드였던 것이다.

문제 　본문 내용과 맞는 것은 무엇인가?

　　1　수리공이 건넨 도구로는 자동차를 수리할 수 없다고 생각했는데 수리가 되었다.

　　2　수리공의 차는 고장났다고 생각했는데 아무런 이상이 없다는 것을 알았다.

　　3　노신사는 자동차를 수리할 기술이 없다고 생각했는데 그렇지 않았다.

　　4　노신사는 연락처를 알려주지 않을 것으로 생각했는데 명함을 건네 주었다.　　　　　　정답:3

어휘 　試みる 시도하다, 도모하다　手に負えない 감당할 수 없다　ボンネット 보닛, 자동차 엔진 덮개　名刺 명함

4

여성층을 중심으로 다이어트는 이제 '붐'을 지나서 '상식'이라고까지 여겨지고 있다. 20대 여성이 다이어트에 열을 올리는 심경은 어느 정도 이해할 수 있다 하더라도, 초등학교 2학년 아이 입에서 "요즘 좀 살이 찐 것 같아서"라는 말을 들으면 상당히 이상한 느낌이 든다. 나아가 "결혼 전의 옷을 입고 싶다"는 여성, 이것만이라면 이해할 수 있겠지만 이것이 뱃속에 아이가 있는 즉 임산부의 말이라고 하면 여러분을 어떨까? 아무리 날씬한 여성이라도 임신 중에는 뱃속에 아이가 자라고 있기 때문에 어느 정도 몸이 붙게 된다는 것은 너무나도 당연한 말인데도 도저히 납득할 수가 없다. 다이어트를 위해서는 임신 중임에도 불구하고 먹는 양을 줄인다고 하는데, 그렇게까지 해서 다이어트에 집착한다고 하면 몸은 괜찮은지 걱정이 된다.

후생노동성 국민건강·영양조사에 의하면 일본인 한 사람의 하루당 에너지 섭취량이 1975년에는 2,188kcal였던 것이 2009년에는 1,861kcal로 감소했다고 한다. 이 숫자는 놀랍게도 영양상태의 악화가 심각했던 종전 직후인 1946년에 조사한 섭취량 1,903kcal를 밑돌고 있는 것이다. "일본 전체가 저영양화에 들어가 있다고도 할 수 있는 상황이다"라고 인간종합과학대학대학원 시바타 히로시 교수는 지적한다. 당연하게도 원인은 식량난 등이 아니라 과도한 다이어트에 있다.

잡지 등에서는 비만은 만병의 근원이라거나, 검소한 음식은 몸에 좋다거나 하는 내용으로 가득하다. 그러나 지나치게 마른 것도 건강에는 좋지 않다. 한창 먹을 시기인 아이가 필요한 영양을 섭취하지 않으면 어른이 되고 나서 자칫 건강을 해칠 수도 있으며 특히 임산부의 경우, 아름다운 몸매를 위해 무리한 다이어트를 한 끝에 자신이나 뱃속에 있는 아기의 건강을 헤친다면 본전도 못 찾는 것이 아닌가? 건강한 몸의 비결은 섭취하는 영양의 균형과 규칙적인 식습관, 그리고 적절한 운동에 있다는 것을 잊어서는 안 된다.

문제 　필자가 이 글에서 가장 말하고 싶은 것은 무엇인가?

　　1　신문이나 잡지 등에서는 다이어트에 관한 내용을 줄여야 한다.

2   일본인은 전쟁 후보다도 말라있는 건 검소한 음식이 좋다는 인식 때문이다.

3   다이어트는 몸에 좋지 않으나 비만보다는 건강에 주는 영향은 적다.

4   지나친 다이어트는 본인이나 태아 몸에 지장을 초래할 수 있다.

정답:4

5

어떤 동네가 있었습니다. 시 중심부에서 자동차로 1시간, 인구 약 2,000명, 고령자 비율 49.5%. 숫자로 보는 한 여기는 과소화의 견본과도 같은 동네입니다. 젊은이는 서서히 동네를 떠나고 도시로 갑니다. 관광객을 모은다 하더라도 동네에 있는 것이라곤 흔한 산이나 논이나 숲이 있을 뿐. 산업시설을 유치하려 하더라도 산 속이기 때문에 쉽지 않았습니다. 주력산업이었던 임업은 해외로부터의 저렴한 목재 수입에 떠밀려, 귤 재배는 산업과잉 때문에 쇠퇴 일로를 가고 있었습니다. 노인들은 술만 마시고 이웃 가족의 험담만 하고 의욕도 희망도 잃은 사람들로 가득했습니다. 그럴 때에 농협의 영농지도원으로서 그 동네에 부임한 것이 요코이시 토모지 씨였습니다. 요코이시 씨는 이 동네를 어떻게든 재건하고 싶었으나, 아무리 새로운 제안을 해도 당시는 아직 20대였던 그의 말에 귀를 기울이는 사람은 없었습니다.

부임하고 2년 후, 동네에는 큰 전기가 도래합니다. 겨울철에 영하 13도라는 이상한파가 닥치고, 귤나무는 대부분이 말라 죽어 버렸습니다. 이렇게 되면 더 이상 아무 것도 할 수가 없습니다. 그 때까지 있었던 한 줌의 희망조차도 사라지고 만 것입니다. 주위에는 아무 것도 남아있지 않고 그저 나뭇잎만 무성한 숲만 있었습니다.

그 때 문득 요코이시 씨의 머리에 떠오른 것이 있었습니다. "그렇다. 나뭇잎을 팔자!"

그래서 그는 고급 레스토랑이나 요정에서 나오는 요리에 곁들여지는 '잎사귀'를 팔기로 한 것입니다. 이것이라면 고령자들도 충분히 할 수 있는 일이라고 생각되었습니다.

"어느 날 초밥집에서 옆자리 여성들이 요리에 곁들여진 단풍잎을 보고 '귀엽다'고 하면서 손수건으로 싸는 것을 봤습니다. 그래서 나뭇잎을 팔려는 생각이 떠올랐어요."

그때까지도 나뭇잎은 누구나 보아왔으나 그것을 살리려는 사람은 없었습니다. 그러나 아이디어 하나로 그 곳은, 그때까지 있었던 양로시설은 무용지물이 될 정도로 활기찬 동네가 되었습니다, 지금 이 동네에는 연간 1,000만엔 수입을 올리는 고령자도 있다고 합니다.

문제   요코이시 씨가 위기를 맞은 동네를 재건한 방법은 무엇인가?

1   추위 때문에 시든 귤나무를 재생시키고 숲 전체를 무성하도록 했다.

2   동네 안에 흔한 것을 사용하여 상품으로 개발하는 것에 성공했다.

3   황폐해진 동네에 과일과 목재를 심고 관광지로 개발시켰다.

4   요리의 식재료로서 동네에 많이 있는 것을 이용함으로써 수익을 올렸다.

정답:2

제8장 【논리 구조를 찾아내자 – 일부 긍정 구문】 연습문제

1

어느 회사는 신입사원 선발에 있어서 원서 이외의 서류는 일절 받지 않고 면접만으로 채용을 결정한다고 한다. 다음은 인사담당자의 말이다.

"최근 학생들은 구직활동의 일환으로 영어나 한자검정과 같은 자격을 따는 것에 혈안이 되어 있는 것 같습니다. 대학원에서 공부를 하거나, 외국어나 그 자격에 상응하는 지식을 사용하는 직장이라면 그런 것도 필요하겠지요. 그러나 여기는 제품을 개발하여 판매하

는 회사입니다. 물론 외국 바이어 등과도 거래는 있습니다만, 그 때에 필요로 하는 외국어는 저희 회사 연수 프로그램으로 충분히 익힐 수가 있습니다. 회사는 책상 앞에 앉아서 공부하는 곳이 아닙니다. 넓은 세계를 바라보고, 지금 그리고 미래에 필요로 하는 새로운 아이디어를 만들어내고, 모든 사원이 하나가 되어 앞으로 나아갈 수 있는가 하는 것이 가장 중요하다고 생각하는 것입니다.

문제 본문에서 인사담당자는 회사에서 특히 무엇이 필요한 능력이라고 하는가?

    1 참신한 발상과 팀워크

    2 제품개발과 판매를 촉진할 수 있는 추진력

    3 자신이 딴 자격을 일에서 살릴 수 있는 능력

    4 해외와의 거래에서 커뮤니케이션을 할 수 있는 언어력   정답:1

어휘 選考(せんこう) 전형 取引(とりひき) 거래 一丸(いちがん)となって 똘똘 뭉쳐 歩む(あゆむ) 걷다, 전진하다

2

아직 어렸을 때 빨리 나이를 먹고 싶다, 어른이 되고 싶다고 바랐던 것은 나만이 아닐 것이다. 가끔 다음 생일까지 남은 달력 장수를 세어보고는 실망했었다. 얼마나 세월이 지나는 것이 느렸는지 모른다. 하지만 그랬던 나도 쉰을 넘고 보니 언젠가부터 한숨을 쉬고 있었다. 작년에 비해 현저하게 체력이 떨어졌다고 느끼거나, 흰 머리나 눈가의 주름을 신경쓰기 시작한다. 문득 과연 이대로 좋은가, 좀 잘못된 것이 아닌가 하는 의문이 들었다.

분명 체력이 쇠약해진다는 사실만을 보면 복잡한 기분이 되는 것은 자연스러운 일인지도 모른다. 그러나 조금 시야를 넓혀보자. 일본을 포함한 세계에는 사고나 질병을 앓아, 쉰은 고사하고 스물이나 서른을 넘고 싶어도 넘지 못하고 생을 마감하는 생명이 많다는 것을 잊어서는 안 된다. 즉, '올해도 무사히 나이를 먹을 수 있었다'는 것은 슬퍼해야 할 일이 아니라 오히려 기뻐할만한 일이다.

문제 필자가 생각하는 '나이를 먹는다'는 것은 어떤 것인가?

    1 쇠약함을 신경쓰기 시작하거나 몸의 변화에 의문이 생기기 시작하는 것

    2 젊어서 이 세상을 떠난 사람들이 많다는 것을 떠올리는 것

    3 아무 일도 없이 한 해를 마감할 수 있었던 것에 대해 감사하여야 할 것

    4 흰 머리나 주름을 보면서 세월이 가는 것을 실감하는 것   정답:3

어휘 がっかりする 낙심하다 ため息(いき)をつく 한숨 짓다 著(いちじる)しい 현저한 目(め)じり 눈가 しわ 주름 衰(おとろ)える 쇠약해지다 冒(おか)される (질병을) 앓다

3

오랫동안 번역이라는 일에 종사하고 있으면 언어란 단순한 커뮤니케이션으로서의 도구가 아니라 더 심오한 것이라고 느낄 때가 있다. 같은 일본어라 하더라도 그 언어를 다루는 사람에 의해 이렇게까지 다를까 하는 생각이 들어 '신비적'이라고 느낄 때조차 있다.

그러나 최근 젊은이들 사이에서 사용되고 있는 이른바 젊은이들의 용어를 간혹 들으면 어딘지 모르게 불안한 마음이 든다. 분명 그들이 쓰는 언어 중에는 기존의 단어로는 표현할 수 없는 미묘한 뉘앙스를 나타낸 기발한 것도 보이며, 그와 같을 때에는 감탄도 하지만 최근에는 아무래도 형용방법이 단순화된 것 같다. 예를 들어 강조 표현을 보더라도 '어마어마한', '상상을 초월하는', '감동적인', '놀라운', '눈부신', '빛나는' 등의 여러 표현방법이 있는데, 이를 하나로 묶어 '짱이다'라고 한다. 이렇게 되면 기껏 있는 훌륭한 '언어'라는 것을 망치고 만다.

문제 필자는 최근 젊은이들의 말에 대해 어떻다고 하는가?

    1 요즘 젊은이들의 말은 지금까지 존재하지 않았던 감각에 대한 표현력이 풍부하다.

    2 요즘 젊은이들의 말은 커뮤니케이션 도구로서는 적합하지 않다.

    3 요즘 젊은이들의 말은 하나의 의미를 여러 용어로 표현한다.

    4 요즘 젊은이들의 말은 다양한 언어적 표현을 간소화하는 경향이 있다.   정답:4

4

다음 글을 읽고 문제에 답하시오.

'일하지 않는 자는 먹지도 말라'는 속담이 있다. 이는 '일할 수 있는데도 일하지 않는 게으른 자는 먹을 자격이 없다'는 의미에서 왔으나, 여기에는 '일하면 먹을 수 있다'는 것이 전제가 되어 있어야 한다.

그러나 지금 사회에서는 이 속담이 들어맞지 않게 되고 있다. 우선 워킹 푸어 문제에 대해서 생각해 보자. '일하는 빈곤층'이라고도 불리는 워킹 푸어는 2006년경 부터 사회적 문제로서 부상해왔다. 워킹 푸어에 해당하는 계층은 일반 사람들 수준이거나 그 이상으로 장시간 일을 하고 있음에도 불구하고 생활 유지조차도 어려운 상황에 있는 것이다. 이와 같은 계층의 출현은 기업이 구조조정과 신규 채용삭감에 의해 임금이 높은 정규직 사원을 감소시키고 저임금으로 충당할 수 있는 비정규직 수를 증가시킨 것에 기인한다.

국세청의 '민간급여 실태통계조사'에 의하면 1999년에는 근로자의 75.1%가 정규고용이었으나, 10년 후인 2009년에는 66.3%까지 감소했다. 그리고 그 감소한 부분을 비정규직이 충당하고 있는 것이다. 일반적으로 기업에서는 파견노동이나 아르바이트 등의 경험을 경력으로 인정하지 않는 경향이 있기 때문에 비정규직에서 정규직으로 가는 길은 해마다 더욱 험난해지고 있다..

문제1 일하지 않는 자는 먹지도 말라는 속담이 훈계하는 예는 무엇인가?

　　1　일하고 있는 직장으로부터 퇴직을 당하여 일자리를 찾고 있으나 아직 찾지 못한 사람

　　2　회사를 그만둔 다음 구직활동을 하지 않고 부모로부터의 생활비에 의존하고 있는 사람

　　3　가업을 잇지 않고 대학원에 들어가 법률가가 되기 위해 공부를 하고 있는 사람

　　4　대학을 졸업했으나 정규직이 되지 못하고 아르바이트 등으로 생활하고 있는 사람　　　　정답:2

문제2 이 글에 의하면 옛날과 지금은 어떻게 변하고 있는가?

　　1　옛날에는 일을 하지 않아도 살아갈 수 있었으나, 지금은 일을 해야만 할 정도로 생활비가 증가했다.

　　2　옛날에는 일을 해도 성과가 없었으나, 지금은 결과에 상응하는 성과를 인정받게 되었다.

　　3　옛날에는 일하면 생활이 유지되었으나, 지금은 아무리 일해도 유지할 수 없는 사람들이 늘었다.

　　4　옛날에는 일하고 싶어도 일하지 못하는 사람이 많았으나, 지금은 일할 수 있는 직장이 늘었다.　　정답:3

어휘 怠け者 게으름뱅이　ワーキング・プア 일하는 빈곤층　リストラ 구조조정, 정리해고　まかなう 충당하다　キャリア 경력
険しい 험난하다

5

다음 글을 읽고 물음에 답하시오.

'선입견'이라고 하면 대체로 나쁜 인상을 갖기 십상이지만, 사실은 뇌의 중요한 기능 중 하나이다. 한정된 정보의 단편을 지금까지의 경험과 대조하여 여백을 메우거나, 또는 판단에 필요한 시간을 단축시키는 역할을 하고 있는 것이다. 이는 언어 면에서도 나타난다. 예컨대 어떤 사람에게 무언가를 부탁했을 때 "이건 좀……"이라고 하면 그 다음에 오는 말은 어느 정도 예상할 수 있다. 그러나 문제는 이 기능이 완벽하지 않다는 점에 있다.

예를 들어 간단한 퀴즈를 내보도록 하자. 남성 A는 동쪽을, 남성 B는 서쪽을 보고 서 있다. 문득 남성 A가 남성 B에게 "자네 윗도리 위에서 두 번째 단추가 풀려있네"라고 했다. 남성 B가 보자 정말로 풀려 있었다. 거울 등의 도구는 사용하지 않았다. 과연 남성 A는 어떻게 알았을까?

답은 간단하게도 남성A와 남성 B는 마주보고 서 있었던 것이다. 여기서 말하는 이는 의도적으로 '동쪽'과 '서쪽'이라는 상반되는 개념을 듣는 이에게 심어주고 듣는 이는 '동쪽'과 '서쪽'이 반대어라는 것을 의식하여, 당연히 둘은 서로 등지고 서 있는 것으로 생각하고 마는 것에 함정이 있는 것이다.

그렇다면 다음으로 이 그림을 보자. 오른쪽과 왼쪽 그림을 비교해 보면 어느 쪽 실선이 길까?

"이 그림은 눈의 착각을 설명할 때에 예로서 들게 되는 유명한 것이다. 왼쪽 줄이 길게 보이는 건 눈의 착각이다. 길이가 다르게 보이지만 사실은 같은 길이이다."

만약 이렇게 생각했다면 죄송하지만 틀렸다. 자라도 있다면 재봐도 된다. 실제로는 왼쪽 줄이 약간 길 것이다.

이것은 '과잉학습'이라는 것으로서 어느 정도 지식을 습득한 경우, 그 사이에 일정한 변화가 발생했음에도 불구하고 이미 익힌 지식을 기준으로 판단하고 마는 것을 말한다.

이와 같은 선입견에 빠지지 않기 위해서는 '당연한 것을 당연한 것으로서 보지 않는 지혜'가 필요하게 된다. 즉, 과거에 얻은 지식에 의한 주관적인 '당연함' 뒤에 물음표를 달아 그 판단이 정답인 것인지, 아니면 선입견에 의한 착오가 들어갈 여지가 있는지를 검토하는 과정을 밟도록 하여야 하는 것이다.

문제1 과잉학습에 의한 실패를 회피할 수 있었던 예로서 가장 적합한 것은 무엇인가?

1 거래처에 발송하는 주문서를 팩스로 보내고 수신확인 연락을 했다.
2 새롭게 구입한 기기와 옛 것의 조작의 차이를 매뉴얼로 확인했다.
3 자기 전에 하루의 일을 노트에 적고 다음 날의 스케줄을 확인했다.
4 외출 시에 소등과 가스 확인을 잊지 않도록 현관에 메모를 붙였다.

정답:2

문제2 과잉학습의 원인을 적절하게 제시하고 있는 것은 무엇인가?

1 과잉학습 = 객관적 사실 + 주관적 판단
2 과잉학습 = 과거의 경험 + 객관적 사실
3 과잉학습 = 주관적 사실 + 객관적 판단
4 과잉학습 = 과거의 경험 + 주관적 판단

정답:4

어휘 照らし合わせる 대조하다　大抵 대개, 대부분　外れる 빗나가다　落とし穴 함정　定規 자　思い込み 고정관념
踏む 밟다

제9장 【본문 내용과 필자 주장의 특징】 연습문제

1

취직하여야 하는지, 아니면 대학에 남아야 하는지. 구직활동 시즌이 다가옴에 따라 고민하는 학생들도 늘어갈 것이다. 대학에서 기계설계를 전공한 지인으로부터 들은 이야기이다. 학부를 거쳐 석사과정을 마친 그는 연구과제이기도 했던 로봇제조에 관한 연구를 계속할 예정이었으나, 여러 사정에 의해 부득이하게 취업을 하게 되었다. 처음에는 기업에 들어가도 자신의 연구를 계속할 수 있다고 생각했으나, 그가 부임한 부서는 세탁기 개발부문이었다. 결국 5년 뒤 그는 퇴직해서 로봇개발회사를 세워 지금은 자신이 바라는 연구와 비즈니스를 잘 융합시켜 활발하게 활동하고 있다.

그가 내게 이런 말을 해주었다. '대학이나 연구기관은 "연구하고 싶은 분야"에 전념할 수 있지만, 기업에서는 "연구해야만 할 분야" 밖에 할 수 없다.'

그것은 대학과 달리 기업에서는 '매출을 늘릴 수 있는 상품'을 개발하여야 하기 때문일 것이다.

문제1 본문 내용과 맞는 것은 무엇인가?

1 로봇을 연구하고 싶었던 사람이 기업에서는 다른 분야를 맡게 되었다.
2 대학과 연구기관은 관심분야가 다르다.
3 대학이나 연구기관과 달리 기업은 연구에 중점을 두고 있다.
4 로봇에 관한 지식은 기업에서 응용할 수 있는 분야가 없다.

정답:1

문제2 필자가 가장 말하고 싶은 것은 무엇인가?

1 로봇을 연구하고 싶었던 사람이 기업에서는 다른 분야를 맡게 되었다.

2 대학과 연구기관은 관심분야가 같다.

3 대학이나 연구기관과 달리 기업은 수익에 중점을 두고 있다.

4 로봇에 관한 지식은 기업에서도 응용할 수 있는 분야가 없다.

정답:3

어휘 修士 석사　余儀なくされる 어쩔 수 없이 하게 되다　任せる 맡기다

2

"잠깐 내 얼굴 좀 그려주겠어?", "만나고 얼마나 지나야 그림을 받을 수 있니?", "팔다 남은 그림 같은 거 없어?", "내 방이 좀 한산한데 말이야. 그림 많이 가지고 있지?"

그림을 그리는 일을 하고 있으면 간혹 지인으로부터 이런 부탁을 받을 때가 있다. 나는 취미로 그림을 그리는 것이 아니다. 색깔 하나 고르는 경우에도, 붓 하나를 들 때도 생각에 생각을 거듭하고, 작품 하나를 완성시키는 데에도 혼신을 다해 임하고 있다. 이것은 내 직업이다. 작품을 완성시키고 고객에게 기쁨을 주며, 그 대가로서 돈을 받고 생계를 꾸려나가고 있는 것이다. 내 작품을 누군가에게 선물로 줄 때에는 몇 번이고 고민한 끝에 고른다. 그것을 마치 싸구려 포스터같은 말을 들으면 기분이 상한다기보다도, 그 사람의 인격을 의심하게 되는 것은 당연하지 않을까? 그것은 마치 가수한테 노래 한 번 불러보라고 하는 것이나, 배우한테 연기를 해보라고 하는 것이나 마찬가지이다.

얼마 전, 외국어를 가르치고 있는 친구에게 이와 같은 말을 했더니, 그도 같은 경험을 한 적이 있다고 한다. 자신의 직업을 말한 순간, "한 번 말해봐요"라는 말을 들었다고 한다. 그 때 그는 "나는 잉꼬나 구관조가 아니야"라고 격노했다고 하는데, 나는 너무나도 그 심정이 이해가 갔다.

문제1 본문 내용과 맞는 것은 무엇인가?

1 화가에게 그림을 부탁하는 것은 상대방에 대해 실례가 되는 행위이다.

2 예술이나 외국어를 직업으로 하고 있는 사람은 사회적으로 존중받는다.

3 어떤 직업이든 상대방의 일에 대해서는 경의를 표하기 힘든 법이다.

4 '나'는 남들이 자신의 작품을 가볍게 여기면 분노를 느낀다.

정답:4

문제2 필자가 가장 말하고 싶은 것은 무엇인가?

1 화가에게 그림을 부탁하는 것은 상대방에 대해 실례가 되는 행위이다.

2 예술이나 외국어를 직업으로 하고 있는 사람은 사회적으로 존중받는다.

3 어떤 직업이든 상대방의 일에 대해서는 경의를 표해야 한다.

4 '나'는 남들이 자신의 작품을 가볍게 여기면 분노를 느낀다.

정답:3

어휘 閑散 한산　頼みごと 부탁　取り組む 임하다　営む 영위하다　贈る (선물 등을) 주다　激怒する 격노하다
尊重する 존중하다　敬意を払う 경의를 표하다　怒りを覚える 분노를 느끼다

3

세계에는 수많은 모험가가 있다. 어떤 모험가는 세계에서 유명한 최고봉을 노리고, 또한 어떤 모험가는 혹한에 견디면서 북극점이나 남극점을 향해간다.

산을 넘는다 하더라도 단순히 정상을 밟는 것이 아니라 '단독등정'이나 '엄동기 등정'이라는 식으로, 그 방법이나 시기에 따라서도 모험방법이 나누어진다고 한다. 무릇 '모험'이란 무엇인가 라는 질문을 받으면, 아무도 안 가본 오지나 산소가 거의 없는 높은 산을 정복하는 것이라고 대답하는 사람은 많을 것이다. 물론 그것은 틀린 말이 아니다. 그러나 아무리 높은 산이라 하더라도 한 해에 20~30만 명의 관광객이 찾는 후지산을 등산코스를 따라 올라갔다면 '모험'이라고 할 수는 없을 것이다.

'아마존 강 6,000km 단독 뗏목 항해'나 '세계 최초 오대륙 최고봉 등정'과 같은 유수의 기록을 몇 개나 남긴 우에무라 나오미 씨는 이런 말을 남겼다.

"모험에서 죽으면 안 된다. 살아 돌아온다는 것이 절대조건이며 가장 중요한 전제이다."

　모험가에게 있어서 기록이나 목표 달성은 중요한 일이다. 몇 개월이나 몇 년에 걸쳐 준비를 하고 훈련에 임하며, 그리고 도전하는 것이기에 당연할 것이다. 그러나 거기에 '살아 돌아온다'는 것이 전제가 되지 않는 모험은 단순하게 무모한 행위이며 모험이라고는 할 수 없다. 진정한 모험이란 '생환'이라는 궁극적인 목표달성이 있어야만 한다.

문제1 본문 내용과 맞는 것은 무엇인가?
　　1　모험이란 아무도 가 본적이 없는 위험한 장소에 가는 것은 아니다.
　　2　많은 관광객이 방문하는 지역도 모험으로서 도전할 수 있다.
　　3　모험은 장소만이 아니라 여러 조건을 설정함으로써 다른 모험이 된다.
　　4　살아 돌아오지 못할지도 모른다는 각오야말로 모험에서는 필수조건이다.　　　　정답:3

문제2 필자가 가장 말하고 싶은 것은 무엇인가?
　　1　모험이란 아무도 가 본적이 없는 위험한 장소에 가는 것이 아니다.
　　2　많은 관광객이 방문하는 지역도 모험으로서 도전할 수 있다.
　　3　모험은 장소만이 아니라 여러 요소를 포함시킴으로써 다른 모험이 된다.
　　4　살아 돌아온다고 하는 각오야말로 모험에서는 필수조건이다.　　　　정답:4

어휘　狙う 노리다　耐える 견디다　目指す 목표로 하다　前人未踏 전인미답　必須条件 필수조건

4

　'한단지보(邯鄲之步)'라는 고사가 있다. 그 옛날 연나라의 수도인 수릉에 한 소년이 살고 있었다. 그는 조나라 수도인 한단 사람들의 걸음이 우아하고 아름다우며 경쾌하다는 말을 듣고는 산을 넘고 계곡을 넘어서, 천리나 되는 먼 길을 아랑곳하지 않고 걸어갔다. 고생 끝에 도착했으나 좀처럼 그들의 걸음을 배울 수가 없다. 아무리 특징을 잡으려 해도 뜻대로 되지 않았다. 그 원인은 그가 자신이 가지고 있는 걸음 때문으로 생각하여, 그때까지 배웠던 기존 걸음을 모두 잊기로 하고 새로운 한단의 걸음만을 자신의 것으로 만들기 위해 전념했다. 그러나 과거의 지식을 모두 지워도 여전히 새로운 걸음은 늘지 않았다. 결국 그는 포기하고 고향으로 돌아가기로 했다. 그러나 발을 한 발자국 내디디려 하자 어떻게 된 영문인지 걸을 수가 없다. 한단의 걸음도 배우지 못하고 본래 자신이 알고 있던 걸음도 잊은 그는 제대로 걸을 수가 없어 결국 기어서 고향까지 돌아갔다는 고사이다.

　이 이야기는 중국의 '장자'에 수록되어 있는 것이지만, 나는 기회가 될 때마다 이 고사를 외국어를 배우고 있는 학생들에게 들려주었다. 언어에 머무르지 않고 해외 문화나 지식 속에는 훌륭한 것이 많이 있다. 그러나 외국어를 배울 때에 자기 나라의 언어나 문화를 소홀히 여기는 경우를 간혹 보아왔기 때문이다. 외국에 대한 지식을 얻는 것도 중요하지만, 자국 언어나 문화를 가볍게 여기면 자신의 정체성 그 자체가 허물어지고 자칫하면 새롭게 받아들인 학문을 살릴 수 없게도 될 수 있는 것이다.

문제1 본문 내용과 맞는 것은 무엇인가?
　　1　옛날 중국에는 걸음을 배우기 위해 고생한 청년이 있었다.
　　2　옛날 중국에는 걸음을 배우는 풍습이 유행하고 있었다.
　　3　장자의 가르침은 외국 문화나 언어를 배우는 데에 도움이 안 된다.
　　4　과거의 지식이 현대에 이르러서는 무용지물이 되고 있다.　　　　정답:1

문제2 필자가 가장 말하고 싶은 것은 무엇인가?
　　1　옛날 중국에는 걸음을 배우기 위해 고생한 청년이 있었다.
　　2　옛날 중국에는 걸음을 배우는 학문이 유행하고 있었다.
　　3　장자의 가르침은 외국 문화나 언어를 배우는 데에도 중요하다.
　　4　과거의 지식이 현대에 이르러서는 도움이 안 되고 있다.　　　　정답:3

어휘　優美 우아　たどりつく 도달하다　依然として 여전히　軽んじる 가볍게 여기다　崩れる 허물어지다

196

5

'호기심을 가져라!'

2012년 런던에서 개최된 장애인올림픽 개회식에서 한 물리학자인 스티븐 호킹 박사가 띄워 보낸 메시지이다. 컴퓨터에 의한 합성음성이 경기장에 울러 퍼졌을 때에는 큰 감동을 받았다.

크라크 박사의 '소년이여, 큰 뜻을 품어라'보다, 스티브 잡스의 'stay hungry'보다, 처칠의 'Never, never, never give up'보다도 그의 말에는 감개무량한 것이 있었다. 그것은 호기심이야말로 모든 것의 근원이라고 여겨졌기 때문이다. 호기심이 있기에 소년은 큰 뜻을 품을 수가 있고, 호기심이 있기 때문에 hungry일 수 있으며, 또한 호기심이 있기 때문에 Never give up 할 수 있는 것이다.

우리가 미래를 향해 한 발자국 내디딜 수 있는 것도 이 호기심이 있기 때문이며, 만약 내일에 대하여 아무런 호기심도 갖고 있지 않는다면 거기에는 꿈도 희망도 없는 것과 같게 되고 말 것이다. 물론 부정확한 것에 대한 불안도 공존하나, 불안이 없는 꿈이나 불안이 없는 희망이 있다면 그것은 그 시점에서 이미 꿈이나 희망이 아니게 되고 마는 것은 아닐까? 과거에 대해서는 불안을 갖는 일도 없거니와 꿈과 희망을 갖는 일도 없다. 불안이 있다는 것은 미래가 있다는 증거이다. 인간은 미래로 갈 수는 있으나 과거로 되돌아갈 수 없다고 하는 '시간순서보호가설'을 주창한 것이 호킹 박사라는 점은 흥미롭다.

미래에 대한 호기심이란 우리에게 한 발자국 나아갈 계기를 만들어주고, 불안과 맞설 용기를 불러일으켜주는 소중한 요소라고 할 수 있을 것이다.

문제1 본문 내용과 맞는 것은 무엇인가?

1 꿈이나 희망을 가짐으로써 호기심은 불안이 된다.
2 물리학자는 장애인올림픽에서 호기심을 강조하는 연설을 했다.
3 호기심을 갖는 것은 미래를 열어갈 수 있는 자신감이 될 수 없다.
4 미래에 대한 불안은 꿈이나 희망을 가짐으로써 해소되지 않는다.

정답:2

문제2 필자가 가장 말하고 싶은 것은 무엇인가?

1 꿈이나 희망을 가짐으로써 불안은 호기심이 된다.
2 물리학자는 장애인올림픽에서 호기심을 강조하는 연설을 했다.
3 호기심을 갖는 것은 미래를 열어갈 수 있는 자신감이 될 수 있다.
4 미래에 대한 불안은 꿈이나 희망을 가짐으로써 해소되지 않는다.

정답:3

어휘 心を打たれた 감명을 받다 大志を抱け 큰 뜻을 품어라 等しい 동등하다 唱える 소리 내어 읽다, 외치다
奮い起こす 분기시키다, 분발하게 하다, 불러일으키다

제10장 【특별한 독해형식-통합이해(편지문)】 연습문제

1

(안부인사 생략)

평소에는 저희 회사를 이용해주셔서 대단히 감사 드립니다.

2013년 5월 30일 개최한 임원회의에 있어서, 도쿄도 미나토구 미나미아자부의 노노야마빌딩에 소재하는 아오키 산업의 본사와 영업부를 계열회사와의 근접화에 의해 업무 효율화를 도모하기 위해 2013년 6월 25일로써 도쿄도 분쿄구 혼고의 사사키빌딩으로 이전할 것을 결의하였기에 알려드립니다. 한편, 본사의 업무개시일은 익월 1일부터, 영업부는 5일부터이므로, 미리 양해를 부탁 드립니다.

(맺음인사 생략)

문제 이 문서에서 가장 전하고 싶은 것은 무엇인가?

1 아오키 산업의 영업부가 6월에 사사키 빌딩으로 이전한 것
2 아오키 산업의 영업부가 6월에 노노무라 빌딩으로 이전할 것
3 아오키 산업의 본사와 영업부가 6월에 사사키 빌딩으로 이전하고 업무가 7월부터 시작하는 것

4 아오키 산업의 본사와 영업부가 5월에 사사키 빌딩으로 이전하고 업무가 6월부터 시작하는 것 　　　　　　　정답:3

어휘 取締役 임원 図る 도모하다 あらかじめ 미리, 사전에

2

동복 착용에 관한 안내

　행사예정표로도 알려드린 바와 같이, 10월 1일부터 동복으로 갈아입게 됩니다. 이를 위한 이행은 기후 변화에 대응하면서 하게 되었습니다.

　우선, 10월 1일~10월 10일은 동복으로의 이행기간으로 하여 동복 또는 하복 중 어느 것으로 등교해도 상관없습니다. 단, 더울 때에는 학교 건물 내에서 동복을 벗고 활동할 수 있습니다. 이 경우, 동복 밑에 하복을 착용해 두십시오. 다른 사복은 인정하지 않습니다. 10월 11일 이후는 동복을 착용하고 등교해 주십시오. 단, 더울 때에는 학교 건물 내에서 동복을 벗고 활동할 수 있습니다. 이 경우에는 동복 밑에 흰 하복을 착용해 두십시오. 다른 사복 등일 때에는 동복을 벗는 것을 인정하지 않습니다.

문제　교복 착용에 관하여 이 글 내용과 맞는 것은 무엇인가?
　　　1　모든 학생은 10월 1일부터 동복을 입어야 한다.
　　　2　10월 10일까지는 하복, 동복 어떤 것의 착용도 인정된다.
　　　3　10월 11일 이후에는 학교 내에서의 하복 착용은 일절 허용되지 않는다.
　　　4　10월 10일까지는 더운 경우에 한해 사복 착용을 인정한다. 　　　　　　　정답:2

어휘 更衣 철에 따라 옷을 갈아입음 校舎 학교 건물 脱ぐ 벗다 かまいません 상관 없습니다 一切 일체 ～に限って ~에 한하여

3

(안부인사 생략)

　1월 9일자 주문서 001582번으로 주문해 주신 선물세트 200품에 있어서, 현재 저희 회사 사정으로 지정 기일인 1월 15일까지는 지정해 주신 수량의 절반만을 납품할 수 있는 상태에 있다는 것을 알려드립니다.

　현재 저희 회사에서는 생산라인 증설 등, 생산시스템 강화체제를 진행하고 있으므로 3월 1일까지는 확실하게 주문하신 전 수량을 출하할 수 있을 예정이지만 급하시다면 대단히 죄송합니다만, 부디 주문의 수정을 부탁 드립니다. 작업이 완료되어 출하준비가 되는 대로 연락 드리겠습니다.

문제　이 메일의 용건은 무엇인가?
　　　1　생산상황 안내와 증설작업강화 부탁
　　　2　재고상황 안내와 주문내용변경 부탁
　　　3　출하예정 안내와 주문내용확인 부탁
　　　4　납입예정 안내와 증설작업협력 부탁 　　　　　　　정답:2

어휘 弊社 폐사, 저희 회사 出荷 출하 出来次第 되는 대로

1

A

근래에 '헬리콥터 페어런트' 라는 흥미로운 말을 들었다. 이것은 항상 아이의 머리 위를 날아다니듯 지켜보고, 필요하다면 기다렸다는 듯이 손을 내미는 부모를 말한다고 한다. 그러나 지나친 보호는 도리어 아이에게 있어서 자칫 불리하게 작용할 수 있다. 새가 알에서 부화할 때에도 어미 새는 절대 거들지 않는다. 이것은 새끼 새에 대한 애정이 부족해서가 아니다. 어떤 학자가 시험 삼아 부화할 때에 알 껍질을 깨주었다고 한다. 그러자 알에서 나온 새끼 새는 바로 기력을 잃고 쓰러지고 말았다고 한다. '귀한 자식은 여행을 시켜라'라는 속담도 있다. 요즘은 세상이 험하여 어느 정도의 보호나 관심은 필요하겠지만, 우리 아이를 소중하게 생각한 나머지 지나치게 돌보는 것은 장기적인 안목으로 보면 아이를 위한 것이 아니게 되는 경우가 많다는 점을 잊어서는 안 된다. 때로는 힘들게 보여도 그것은 성장을 위해 필요한 시련이며 부모의 역할은 그 어려움을 피하도록 하는 게 아니라, 좌절하지 않고 잘 극복할 수 있도록 용기를 북돋아주는 것에 있지 않을까?

B

최근에는 신문이나 텔레비전 뉴스를 보는 것이 두려워진다. 신문을 펼치자마자 크고 작은 범죄기사가 보인다. 학교도 더 이상 범죄로부터의 안전지대가 아니다. 집단 괴롭힘이나 해코지 등은 과거와 같은 단순한 싸움의 범주를 넘어섰으며, 끝내는 교실에 있어서 마지막 보루라고도 할 수 있는 교사에 의한 범죄도 빈발하고 있는 실정이다. 하나에서 열까지 부모가 간섭하는 것이 아이를 위해서 좋지 않다는 의견에는 나도 동감이지만, 이와 같은 사회에서 부모가 아무 것도 하지 않고 모두 학교에 맡겨버린다는 것은 너무나 무책임한 것이 아닐까? 조금이라도 학교 방침에 의문을 가지면 과보호라는 말을 듣지만, 자기 자식을 생각하는 마음도 헤아려주었으면 한다. 물론 학교 교육은 존중하며 아이를 무슨 일이 있어도 명문학교에 진학시켜야 한다는 욕심도 없지만, 안전한 환경 속에서 어느 정도의 학력을 익히게 하기 위해서는 부모의 도움이 옛날 이상으로 필요해진 것이다.

문제1 A와 B가 공통으로 말하고 있는 것은 무엇인가?

1 아이 교육에 있어서 모든 것을 학교에게 맡겨두는 것
2 부모의 과보호로 인해 아이가 씩씩하게 성장하지 않는다는 것
3 학교에서 발생하는 문제가 과거보다도 심각해지고 있다는 것
4 사회가 아이에게 있어서 안전하지 않게 되었다는 것 　　　　　　　정답:4

문제2 부모의 역할에 대해서 A와 B는 어떻게 말하고 있는가?

1 A도 B도 적절한 조언은 아이를 위해서 좋지만, 그 이상의 관심은 아이의 성장을 방해하는 요인이 될 수도 있다고 말하고 있다.
2 A도 B도 학교만 아이를 맡기는 것이 아니라, 적극적으로 아이 교육이나 생활면에서 부모의 관심이 필요하다고 말하고 있다.
3 A에서는 부모의 보살핌을 최소한으로 억제할 필요가 있다고 말하고, B에서는 학교나 사회로부터 아이를 지켜야 한다고 말하고 있다.
4 A에서는 아이에게 주는 시련은 장래를 위해 도움이 된다고 말하고, B는 아이를 명문학교에 입학시키기 위해서는 부모의 도움이 불가결하다고 말하고 있다. 　　　　　　　정답:3

어휘 興味深い 흥미롭다　飛び交う 난무하다　見守る 지켜보다　度が過ぎる 도가 지나치다　孵化 부화　殻 껍질
物騒だ 뒤숭숭하다　役目 역할　避ける 피하다　挫折 좌절　勇気付ける 용기를 주다　～や否や ～하자마자　範疇 범주
挙句の果てには 끝내는　砦 보루　現状 현재 상황　干渉 간섭　察する 헤아리다, 살피다　尊重 존중　手助け 도움, 조력
妨げる 방해하다, 지장을 주다

199

2

A

　　휴대전화 단말기의 보급률이 2012년 5월에는 마침내 일본의 인구를 웃돌았다. 단지 전화를 걸 수 있다는 기능을 넘어, 카메라나 음악 플레이어 등의 성능도 다양하게 갖추어져 있으나, 이와 같은 기능을 어느 정도의 사람들이 제대로 활용하고 있을까? 물론 복잡한 앱을 능숙하게 다루는 젊은이가 적지 않다는 것은 알겠으나, 중고령층이 되면 용도는 오로지 통화로 한정된다. 그렇다고 해서 스마트폰이 필요하지 않다거나 기능을 줄여야 한다거나 하는 것이 아니다. 앱 중에는 고령자에게 있어서 편리한 기능도 많이 있어, 이제부터는 더욱 중고령자용 앱이 개발되어야 한다고 생각할 정도이다. 지금 필요한 것은 이와 같은 분들을 위한 알찬 교육이 아닐까? '고령자는 스마트폰을 제대로 사용할 수 없다'는 선입견을 고령자와 개발자 양쪽에서 불식하고 보다 편리한 사회를 이루기 위해 이 점은 반드시 강화되어야 한다.

B

　　새로운 스마트폰이 등장할 때마다 장사진이 눈에 띈다. 신기능도 많이 추가되고 불과 몇 년 전까지만 해도 몇 안 되는 연구소에 있는 대형컴퓨터만이 할 수 있었던 작업이 지금에 와서는 손바닥 위에서 이루어지기에 이르렀다. 처음 휴대전화를 보았을 때 '전화기를 들고 다닐 수 있다'는 것 자체에 놀라곤 했었으나, 세월은 흘러 스마트폰 시대가 되어 음악은 물론 텔레비전이나 인터넷 등도 당연하게 되었다. 그러나 문제는 이용자이다. 최근 사고 중에는 보행 중에 단말기를 조작한다고 하는 이른바 '하면서 걷기'에 의한 것이 눈에 띄게 되었다. 역 플랫폼이나 계단에서 떨어지거나 행인들과 부딪히거나 한다. 실제로 내 동료 중에도 길가에서 스마트폰을 조작하면서 걷다가 자동차와 접촉하고만 사람이 있다. 또한 놀랍게도 운전 중에 메일을 보내는 사람이 적지 않다고 한다. 휴대전화가 스마트해져도 이용자가 스마트해지지 않으면 기껏 최신기기가 있음에도 이것이 자칫 어이없는 재난의 원인이 될 수 있다.

문제1　스마트폰의 이용에 대하여 A와 B의 관점은 어떤 것인가?
　　1　A는 세대에 따른 이용방법의 차이를 말하고, B는 이용자의 문제점을 지적하고 있다.
　　2　A는 이용방법에 있어서 과제를 제기하고, B는 과제의 원인은 개발자에 있다고 말하고 있다.
　　3　A는 세대에 따라 발생하는 사고의 심각성을 보고하고, B는 이용방법에 있어서 주의를 환기시키고 있다.
　　4　A는 기능이 사회에 끼치는 영향을 우려하고, B는 이용 중의 사고방지책을 제기하고 있다.　　　　　정답:1

문제2　스마트폰과 이용자의 관계에 대하여 A와 B는 어떻게 말하고 있는가?
　　1　A는 연령층에 맞는 유익한 교육이 필요하다고 말하고, B는 이용 중의 문제를 지적하고 있다.
　　2　A는 이용방법에 따라 일어날 수 있는 문제점에 대해 말하고, B는 이용자의 연령층에 맞는 개발이 필요하다고 말하고 있다.
　　3　A는 최신기능이 이용자의 생활에 끼치는 영향이 크다고 말하고, B는 지나친 이용에 의해 문제가 발생하고 있다고 말하고 있다.
　　4　A는 지나친 신기능으로 의해 혼란이 발생하고 있다고 말하고, B는 인체에 끼치는 폐해가 적지 않다고 말하고 있다.
　　　　　정답:1

어휘　上回る 웃돌다　多岐にわたる 여러 방면에 걸치다　器用に 깔끔히　スマホ '스마트폰'의 준말　充実 알참　双方 쌍방
取り払う 걷어치우다　築く 이루다, 쌓다　長蛇の列 장사진　至る 이르다　いじる 만지작거리다, 조작하다　弊害 폐해

3

A

"결과는 문제가 아니다. 열심히 노력하는 것이 중요하다."

이 말에 이론을 제기하는 분은 그리 많지 않을 것이며, 나 자신도 학창시절에 몇 번이고 들은 말입니다. 노력하면 언젠가 결과는 따라온다, 목표를 향해 꾸준히 노력하는 것이 가장 중요하다……. 하지만 그래도 일말의 불안감은 남습니다. '노력이 중요'라는 것을 부정할 생각은 없습니다만, 노력을 해도 성적이 안 올라가는 한편으로, 어떤 사람은 공부를 별로 하지 않더라도 성적이 상위권이었다고 하면, 평가는 '노력'이 아니라 당연히 '결과'로 되어질 것입니다. 이것은 사회에 나가도 마찬가지입니다. 한쪽은 밤낮을 가리지 않고 발이 닳도록 거래처를 돌아도 실적은 그리 오르지 않고, 다른 한쪽은 일주일에 1~2번의 외근과 전화 몇 통으로 계약서를 가져온다고 한다면 회사에서의 평가가 어떻게 되는지는 불을 보듯 뻔합니다. 단순히 노력하면 되는 것이 아닙니다. 핵심은 결과를 낼 수 있는 노력, 결과로 이어지는 노력이 요구되는 것입니다.

B

성과지상주의의 폐해는 해마다 심해지고 있어, 이제는 사회만이 아니라 초·중학교에까지 미치고 있다. 중학교부터는 내신 때문에 시달리고 노력은 오직 성적을 올리기 위한 것만이 좋은 평가를 얻고 그 외에는 없는 거나 마찬가지로 취급된다. 학생에게는 명문 고등학교나 대학이라는 부담을 강제하고, 교사에게는 진학률이라는 이름의 짐을 지우고, 회사에서는 실적이나 목표 달성을 강요하고 있다. 모두 결과만으로 판단할 수 있는 것뿐이다. 그러나 결과만을 중시한 나머지, 아직 결실을 맺지 못한 노력에 대한 평가를 간과하고 있는 것은 아닐까? 예를 들어 의학이나 과학의 세계에 있어서 확실하게 결과를 낼 수 있는 노력 같은 것은 아무도 분간할 수 없다. 특효약이나 백신 하나 개발하기 위해서도 몇 년에서 수십 년 걸린다고도 한다. 문학 세계에서도 그렇다. 오랫동안 무엇 하나 성과가 없었던 작가도 어느 날 갑자기 유명한 상을 받거나 한다. 노력은 노력으로서 평가되어야 하며 결과에 의해 평가되어서는 안 된다. 만약 아직 결과가 나오지 않았다는 것을 이유로 '무의미한 노력'이라는 낙인을 찍어버리는 것은 자칫 대단히 큰 손실로 이어지기 쉽다. 결과가 안 나오는 노력 같은 것은 이 세상에는 없다. 다만 '언제'라는 문제가 있을 뿐이다.

문제1 A와 B의 인식에서 공통된 것은 무엇인가?

　　1 노력은 중요하지만, 사회에서는 노력보다도 결과를 우선하는 경향이 있다.

　　2 노력의 필요성은 인정하나, 결과로서 내지 못하는 노력은 의미가 없다.

　　3 결과를 남기지 않은 노력이라 하더라도 가볍게 보지 말고 참을성 있게 기다려야 한다.

　　4 결과가 같다고 하더라도 노력이 전제가 되는 것과 그렇지 않은 것이 있다. 정답:1

문제2 노력과 결과의 관계에 대하여 B가 비판하고 있는 것은 어떤 것인가?

　　1 사회적으로 공헌하지 않는 노력을 무의미한 것으로 간주하고, 결과를 낼 수 있는 노력만을 중시하고 있다는 것

　　2 평가란 노력만이 아니라 결과를 동반하여야 하나, 노력을 중요시 여기는 나머지 결과를 중시하지 않는 경우가 있다는 것

　　3 목적에 따라서는 시간을 필요로 하는 것도 있으나, 사회에서는 적은 노력으로 높은 결과를 낼 수 있는 경우도 있다는 것

　　4 여전히 결과가 나오지 않았다 하더라도 노력은 평가되어야 하겠지만, 결과를 내지 않는 노력을 무의미한 것으로 취급한다는 것 정답:4

어휘 こつこつ 꾸준히　一抹の不安 일말의 불안　目に見えている 충분히 예상 가능하다　偏差値 편차치, 편찻값
ノルマ 할당된 책임량　強いる 강요하다, 강제하다　重んじる 중요시 여기다　見落とす 누락하다　ワクチン 백신
烙印を押す 낙인을 찍다　途方もない 터무니없다　辛抱強い 참을성 있다　貢献 공헌

4

A

국토의 면적에 비해 일본만큼 사투리가 많은 나라는 세계에서도 그리 많지 않을 것이다. 사투리의 종류는 북쪽은 홋카이도나 도호쿠에서 남쪽은 규슈·오키나와까지 실로 다양하며, 학문적으로도 방언학은 언어학 중에서 중요한 위치를 차지하고 있다. 공식석상에서는 표준어 사용이 원칙이라고 하지만, 생각해보면 '표준어'라는 것도 묘하다. 일본에는 공식적으로 '표준어란 무엇인가'라는 정의조차 명문화 되어있지 않다. 물론 매스컴 업계에서는 독자적으로 만들어진 교본이 있겠지만, 그것이 일본 전 국민의 의사를 반영한 것이라는 근거는 없을 것이다. 이른바 표준어란 도쿄나 그 주변지역에서 사용되고 있는 말이라고 하지만, 이것도 사투리 중 하나라고 보아야 할 것이다. 도쿄 사투리나 수도권 사투리가 표준어로 된 역사는 짧다. 전통적인 일본표준어라고 하면 수백 년 이상에 걸쳐 일본의 수도였던 교토 사투리가 되겠지만, 지금은 일개 지방의 사투리가 되고 말았다. 이와 같이 표준어란 언어학적 의미라기보다는 수도의 위치에 영향을 많이 받고 있다고 생각된다. 사투리는 일본의 언어에 있어서 표준어에 이은 '부속품'이 아니라 우리가 소중하게 지켜가야 할 자산인 것이다.

B

일본에는 표준어 이외에도 지역에 따라 독특한 사투리가 수없이 많습니다만, 이는 자칫 혼동을 일으킬 수 있는 경우도 적지 않습니다. 예를 들어 표준어의 '던지다'를 오사카에서는 '내던지다'라고 말하며, 홋카이도나 도호쿠에서는 '던지다'라고 하면 '버리다'라는 뜻이 됩니다. 즉, 지방에 따라 의미는 같더라도 다른 말로 표현하는 경우가 있는가 하면, 말이 같더라도 다른 의미를 갖는 경우도 있는 것입니다. 사투리라는 것은 일본어라고 하는 언어만의 역사가 아니라 일본이라는 나라 그 자체의 역사와 밀접하게 연관을 갖는 것이므로 후세에 전해야 한다고 생각합니다. 그러나 이처럼 실용적인 면에서는 문제가 생긴다는 점도 부정할 수 없습니다. 사투리란 지역에 따라서 종류도 다양하며, 같은 지역이라 하더라도 세대에 따라 커뮤니케이션이 잘 이루어지지 않는 경우도 있습니다. 더구나 중요한 회의 등에서 사투리에 의해 생각지도 않은 오해를 낳기도 할 수 있기 때문입니다. 이와 같은 일을 미연에 방지하기 위해서라도 사투리는 문화로서 소중하게 보호하면서, 한편으로는 표준어의 사용을 장려하고 표준어로의 교육을 철저하게 할 필요가 있다고 생각합니다.

문제1 사투리에 대하여 A와 B의 글에서 공통적으로 말하고 있는 것은 무엇인가?

1 사투리도 표준어처럼 적극적으로 사용해가는 것이 중요하다.

2 혼동을 야기하는 사투리를 공적으로 사용하기에는 무리가 있다.

3 역사와 깊은 관련성을 갖는 사투리는 보존해야 한다.

4 사투리와 표준어와의 구분은 언어학적으로 근거가 부족하다.   정답:3

문제2 사투리와 표준어에 대하여 A와 B는 어떻게 생각하는가?

1 A는 사투리도 표준어도 독립적인 언어로서는 불충분하다고 생각하고, B는 사투리를 보호하는 것이 일본의 원류를 지키는 것도 된다고 생각한다.

2 A는 사투리와 표준어는 언어학적 이외의 이유로 분류되어 있다고 생각하고, B는 사투리를 보호하면서도 표준어의 사용을 확대하여야 한다고 생각한다.

3 A는 사투리도 표준어도 일본 고유의 언어라고 생각하고, B는 사투리를 보호하는 것이 지역사회의 활성화로 이어진다고 생각한다.

4 A는 사투리도 표준어도 구분이 애매하여 정의가 필요하다고 생각하고, B는 사투리를 사용하는 경우는 문제가 발생한다고 생각한다.   정답:2

어휘 方言 방언, 사투리   占める 점하다, 차지하다   妙だ 묘하다   すら 조차   マスコミ 매스컴   マニュアル 매뉴얼
なるまい 「ならないだろう」의 축약형   歴史が浅い 역사가 오래되지 않다   ○○弁 ○○사투리   ～に次ぐ ~에 이은
不具合 좋지 않거나 불편한 상태   咎めない 부정할 수 없다   乏しい 빈약하다   あいまい 애매

5

A

　독서의 장점은 지식이나 정보를 얻을 수 있을 뿐만이 아니라, 나라나 시대를 불문하고 언제든지 페이지를 펼치면 저자의 말을 들을 수 있다는 것에 있다. 그러나 아쉽게도 모든 책으로부터 자신에게 도움이 되는 것을 얻을 수 있다고는 할 수 없다. 그것은 질이 높은 책이 적기 때문이라기보다는 자신에게 맞는 책은 그리 많지 않기 때문이다. 이것은 실용서에 국한된 것이 아니라 소설이나 기행문, 자서전 등 장르를 불문하고 모든 책에 대해서 말할 수 있다. 제목에 끌려서 산 책이 읽어가면서 "이건 아니다" 라는 생각이 든다면 어떻게 하면 좋을까? 나는 그 시점에서 페이지를 덮어야 한다고 생각한다. 물론 2~3페이지로 결정한다는 것은 무리가 있겠지만, 절반 정도까지 읽어도 역시 안 되겠다고 생각되는 책을 상대하고 있는 것은 시간 낭비나 다름없다. 이는 사람과의 만남에서도 할 수 있는 말이다. 대화를 나눌수록 또는 귀를 기울일수록 매력을 느끼는 사람이 있는가 하면, 20~30분도 채 지나지 않아서 흥미를 잃는 경우도 있을 수 있다. 상대방이 사람이라면 도중에 일어선다는 것은 지극히 실례되는 일이지만 책이라면 괜찮다. 세상에는 새로운 만남으로 넘쳐난다.

B

　독서에 있어서 진정한 가치란 어디에 있는 것일까? 그것은 나와 다른 환경에서 자라고, 다른 학문을 배우면서 색다른 세계관을 가진 사람(저자)과 마주 대할 수 있는 귀중한 체험이다. 때로는 그것이 좀처럼 만날 수 없는 학자이거나, 또는 이미 돌아가신 분이거나 하기도 한다. 그와 같은 저자의 생각을 깊이 맛볼 수 있는 것이 독서인 것이다. 물론 이쪽에서 상대방에게 말을 걸 수는 없다. 그러나 그들이 말을 듣고, 그리고 여러 상상의 나래를 펼 수는 있다. 그것이 바로 독서의 진면목이 아닐까? 하나의 저자에 의해 이 세상에 나온 책은, 저자 본인에 의해 적어도 몇 십 년에 걸쳐 배우고 고민한 결정체이다. 그것을 단순히 재미없다는 것만으로 내던져버린다는 것은 너무나도 아깝지 않은가. 책이란 끝까지 읽어야만 의미가 있다. 이야기 도중으로는 저자가 전하려 하는 진정한 의미를 알지 못하는 경우가 많다. 조금 흥미가 없더라도 인내심을 가지고 끝까지 읽어나가면, 설령 생각이 다르다고는 하더라도 자기 자신 속에 어떤 새로운 발견이 있을 것이다.

문제1　A와 B는 독서를 하는 것에 대하여 어떤 생각을 갖고 있는가?

　　1　A는 독서에 대한 비판적인 견해를 경계하여야 한다고 생각하고, B는 독서에 의해 얻을 수 있는 것은 끝이 없다고 생각한다.

　　2　A는 사람과의 만남보다도 책과의 교제가 소중하다고 생각하고, B는 저자와 마주대하는 귀중한 기회라고 생각한다.

　　3　A는 읽어감에 따라서 의미를 찾아낼 수 없다면 중단하는 편이 좋다고 생각하고, B는 마지막까지 읽는 것이 새로운 발견으로 이어진다고 생각한다.

　　4　A는 개인적인 취향에 맞는 장르의 책을 고르는 것이 중요하다고 생각하고, B는 장르에 구애받지 말고 선택의 폭을 넓힐 필요성이 있다고 생각한다.

정답:3

문제2　독서의 의의에 대하여 A와 B가 말하고 있는 것은 무엇인가?

　　1　독서란 시공을 초월한 저자와의 교류이다.

　　2　독서란 자신의 세계관을 넓힐 수 있는 기회이다.

　　3　독서란 다양한 간접체험을 축적할 수 있는 도구이다.

　　4　독서란 사람과의 대화보다도 매력적인 만남이다.

정답:1

어휘　ジャンル 장르, 분야　背表紙(せびょうし) 등표지　眺(なが)める 바라보다　出会(であ)う 만나다　他(ほか)ならない 다름 아니다
交(か)わす 주고받다, 교환하다　あふれる 넘치다　滅多(めった)に 좀처럼　巡(めぐ)らす 두루 생각하다　まさしく 진정한
惜(お)しい 아깝다, 애석하다

문제8

(1)

　1시간당 1mm의 강수량이라고 하면 가랑비 정도일 것이다. 이 정도의 비라면 우산을 갖고 있더라도 쓰지 않는 사람이 있을지도 모른다. 그렇다면 만약에 도쿄에 시간당 1mm의 비가 내렸다고 한다면 그 양은 얼마나 될까? 도쿄 면적을 2,187.42k㎡라고 한다면, 총 강수량은 2,187,420,000㎡가 되며, 금액으로 환산하면 8억엔을 넘는다는 계산이 된다.

　이 정도의 양을 넓은 범위에 인공적인 방법으로 조달하는 것은 불가능에 가깝다. 물론 이 거대한 힘에 의해 재해도 일어나지만, 우리는 이를 허비하지 말고 예를 들면 빗물을 이용해서 수도요금을 인하하는 등의 대응을 확대해 가야 한다.

46　필자는 자연의 힘에 대하여 어떻게 생각하고 있는가?

　　1　일부 지역에 집중적으로 내리는 비를 넓은 범위로 분산시키는 방법을 생각하여야 한다.

　　2　도쿄 내의 총강수량을 보다 정확하게 계산할 수 있다면 재해를 막을 수도 있다.

　　3　비의 힘을 이용하면 실생활에 도움이 될 수도 있다.

　　4　비의 힘을 이용해서 재해방지책을 생각할 필요가 있다.

정답:3

어휘　小雨 가랑비　雨量 강우량　大いなる 큰, 위대한　引き下げる 인하하다　防ぐ 막다, 방지하다

(2)

　한 세대에서 태어나 그리고 그 세대와 함께 사라져가는 말의 수는 의외로 많을지도 모른다.

　얼마 전 쇼와 시대에 출판된 소설을 읽다가 '바람맞다'는 단어를 발견했다. 물론 이것은 유행어도 아무것도 아니다. 호출기도 없었을 때에는 매우 일반적으로 사용했던 말이다. 만날 약속을 한다 하더라도 20~30분 정도 늦어도 애교웃음 정도로 넘어갔지만, 지금은 휴대전화가 보급된 시대이다. 5~6분 늦더라도 바로 확인을 할 수 있다. 10분 이상 기다려도 나타나지 않고 연락도 안된다면, 이것만으로 벌써 지극히 예의에 어긋난 사람으로 여겨진다. 편리하게 된 것은 사실이며 몇 십 분이나 시간을 허비하지 않게 되어 분명 좋은 것이지만, 나도 그런 말과 함께 사라지는 세대인가 하고 생각하면 쓸쓸해지는 느낌도 든다.

47　만나는 약속에 있어서 현대는 옛날과 비교해서 어떻게 변했는가?

　　1　지금도 옛날도 20~30 정도 늦더라도 그리 비난 받지는 않는다.

　　2　지금도 옛날도 5~6분 정도 늦으면 상대방에게 큰 민폐를 끼치고 만다.

　　3　옛날에는 20~30분 정도 늦으면 상대방에게 큰 민폐로 여겨졌으나 지금은 자주 있는 일이다.

　　4　옛날에는 20~30분 정도 늦는 것은 괜찮았지만, 지금은 상대방에게 큰 민폐로 여겨진다.

정답:4

어휘　意外と 의외로　昭和 1926년~1989년까지의 일본 연호　待ちぼうけ 기다리는 사람이 오지 않아 지침　愛想笑い 비나리치는 웃음　失礼極まりない 실례하기 짝이 없다　迷惑 민폐

(3)

　고등학생 진학지도를 하고 있으면 대학 학부에 대한 질문을 받는다. "수학을 잘 못하는데 수학적 요소가 적은 학부는 어디인가" 이런 질문은 무난할 것이다. 나도 숫자는 좋아하지 않으므로 이 심정은 이해가 간다. 하지만 말이다. "암기를 잘 못하는데 별로 암기를 하지 않아도 되는 학부는 어디인가"라는 질문에는 말문이 막혔다. 이른바 '주입식교육'이라고 해서 암기를 멀리하는 풍조가 아직 남아 있어서인지는 모르겠으나, 공부에 있어서 암기는 기본 중의 기본이다. 요리를 예로 들자면, 학문에 있어서의 암기란 냄비나 프라이팬과도 같은 도구이며 오이나 양파와도 같은 기본적인 음식재료이다. 아무리 훌륭한 요리사라 하더라도 제대로 된 도구나 음식재료 없이는 아무 것도 만들 수가 없다. 학문에 있어서 암기란 이와 같은 것이다.

48　필자가 가장 말하고 싶은 것은 무엇인가?

　　1　암기를 한다는 것은 어떠한 학문을 배우는 데에 있어서도 중요한 수단이다.

　　2　주입식교육은 학생에게 암기한다는 것의 중요성을 인식할 수 없게 만들었다.

　　3　학문에 있어서 기본이 되는 수학을 잘 못하는 학생은 학부 선택에 망설이게 된다.

4　암기력을 키움으로써 수학을 즐길 수 있게 되며 문제를 푸는 힘은 향상된다.
정답:1

어휘　苦手だ 잘하지 못하다　無難 무난　閉口する 질리다, 쩔쩔매다　詰め込み教育 주입식 교육　鍋 냄비　立派だ 훌륭하다
食材 음식재료　解く (문제를) 풀다

문제9

(1)

　시계 광고를 보면 왠지 시간이 같다는 것을 알 수 있습니다. 손목시계든 벽걸이시계든 대부분의 아날로그 시계가 10시 10분을 가리키고 있습니다. 저는 그 시간에 예컨대 시계를 발명한 인물이나 역사적 사건 같은 무슨 깊은 의미라도 담겨 있는 줄 알았습니다.

　하지만 얼마 지나지 않아 그것은 단순한 '표정'을 위해서라는 것을 알게 되었습니다. 즉, 아날로그 시계를 10시 10분으로 맞춰 놓으면 마치 시계가 웃고 있는 것처럼 보인다는 것입니다. 그런 말을 들으니 정말 그렇게 보이는 것 같기도 합니다. 즉, 보는 이에게 관심을 갖게 하기 위해서였던 것이군요.

　한마디로 '웃음'이라고 해도 많이 있어서 '폭소·미소'라는 웃음이 있는가 하면, '쓴 웃음·조소' 등과 같은 것도 있어 무조건 '웃음'은 좋은 것만이라고 할 수는 없겠지요. 그러나 부드러운 웃음이나 즐거운 웃음을 싫어하는 사람은 어디에도 없습니다. 말은 달라도 밝게 웃고 있는 얼굴은 설령 그것이 사진이나 그림이라 하더라도 그것을 보는 사람에게 따뜻한 감정을 불러일으키는 법입니다.

　독일 철학자 임마누엘 칸트는 '웃음은 긴장의 완화에서 온다'는 말을 남겼습니다만, 저는 그 반대도 될 수 있지 않을까 합니다. 즉, 긴장의 완화에서 웃음이 오는 것만이 아니라, 웃음에는 긴장을 완화시키는 작용도 있다고 생각하는 것입니다.

49　필자는 시계가 일정한 시간을 가리키는 이유는 무엇이라고 생각했었는가?
　　1　과거에 일어난 사건이나 시계를 발명한 사람을 기념하기 위해
　　2　그 시간에 맞춰두면 시계의 외관이 밝게 느껴지기 때문에
　　3　그 시간에 맞춤으로써 좋은 인상을 갖게 할 수 있기 때문에
　　4　제조되는 시계는 그 시간으로 맞추도록 정해져 있기 때문에
정답:3

50　필자에 의하면 시계바늘을 10시 10분에 맞춰둠으로써 어떤 것을 기대할 수 있는가?
　　1　시간에 의미를 담아서 시계를 볼 때마다 하루의 소중함을 떠올리게 할 것이다.
　　2　문자판의 위치는 사람에 따라 인상이 달라지기 때문에 효과는 없을 것이다.
　　3　사람들을 웃기고 보는 사람을 즐겁게 만드는게 하는 역할을 해낼 것이다.
　　4　시계의 표정이 사람들의 시선을 끌어 매출 증가로 이어질 것이다.
정답:4

51　웃음에 관해 필자의 생각과 맞는 것은 무엇인가?
　　1　같은 웃음이라도 보는 사람에 따라 받는 인상이 달라진다.
　　2　아무리 밝은 웃음이라 하더라도 모두 좋은 인상을 주는 것은 아니다.
　　3　어떤 웃음이든 웃음은 보는 사람에게 따뜻한 마음을 느끼게 한다.
　　4　웃음의 의미는 다양하며 호감을 얻지 못하는 웃음도 있다.
정답:4

어휘　出来事 사건, 일　程なくして 머지 않아, 곧　アナログ 아날로그　苦笑 쓴웃음　嘲笑 조소, 비웃음　働き 역할
意味を込める 의미를 담다　思い起こす 상기하다, 생각해내다　役割を果たす 역할을 해내다　売り上げの伸び 매출신장
得る 얻다

(2)

　'고령자가 교통사고에 휘말린다'고 하면, 고령자가 길을 건너고 있을 때에 사고가 발생하는 것을 생각하기 쉽겠지만, 아무래도 그것만은 아닌 것 같다. 실은 고령자가 운전 중에 사고를 일으키는 비율이 늘고 있다는 것이다. 경찰청 조사에 의하면 65세 이상의 고령운전자에 의한 사고는 2001년의 약 77,500건에서 2011년에는 약 103,400건으로 해마다 증가추세에 있다. 사고 원인으로 들 수 있는 것은

인지능력(시력 · 청력) · 판단능력 · 조작능력의 저하이다.

　이와 같은 고령자의 사고를 줄이는 방법으로서 '면허소지연령의 상한' 즉 어떤 일정한 연령에 도달하면 면허의 효력을 없애는 제도도 생각할 수 있으나 이는 <u>그렇게 쉽지 않다</u>. 무엇보다 고령자는 모두 유권자이기 때문에 선거에 의해 선출된 정치인들에게 있어서 유권자의 권리를 제한하는 제도를 만드는 것은 적지 않은 어려움이 있을 것이다.

　그래서 경찰청에서는 면허자주반납제도를 만들어, 반납자에게는 운전면허증과 거의 같은 모양을 한 '운전경력증명서'를 발행하기로 했다. 이는 금융기관에서의 구좌 개설이나 휴대전화를 구입할 때에 신분증으로 사용할 수 있으며, 고령운전면허 자주반납지원협의회의 가맹점포나 지역의 문화시설 등에서 서비스를 받을 수 있다.

　그러나 이것으로 모든 문제가 해결된 것은 아니다. 공공교통망이 정비된 도시와는 달리 지방에서는 병원에 가거나 쇼핑을 하기 위해 자동차를 이용하지 않을 수 없다는 고령자도 적지 않다. 이와 같은 사정 때문에 경찰도 고령자를 대상으로 한 운전강습 실시나 75세 이상에게는 기억력 · 판단력 저하를 확인하는 인지기능검사를 의무화했으나, 이제부터는 보다 적극적인 제도를 만들어 고령자가 운전을 하지 않더라도 쾌적한 생활을 할 수 있는 도시개발을 지향해야 할 것이다.

52　본문에서, 증가하고 있는 고령자의 사고로 여겨지는 사례는 무엇인가?

　　1　액셀과 브레이크를 잘못 밟아서 건물에 충돌했다.

　　2　자동차를 주차한 후 열쇠를 잠그지 않아 도난을 당했다.

　　3　횡단보도를 건널 때 보행자용 신호를 잘못 보았다.

　　4　연료보급을 하지 않았기 때문에 고속도로에서 차가 멈춰 섰다.　　　　정답:1

53　<u>그렇게 쉽지 않다</u>고 했는데, 그 이유로서 적합한 것은 무엇인가?

　　1　고령자의 운전을 제한하는 것은 정치인 본인도 운전 제한을 받게 되기 때문에

　　2　유권자인 고령자가 면허 소지 문제를 정치인에게 맡기고 싶어하지 않기 때문에

　　3　정치인이 고령자의 운전을 금하는 법안을 제출하면 재선이 위태로워지기 때문에

　　4　행정적인 문제를 정치인에게 맡기는 것은 문제해결로 이어지지 않기 때문에　　정답:3

54　고령자에 의한 사고를 막는 방법으로서 필자는 어떻게 말하고 있는가?

　　1　고령자에 대한 건강진단을 철저하게 하여 사고를 미연에 막을 필요가 있다.

　　2　운전경력증명서를 발행하여 특전을 마련함으로써 충분히 사고를 줄일 수 있다.

　　3　고령자에게는 운전할 수 있는 연령을 마련한 법률개정을 서둘러야 한다.

　　4　고령자가 운전하지 않아도 안심하고 생활할 수 있는 환경조성이 필요하다.　　정답:4

어휘　引き起こす 일으키다, 야기하다　　挙げる 열거하다　　達する 달하다　　少なからず 적지 않게　　抵抗がある 거부감이 있다
取り組み 대처　　立ち往生 오도가도 못함　　環境づくり 환경조성

(3)

　인사과에 근무하면서 몇 년이나 지원자의 전형을 해왔는데, 매년 몇 명은 항상 이런 인물이 있다. 우리 회사에서는 지원자에게 과제를 제시하고 원서와 함께 제출하도록 하고 있는데 그 과제문 첫 구절에서 "이 문제에 대해서는 자세히 모르겠습니다만"이라고 한다. 그와 같은 글은 대체적으로 "왜 나한테 이런 것을 쓰게 하는 것인가?", "대졸신입사원이 이런 것을 알 리가 있나?", "대학에서는 이런 걸 배운 적이 없다"고 말하고 싶어하는 듯하다.

　그러나 출제자 입장에서 본다면 이쪽도 그 정도는 충분히 알고 있다. 아무리 대학에서 경제나 상학을 전공했다고 해도 그것은 어디까지나 이론에 머무는 것이며, 그와 같은 이론은 새로운 것이라 하더라도 10년 이상 지난 것뿐이다. 대학에서 배운 것이 전혀 도움이 안 된다고 까지는 하지 않겠으나 빠르게 변화하는 현실사회 속에서 그 지식을 어떻게 살려야 하는지 생각하는 준비를 해달라고 하는 것이다. 미시도 거시도 좋다. 그러나 그 학문이 단순한 암기 정도의 지식이라면 학점은 딸 수 있을지 모르겠으나, 기업이 필요로 하고 있는 능력과는 거리가 있다고 할 수 있을 것이다. 사회에서 필요한 것은 논문을 쓰는 힘이 아니라 실전 상황에서 결과를 낼 수 있는 것이다. 이를 위해서는 학교와는 다른 새로운 지식을 배우고 경험을 쌓아 가야만 하겠지만, 그 준비가 갖추어져 있는지 또는 갖출 의욕

이 있는지를 보여달라고 하는 것이다.

55 지원자가 회사에 대해서 불만을 가지고 있다고 여겨지는 것은 무엇인가?
    1 지금까지 배운 지식과는 거리가 먼 내용에 대해 묻는 것
    2 과거의 이론이나 논문작성능력과는 다른 최신이론에 대해 쓰게 하는 것
    3 학교 성적 외에 과제문에 의한 평가도 전형 기준으로 하고 있는 것
    4 대학에서 익힌 힘을 실전 상황에서 살릴 수 있는 의욕을 묻는 것   정답:1

56 대학에서 배우는 지식에 관한 필자의 생각으로서 가장 적합한 것은 무엇인가?
    1 학교에서 배우는 지식과 이론은 무의미하지 않고 충분히 활용할 수 있는 것이다.
    2 학문으로서 기초는 다질 수 있으나 실제 사회에서 도움이 되는 것은 적다.
    3 대학은 기업이 필요로 하고 있는 이론이나 지식에 관한 교육을 강화해야 한다.
    4 과거의 이론이나 지식을 활용하는 능력은 기업이 필요로 하지 않는 것뿐이다.   정답:2

57 필자가 지원자에게 과제문을 요구하는 가장 큰 이유는 무엇인가?
    1 기업측이 요구하는 과제에 대해 지원자가 어떤 불만을 가지고 있는지를 알아보기 위해
    2 전공과목에 관한 이론이나 논문작성능력이 충분히 갖추어져 있는지를 평가하기 위해
    3 대학에서 배운 지식을 실전 상황에서 어떻게 활용할 것인지를 알아보기 위해   정답:4
    4 사회활동을 함에 있어서 의욕이 있는지를 확인하기 위해

어휘 めまぐるしい 변화가 빠르다   遂げる 이루다, 성취하다   生かす 살리다   ミクロ経済学 미시경제학
マクロ経済学 거시경제학   単位を取る 학점을 취득하다   スキル 스킬, 훈련에서 터득한 기술   整う 정비되다, 갖춰지다
もしくは 또는   かけ離れる 동떨어지다   養う 기르다, 양육하다   意気込み 기세, 패기

문제10

　'헬로 키티'라고 하면 일본을 대표하는 캐릭터 중 하나이다. 멍한 표정을 한 고양이는 일본뿐만이 아니라 세계에서 사랑을 받고 있다. 어떤 전문가의 말에 의하면 이 캐릭터의 인기의 비밀은 '입이 없다'는 점에 있다고 한다. 얼굴 표정을 좌우하는 핵심이라고 할 수 있는 '입'을 굳이 그리지 않음으로써, 슬플 때 보면 키티도 어딘지 모르게 슬퍼 보이고, 기쁠 때에는 키티도 함께 기뻐하는 것처럼 느껴져서 즉 같은 표정이라 하더라도 '입'이 없으므로 인하여 보는 사람의 마음에 따라 변화한다는 것이다.

　'헬로 키티'를 만들어낸 주식회사 산리오의 영국지사에서 이색적인 합작 이야기가 나왔다. 그것은 키티와 영국 하드락 밴드 'KISS'를 합작해 보자는 것이다. 상당히 참신한 시도이긴 하나 여기에는 하나 넘어야 할 산이 있었다. 'KISS'의 리더인 진 시몬즈가 그의 트레이드 마크인 '혀'를 그리지 않으면 안 하겠다고 말한 것이다. '헬로 키티'에 있어서 '입이 없다'는 것은 최대의 특징이지만, '혀'를 그려 넣는다는 것은 '입'을 단다는 것이 된다. 이는 자칫하면 '키티'의 정체성 그 자체를 허물 수도 있는 중대사이다. 제일 고민한 사람은 영국지사에 근무하는 디자이너라고 한다. 그녀의 말에 의하면 이 제안을 듣고 <u>일주일은 잠을 못 잤다고 한다</u>. 무엇보다 '키티'의 얼굴, 그것도 입에 손을 댄다는 것은 그때까지 금기시되어왔기 때문이다. 마침내 그녀는 퇴사를 각오하고 디자인 된 혀를 그려 넣은 다음 최종 결정을 받기 위해 일러스트를 일본으로 보냈다.

　그러나 의외로 본사로부터 'OK'사인이 나온 것이다. '헬로 키티' 디자인에 있어서 전권을 갖는 산리오의 야마구치 요코 캐릭터제작부장은 그 도안을 승낙한 이유에 대해 "이것은 키티의 입이 아니라 '변장'한 모습이라고 하면 문제는 없다"고 말했다. 즉, 변장했다고 함으로써 입이 없다고 하는 키티가 갖는 본연의 이미지를 지킬 수 있다고 판단한 것이다. 이 '키티'와 하드락 밴드 'KISS'가 합작된 일러스트나 캐릭터 상품은 전세계에서 선풍을 불러일으키며 많은 젊은이들에게 받아들여지고 있다.

　우리에게도 지키고 싶은 것, 바꾸고 싶은 것이 있다. 그것은 자신의 습관이거나 개성이거나 또는 문화나 전통 같은 것일지도 모른다. 그와 같은 것들은 중요하다. 나는 여기서 그것 모두를 바꾸어야 한다고 말하고자 하는 것이 아니다. 변화를 받아들이는 것과 그렇지 않은 것을 재검토하고, 유연한 자세를 취함으로써 가장 중요한 것은 무엇인지가 보이게 될 지도 모른다는 것이다.

[58] 본문에 의하면 키티가 인기를 얻고 있는 이유는 무엇인가?

1 키티의 표정은 보기에 따라서 보는 사람의 기분을 알아주는 것처럼 보였기 때문에

2 키티는 표정이 풍부해서, 보는 사람이 어떤 기분이라도 이해해주는 것 같은 느낌이 들기 때문에

3 키티의 표정은 입이 안 그려져 있으므로 보는 사람이 어떤 감정일 때도 평상심을 유지하도록 해 주기 때문에

4 키티의 입은 얼굴 표정을 좌우하므로, 여러 합작품의 도입에 의해 다채로운 캐릭터 제작이 가능하기 때문에   정답:1

[59] 일주일은 잠을 못 잤다고 한다고 했는데, 왜인가?

1 락밴드와의 합작용 디자인에서는 자신의 정체성을 충분히 발휘할 수 없다고 생각했기 때문에

2 자신의 의도에 반해 키티와 락밴드와의 합작이라는 방향으로 이야기가 진행됐기 때문에

3 계약 상대방으로부터 요구된 디자인은 기존 것과 차이가 없고 변화가 부족하다고 생각했기 때문에

4 새롭게 하여야 할 디자인이 키티의 근간에 관한 변경이라고 생각했기 때문에   정답:4

[60] 키티의 새로운 시도가 일본 본사로부터 허가가 난 이유는 무엇인가?

1 새롭게 디자인 된 키티는 그 본질을 바꾼 것이 아니라고 이해했기 때문에

2 기존 디자인에 혀 그림을 더함으로써 판매촉진으로 이어진다고 예상했기 때문에

3 합작 계약에 따라 디자인 된 키티는 젊은이들에게 받아들여질 것으로 생각했기 때문에

4 본사 디자인 책임자에 의해 새로운 키티의 디자인으로서 새롭게 그림을 더하는 것이 인정되었기 때문에   정답:1

[61] 필자는 본문을 통해서 어떤 자세를 가져야 한다고 말하고 있는가?

1 소중한 것을 지키는 방법은 변화를 주저하는 것만이 아니라, 변화를 받아들임으로써 보이게 된다.

2 지켜야 하는 것을 의식하면서 모든 면에 있어서 변화시킬 수도 있다는 유연성이 필요하다.

3 소중한 것중에서 바꾸어야 하는 것과 그렇지 않은 것을 분간하는 힘을 가져야 한다.

4 과거에 결정된 것에 대한 변화는 자칫 계승해야 하는 것을 놓치게 될 수도 있다.   정답:3

어휘 あえて 굳이 物悲しい 애잔하다 コラボレーション 컬래버레이션, 공동제작 試み 시도 ハードル 장애
アイデンティティー 정체성 一大事 중대사 仰ぐ 청하다 了承 승낙 習わし 풍습, 관례 見方 시각 保つ 유지하다
多彩だ 다채롭다 即す 입각하다 拒む 거부하다, 응하지 않다 見分ける 분간하다 受け継ぐ 계승하다 見逃す 놓치다

문제**11**

A

얼마 전 서점에서 우연히 '그림을 올바르게 즐기는 법'이라는 제목이 눈에 들어왔다. 내용은 페이지를 넘기지 않더라도 대충 짐작은 간다. 예술을 즐기는데 어떤 방법이라도 있다는 것인가. 모든 전문적 지식이 필요하지 않으면 이해할 수 없는 예술 같은 것은 그 시점에서 그것은 이미 예술이 아니라고 나는 단언한다. 감상 대상이 미술이라면 두 눈을 뜨고 제대로 보고, 음악이라면 두 귀를 기울여서 듣고 그것이 감상의 출발점이자 원점인 것이다. 그것을 무슨 교수다 전문가다 평론가다 하는 직함을 가진 지체 높으신 분들이 가타카나가 섞인 난해한 단어들을 나열하고는 예술을 사람들로부터 멀리하게 만들고 결국 자신들이 독점하고 있는 것이 아닌가. 물론 어느 정도 지식이 있어서 나쁠 것은 없다. 작품이 완성된 시대나 작가의 창작의도 등을 알고 있다면 즐거움은 늘어날 것이다. 하지만 그와 같은 것들은 작품 자체를 즐기고 난 다음이라 해도 늦지는 않다. 즐거움을 뒷전으로 하고 이론이나 역사에 사로잡힌다면 작품에서부터 전해오는 직접적인 감동을 받아 안기 힘들어질 우려가 있는 것이다. 그림이라면 미묘한 색채나 붓 하나하나의 흐름, 음악이라면 고음과 저음의 균형이나 선율의 아름다움을 즐김으로써 비로소 예술과 마주할 수 있는 것이다.

B

유럽의 그림은 기호나 상징의 보물창고입니다. 그려진 인물의 아무렇지도 않은 자세나 물건들 하나를 보아도 거기에 담긴 의미가 있어서 작가가 하고자 하는 말을 읽어낼 수 있는 것입니다. 예를 들어서 얀 반 에이크의 '아르놀피니 부부의 초상'을 보면 거기에 등장하는 양초가 하나만 켜진 샹들리에는 결혼을 상징하고 있습니다. 발 밑에 있는 강아지는 충절을, 창가에 있는 사과는 원죄를 나타내고, 그 사과와 한 쌍을 이루고 있는 것이 벽에 걸린 거울 주변에 조각된 그리스도의 수난 장면입니다. 그러나 같은 물건이 항상 같은 뜻을 나타내는 것은 아닙니다. 거울 하나를 보더라도 뱀과 함께 그려져서 '현명함'을, 거짓을 하지 않는다는 의미의 '진실'을, 그리고 거울은 사탄을 비추는 전설에서 '오만함'이나 '허영' 같은 것을 상징하기도 합니다. 특히 종교화에 등장하는 물건 등은 '어트리뷰트'라고도 불립니다. 물론 그림은 눈으로 보고 느끼는 것입니다. 아무리 작품에 대해서 적힌 설명을 읽고, 머리로 이해했을지라도 눈으로부터의 감동은 없을 것입니다. 그러나 이와 같은 것을 사전에 알아두면 실제로 작품을 마주 대했을 때, 분명 보다 많은 것이 보이게 될 것입니다.

62 A와 B는 그림의 감상에 대하여 어떤 생각을 갖고 있는가?

1 A는 학문적 지식이 예술감상의 방해가 된다고 생각하고, B는 작품의 세부사항에 있어서의 분석이 이해를 깊게 만든다고 생각한다.

2 A는 무엇보다 작품을 보는 것이 중요하다고 생각하고, B는 이해하기 위해서는 그 작품에 관한 지식을 배워야 한다고 생각한다.

3 A는 작가가 작품을 완성한 이유를 아는 것이 중요하다고 생각하고, B는 작품을 직접 눈으로 보고 느끼는 것이 중요하다고 생각한다.

4 A는 전문가가 분석한 내용을 참고하는 것이 좋다고 생각하고, B는 작품이 완성한 역사적 배경을 고려하는 것이 중요하다고 생각한다.

정답:2

63 A와 B의 생각에서 공통된 것은 무엇인가?

1 그림을 맛보기 위해서는 우선 눈으로 보는 것부터 시작해야 한다.

2 그림을 감상할 때에는 작품에 관한 지식이 있는 편이 좋다.

3 그림을 이해하기 위해서는 역사적 배경을 충분히 이해할 필요가 있다.

4 그림 속에 등장하는 모든 것에는 깊은 의미가 있다.

정답:2

어휘　捲る (책장을) 넘기다　肩書き 직함　並べ立てる 늘어놓다, 열거하다　遠ざける 멀리하다, 멀리 떼어놓다　独り占め 독점
味わう 맛보다　恐れ 우려　色使い 배색　堪能する 마음껏 즐기다　向き合う 마주대하다　仕草 몸짓　置物 장식물
夫妻 부부, 내외　足元 발 밑　窓際 창가　一対 한 쌍　彫る 조각하다　偽る 거짓말하다, 속이다　映す 비추다
言い伝え 전설, 구전

문제12

이른바 머리가 좋다고 하면 지능지수가 높은 사람을 가리킨다고 생각하기 쉽다. 학교나 지역에 따라서는 정기적으로 검사를 하고, 학생을 이 지능지수로 관리하는 곳도 있으며, 실제로 사립 초등학교나 법과대학원 입시, 공무원 시험에 이르기까지 지능검사의 요소가 강한 문제도 출제되고 있다.

나 같은 평범한 사람이 보기에 이 지능지수가 높은 사람은 어떤 인생을 보내고 있는지 호기심이 생긴다. 현재 세계 제일의 지능지수를 자랑하는 테렌스 타오 씨는 9세에 대학에 입학, 20세 때 프린스턴 대학 박사학위, 25세에 UCLA 수학과 정교수. 여기까지 오면 '노력하면 따라잡을 수 있다'는 범위를 벗어나 있다. 전세계의 지능지수 평균치는 세 자리에 못 미친다고 하지만, 그의 경우는 놀랍게도 230. 도저히 평범한 사람이 넘볼 수 없다. 이 지능지수라는 것은 유전에도 관계가 있다고 한다. 테렌스 타오 씨의 부모님은 의사와 수학선생님이라고 한다. 그 아들이 수학적 재능이 있다는 것도 납득이 간다.

과거 후쿠자와 유키지는 '학문의 권유'에서 '하늘은 사람 위에 사람을 만들지 않고 사람 아래 사람을 만들지 않았다'고 하여, 인간은

태어나기 전부터 사람 위에 설 사람이나 사람 밑에 설 사람이 정해진 것이 아니라고 설파했다. 그러면 지능지수의 차이는 인생의 질과 상관관계가 있는 것일까? 만약 그렇다면 후쿠자와 선생의 주장은 의심스러워진다.

듣기로는 지능지수가 높은 사람들의 모임인 멘사 회원 중에는 사회생활에 제대로 적응하지 못하는 사람도 적지 않다고 한다. 지능 지수를 측정하는 지능검사 문제를 보면 추리력과 지각통합, 처리속도 등에 관한 문제가 많이 출제된다. 이러한 문제를 남들보다 빨리 풀 수 있는 재능은 새로운 것을 발견할 수 있는 창조적인 분야에 적합하다고 한다. 그러나 지능지수가 높은 사람이 잘 못하는 것은 '단 순한 반복작업'이라고 한다. 즉, 새로운 일에 대한 도전은 잘 하지만, 같은 일의 반복작업은 싫증 내기 쉽다는 것이다. 이를 바꾸어 말 하자면 '획기적'에는 소질이 있지만, '꾸준히'에는 소질이 없다는 말이 된다.

생각해 보면 인간이 살아가는 데 중요한 요소는 '획기적' 보다도 오히려 '꾸준히'가 아닐까? 국어나 영어 · 사회나 역사 공부 등은 '새로운 발견' 보다도 '거듭되는 노력'에 의해 익혀지는 것이다. 이는 공부에 국한된 것이 아니다. 회사에서의 일 하나를 보더라도 전자 보다 후자 쪽이 보다 중요하다는 것을 알 수 있다. 서양의 격언 중에 '천재는 1퍼센트의 영감과 99퍼센트의 땀이다'라는 말이 있다. 아 무리 1퍼센트의 영감이 있어도 99퍼센트의 노력 없이는 이루어지지 못한다는 뜻이지만, 나는 굳이 '천재'를 '성공'으로 바꾸어 놓고 싶 다. 천재란 극히 일부의 사람에 국한되어 있지만, 성공이란 지능지수의 높고 낮음을 불문하고 모든 사람한테 적용되기 때문이다. 선천 적인 재능도 좋지만, 자신의 노력 여하에 따라서 손에 넣을 수 있는 성공이야말로 무엇과도 바꿀 수 없는 것이라고 믿고 싶다.

64 만약 그렇다면이란 무슨 의미인가?

1 부모로부터 유전에 의해 수학성적이 좋고, 다른 사람보다 일찍 유명대학 교수가 되는 경우가 많다면

2 태어나기 전부터 공평하고, 지능지수 여하를 불문하고 성공할 가능성이 바뀌지 않는다고 한다면

3 노력에 의해 지능지수를 높일 수 있고, 이로 인해 사람 위에 설 수 있다면

4 지능지수가 높은 사람이 그렇지 않은 사람에 비해, 보다 좋은 인생을 보내는 경우가 많다면   정답:4

65 필자에 의하면 일반적으로 지능지수가 높은 사람의 특징은 어떤 것인가?

1 수학적 계산능력이 뛰어나고 어렸을 때부터 학교 성적이 우수하다.

2 경험한 적이 없는 분야에 있어서의 연구에 흥미를 갖고 호기심이 왕성하다.

3 국어나 영어 등과 같이 암기력을 필요로 하고, 반복하는 작업을 잘한다.

4 추리력이나 지각능력이 높고, 노력 없이 성공하는 경우가 많다.   정답:2

66 필자에 의하면 일반적으로 지능지수가 높은 사람이 잘 못하는 일의 사례로서 적합한 것은 무엇인가?

1 각 지사로부터 매일 보내오는 영업실적을 데이터베이스 시스템에 입력한다.

2 판매촉진을 위한 이벤트를 생각해 내고, 다른 회사와의 차별화를 도모한 행사를 기획한다.

3 다른 회사에서 판매된 제품의 장점과 단점을 분석하여 자기 회사의 제품개발에 활용한다.

4 회사에서의 의사결정 시스템의 문제점을 지적하고 개선책을 짠다.   정답:1

67 이 글에서 필자가 가장 말하고 싶은 것은 무엇인가?

1 지능지수란 과대평가되고 있는 경향이 있어, 평가기준으로서는 재검토할 필요가 있다.

2 인생의 질은 지능지수와 관련이 있는 경우도 있으며, 노력에 의해 극복하는 방법을 발견해야 한다.

3 지능지수가 높은 경우는 노력을 거듭하는 것을 게을리하게 되어, 노력하는 사람보다 인생의 질이 자칫 낮아질 수 있다.

4 지능지수가 인간의 능력에 영향을 주는 것은 사실이지만, 인생에 있어서는 노력이야말로 소중하다.   정답:4

어휘 沸く 끓다 誇る 자랑하다 逸する 벗어나다 説く 말하다, 설명하다 疑わしい 의심스럽다 馴染む 적응하다, 친숙해지다
飽きる 싫증나다, 질리다 置き換える 옮겨놓다, 바꾸어놓다 いかんによって 여하에 따라서
掛け替えのないもの 둘도 없는, 매우 소중한 催し物 행사 積み重ねる 거듭하다

공익재단법인 와카마쓰 국제장학재단

2014년도 아시아 외국인 유학생 장학생 모집요강

1. 모집인원 : 10명
2. 응모자격 : 이하 조건을 모두 충족하는 자
   ① 2014년 4월1일 현재 일본 국내의 대학원 석사과정에 재학 또는 입학예정으로 인문과학 · 사회과학분야의 연구를 목적으로 하는 아시아 외국인 유학생일 것
   ② 일본에서 생활하는 데에 경제적 원조 필요가 인정될 것
   ③ 학업성적이 우수할 것
   ④ 국비유학생 및 다른 기관 · 단체 등에서 월액 3만엔 이상의 지원을 받고 있지 않을 것
   ⑤ 2014년 4월 1일 현재 35세 이하일 것
   ※ 합격여부 대기상태인 경우는 결과 발표일을 기입할 것(불합격자의 경우 응모자격 없음)
3. 장학금 지급기간 : 원칙으로 2년간
4. 장학금 지금액 : 월액 5만엔
5. 지불방법 : 본인명의의 은행구좌에 입금
6. 모집일정
   응모접수 개시일 : 2013년 11월 1일 (금)
   응모마감일 : 2014년 1월 24일 (금)18 00까지 도착
   결과발표일 : 2014년 2월 21일에 우편으로 발송 시작
7. 응모절차 : 다음 서류를 제출할 것
   (1) 본 재단 소정 신청서
       입수방법은 홈페이지에서 다운로드 또는 본 재단 담당부로 청구
   (2) 성적증명서
       최종성적증명서. 단, 재학중인 경우는 최근 작성된 증명서
   (3) 현재 지도교수의 서명 및 날인이 있는 추천서 (개봉무효)
   (4) 대학원 합격통지서 사본 또는 재적증명서
   (5) 반송처가 기입된 반송용 봉투

※ 신청은 우편으로만 받습니다.

※ 신청서 및 필요서류에 부족한 기입이 있는 경우에는 심사 대상이 안 될 경우가 있습니다.

※ 응모서류는 반납하지 않습니다.

68 일본의 대학 · 대학원에 재학하고 있는 다음 학생 중 이 장학금에 응모할 수 있는 것은 누구인가?

이름	국적	2013년 9月시점의 재적연차	전공	2013년도 다른 장학금의 수급 유무	대학원 재적상황
제니	필리핀	학부 4학년	이론물리	없음	2014년도 입학예정
샤가이	몽골	학부 4학년	사회보장법	있음(월 5만엔)	2014년도 입학예정
카우프만	독일	석사 1학년	국제관계	없음	2015년도 졸업예정
류	대만	석사 1학년	일본문학	있음(월 2만엔)	2015년도 졸업예정

1 제니

2 샤가이

3 카우푸만

4 류   정답:4

69 심리학과 4학년으로 한국에서 온 유학생인 박 씨는 2013년 9월에 일본 대학원 석사과정에 합격하여 다음해 4월에 입학 예정이다. 박 씨가 이 장학금에 응모하는 경우, 반드시 해야만 하는 것은 다음 중 무엇인가?

1 응모 마감일까지 신청서와 필요서류를 우체통에 넣는다.

2 대학원에서 희망하는 지도교수의 서명과 날인이 있는 추천장을 받는다.

3 신청서를 보낼 때 자신의 주소와 이름이 적힌 봉투를 동봉한다.

4 출신고등학교에서 최종성적증명서를 받아온다.   정답:3

어휘 封筒 봉투   取り寄せる 주문하다, 가져오게 하다   振り込む 납입하다   必着 반드시 도착해야 함   但し 단   コピー 사본
返却 반환, 되돌려 줌

Ⅰ 다음 글의 (A) 안에 들어가는 것으로 가장 적합한 것은 무엇입니까? ☐1

이유는 여러 가지겠지만, 누구나 한 번은 과거로 가 보고 싶다는 생각을 한 적은 있을 것이다. 타임머신을 타고 과거나 미래를 자유롭게 왕래할 수 있는 것을 꿈꾼 사람은 많지 않았을까 한다. 물리학자 아인슈타인의 학설에 의하면 이것은 이론적으로는 어느 정도 가능한 것 같다. 1905년에 발표된 특수상대성이론에 의하면 정지하고 있는 물체와 움직이고 있는 물체는 각각 시간의 흐름에 있어서 같지 않다고 한다. 즉, 정지하고 있는 물체에 비해 움직이고 있는 쪽이 시간이 천천히 가고, 움직이는 속도가 빠르면 빠를수록 그 차이는 커진다고 하는 것이다.

이것이 사실이라면, 광속에 가까운 속도로 움직일 수 있다면 정지하고 있는 물체에 비해 미래에 간다는 것도 가능하게 된다.

그러나 과거는 어려운 것 같다. 이 세상에 존재하는 속도를 플러스 속도라고 한다면, 과거로 가기 위해서는 마이너스, 바꾸어 말하자면 (A)가 필요한 것이다.

    1 플러스 속도
    2 광속으로 움직일 것
    3 마이너스 속도
    4 정지   정답:3

어휘 タイムマシーン 타임머신   行き来 왕래   言い換えれば 바꾸어 말하면   負 마이너스, 빚

Ⅱ 다음 글에서 필자가 가장 말하고 싶은 것은 무엇입니까? ☐2

'통근 혼잡'이라고 하면 나도 모르게 전철이나 지하철을 떠올리고 만다. 역이나 승강장에는 넘치는 인파로 전철이 오자마자 콩나물시루같은 모습은 도시의 전형적인 모습이기도 하다.

도쿄의 만원전철을 타는 관광코스도 있다는 뉴스를 들었을 때에는 솔직히 놀랐으나, 조금 생각해보면 납득이 되고 말았다. 외국의 한가한 생활로는 도저히 체험할 수 없을 것이다.

그러나 도로를 본다면 이것도 편하지는 않다. 도로사정은 해마다 어려워지고 있다. 물론 자가용을 갖고 있으면 앉아서 간다는 점에서 편할지도 모르겠지만, 언제 목적지에 도달할 수 있을지는 알 수가 없다. 그 점에서 전철의 경우, 다소 불편하더라도 예정 시간에 도착할 가능성은 자동차보다도 압도적으로 높다. 도시에는 도시의 규칙 같은 것이 있지 않을까 한다. 편리함을 추구하는 것도 좋지만 더욱 중요한 것은 시간을 지킨다는 점이 아닐까?

    1 도시에서의 생활은 스트레스를 해소할 방법을 찾아야 한다.
    2 도시에서는 편리함보다도 시간을 엄수하는 것이 중요하다.
    3 통근혼잡은 도시 특유의 매력이다.
    4 도시에서의 생활보다 시골 생활이 편리하다.   정답:2

어휘 溢れる 넘치다   のどかな 한가로운   知る由もない 알 길이 없다   ルール 규칙

Ⅲ 다음 글은 오리너구리에 대해서 설명하고 있습니다. 오리너구리의 특징은 무엇입니까? ☐3

일반적으로 동물은 외견상으로 포유류인지 조류인지, 또는 파충류인지 구별할 수 있다. 주지하는 바와 같이 조류에는 부리가 있다. 파충류는 딱딱한 알을 낳는 것이 일반적이며, 포유류는 어미 젖을 빤다고 알려져 있다. 그러나 이 점에 있어서 매우 신기한 동물이다. 몸 길이 약 30~60cm로 마치 오리 같은 부리를 가진 이 동물은 얼굴모양새를 보면 조류처럼 보이지만, 주된 서식지는 하천이나 늪이다. 그리고 딱딱한 껍질의 알을 낳기 때문에 파충류로 여겨졌으나, 알에서 태어난 아이가 놀랍게도 어미 젖을 빨기 시작한 것이다. 분류상으로는 어미젖을 빨기에 포유류로 되어있긴 하나, 이와 같은 동물을 보면 자연의 깊이를 느끼고 만다.

    1 포유류이긴 하나 예외적인 부분이 많다.
    2 파충류임에도 불구하고 어미 젖을 빤다.
    3 포유류임과 동시에 파충류이기도 하다.
    4 포유류이긴 하나 어미 젖을 빨지 않는다.   정답:1

Ⅳ 다음 표는 장학금에 대한 일람표입니다. 신청할 수 있는 학생은 누구입니까? 4

2013년도 장학금 일람			
명칭	금액	기간	대상
응급지원 급부장학금	수업료 40%상당액	1년간 (재출원 가능)	가계 급변 사유에 의해 수학이 지극히 어려운 자로 학력·인물이 우수한 학부생
문화활동 등 장려 장학금	수업료 30%상당액	1년간 (재출원 가능)	학내·외에 있어서의 과외활동에 있어서 우수한 성적을 남긴 유학생
대여 장학금	(월액)5만엔	1년간 (재출원 가능)	성적이 우수함에도 불구하고 경제적 이유로 수학이 어려운 학부생
유학생 장학금	(년간)20만엔 한도	1년간	인정유학생 중 특히 학력이 우수한 유학생
학부 장학금	수업료 40%상당액	1년간	특히 학력이 우수한 학부생
유학생 석사 장학금	수업료 50%상당액	1년간 (재출원 가능)	특히 학력이 우수한 석사과정 유학생

1 유학생(학부)으로 수업료 반액을 받을 수 있는 장학금을 찾고 있다.
2 석사과정 학생으로 경제적 사유에 의해 생활비를 받지 못했다.
3 국내학생으로 도쿄 6대학 야구의 추계리그전에서 최우수선수로 선정되었다.
4 유학생으로 전국 마라톤대회에서 3위로 입상했다.   정답:4

Ⅴ 선생님의 설명에 의하면 어떤 수사가 중요하다고 생각됩니까? 5

  범죄가 일어났을 때, 우선 어떤 식으로 수사를 할 것인가 계획을 세우는 것이 문제가 됩니다. 피해를 입은 장소가 피해자의 집인 경우, 집안의 여러 곳이 엉망인 상태이고 금품이나 통장 같은 것이 보이지 않는다면 강도에 의한 범죄일 가능성이 높아집니다. 하지만 그와 같은 것들 모두가 그대로이고, 피해자에게 필요 이상의 폭행이나 위해가 가해졌다면, 그것은 원한에 의한 범행을 의심해 볼 수도 있을 것입니다.

  그러나 여기서 잊어서는 안 되는 것이 있습니다. 범죄수사에 있어서 로카르의 교환원리라는 것이 있습니다. 인간이 어떤 장소나 물건에 닿았을 때에는 반드시 상호간에 어떤 '흔적'을 남긴다는 것입니다. 우리가 맨손으로 어떤 것을 만진다면 대개 지문이라는 흔적이 남으며, 일정한 조건을 충족하는 장소에 발을 디디면 발자국이라는 흔적을 남기게 됩니다. 그뿐만이 아닙니다. 만약 땀을 흘리거나 감기라도 걸려서 기침이나 재채기를 했다면 역시 거기에 흔적이 남아있을 가능성은 농후해집니다.

  즉, 이 원리가 말하려 하는 것은 범죄수사에 있어서 현장조사의 중요성을 강조하고 있는 것입니다.

1 피해자의 가계조사
2 용의자의 원한관계
3 범행현장의 철저한 조사
4 사건 관계자의 인간관계   정답:3

Ⅵ 다음 글에서 필자가 가장 말하고 싶은 것은 무엇입니까? 6

"당신은 무엇에 대해서 불안을 갖고 있습니까?"

만약 누군가가 이와 같은 질문을 했다면, 어떻게 대답할 것인가? 아마도 대부분의 사람이 미래나 장래에 대한 불안을 갖고 있다고 말할 것이다. 장래에 대한 불안은 크게 두 가지 들 수 있을지도 모른다. 하나는 구체적인 근거가 있는 경우이며, 또 하나는 그저 막연한 불안, 즉 자신이 알 수 없다는 것만으로 느끼는 불안이다. 조사에 의하면 사람들이 느끼는 불안은 후자 쪽이 압도적으로 많다고 한다. 이것은 지금도 타로나 트럼프 점이 널리 행해지고 있는 이유일 것이다.

장래에 대한 불안은 '모른다'에서 오는 일종의 스트레스라고 할 수 있다. 점에 의존한다는 것은 '안다'라기 보다는 '안 것 같은 기분이 든다'는 것으로 이 스트레스를 경감시켜주고 있는 것에 지나지 않는다. 그러나 이 스트레스가 '장래에 잘 안 될지도 모른다'는 생각에 기인하고 있다면, 이 생각을 긍정적으로 바꿈으로써, 같은 '모른다고 하는 불안'에서 발생하는 스트레스를 '모른다고 하는 기대'로 바꿀 수 있다고 생각하는 것이다.

　　1 '모른다'를 '안다'로 바꿈으로써 스트레스에서 빠져나올 수 있다.
　　2 '모른다'에서 발생하는 불안은, '안다'라는 것으로 치유할 수 있다.
　　3 '모른다'라는 생각은 점 등의 방법으로 경감할 수 있다.
　　4 '모른다'에서 오는 스트레스는 생각하기에 따라서 해소할 수 있다.　　　정답:4

어휘　投げかける 내던지다　おそらく 아마도　漠然とした 막연한　占い 점　盛んだ 한창이다　所以 까닭
前向きだ 긍정적이다로　生じる 발생하다　抜け出す 빠져 나오다　〜次第で ~에 따라서

Ⅶ 다음 글에서 필자가 가장 말하고 싶은 것은 무엇입니까? 7

우리는 학교에서 프랑스 혁명을 배우고 신대륙발견을 공부한다. 교과서는 마치 스스로의 눈으로 보고 온 것처럼 태고에서 현대까지 모든 사안을 확신에 찬 논조로 말하고 있다. 그 모두를 사실로서 말이다.

그러나 만약 내일이라도 외국의 어떤 권위 있는 그럴 듯한 기관에서, 예를 들어서 새롭게 발견된 자료에 의하면 루이 왕조는 15세까지이며, 16세나 마리 앙투와네트는 가공의 존재였다거나, 클레오파트라의 애인은 카이사르가 아니라 브루투스였다거나 하는 것이 발표되었다면 어떻게 될까? 정확하게는 알 수 없으나, 이것만으로도 많은 서적을 다시 써야 할 것이다.

이렇게 보면 우리가 그럴듯하게 배워 온 것이 사실은 상당히 엉성한 추정으로 쌓여진 것 위에 이루어지고 있다는 것을 알 수 있는 것이다.

　　1 학교에서 배운 역사적 사실은 절대적이라 할 수 없다.
　　2 프랑스사의 기록에는 정확성이 부족한 자료가 적지 않다.
　　3 역사가 사실과 일치하는 것이야말로 가치가 있는 것이다.
　　4 역사에는 가공의 일도 적지 않게 혼재되어 있다.　　　정답:4

어휘　自ら 스스로　あらゆる 모든, 온갖　確信に満ちる 확신에 차다　もろい 깨지기 쉽다, 저항력이 약하다　欠ける 결여되다

Ⅷ 다음 글에서 필자가 가장 말하고 싶은 것은 무엇입니까? 8

희로애락이란 인간의 대표적 감정이라 할 수 있다. 사람은 누구나 '기쁨'을 바라며 '즐거움'을 소망하지만, 이것은 좀처럼 쉽게 되지 않는다. 사람에 따라 차이는 있겠지만 '기쁨'이나 '즐거움'을 그리 쉽게 얻을 수 있다고 생각하는 사람은 많지 않은 게 아닐까?

그러나 인간의 감정은 뇌신경의 지극히 작은 자극으로도 좌우된다고 한다. 평소 커피를 매우 좋아했던 내 친구는 뜻하지 않은 사고로 2개월 동안 의사로부터 커피를 금지 당했었다고 한다. 간신히 퇴원하고 곧바로 커피를 마셨더니, 그 때까지 가라앉았던 기분이 갑자기 밝아졌다고 한다. 매우 적은 카페인의 위력에 놀라면서도, 인간의 감정이란 이토록 단순한가 하는 것을 절실하게 느꼈다고 한다.

　　1 인간의 감정은 매우 복잡하다.
　　2 카페인은 인간의 감정을 좌우하는 역할을 한다.
　　3 인간의 감정 변화에는 큰 요소를 필요로 하지 않는다.

4 입원 중에는 음식물을 제한을 받는 경우가 있다. 　　　　　　　　　　　　　　　　　정답:3

一筋縄_{ひとすじなわ} ではいかない 보통 수단으로는 안 된다　手_てに入_いれる 손에 넣다　早速_{さっそく} 즉시　思_{おも}い知_しる 깨닫다, 뼈저리게 느끼다

Ⅸ 다음 글은 소설번역강좌에 대한 안내입니다. 내용과 맞는 것은 무엇입니까?　　　　9

영일소설 번역 초급 (전10회)　　12월 8일(목)18:10~20:30　강사 나카모토 코이치
영일소설 번역 중급 (전8회)　　12월 8일(목)18:10~20:30　강사 시무라 켄지
일영소설 번역 초중급 (전8회)　11월 11일(금)18:10~20:30　강사 시무라 켄지

나카모토 강사의 '영일소설번역초급강좌' 개강을 기념하여 11월 말일까지 신청하는 경우에 한해 수강료가 (세금 포함) 2,000엔 할인 됩니다!

※반 배정 시험
지금까지 수강경험이 없는 경우는 초급레벨부터 시작하게 됩니다.
중급부터 수강을 희망하시는 분은 반 배정 시험을 쳐 주시기 바랍니다.
※ 강의 음성 데이터
매회 강의로 녹음한 음성 데이터를 수강생 분들께 무료로 홈페이지를 통해 배포합니다.
결석하신 경우나 복습하실 때 활용해 주시기 바랍니다.
※ 수업견학
강좌 개강 기간 중, 항시 견학 가능합니다(1강좌 당 1회만, 정원제, 사전 신청 요).
한편 중급반 견학시간은 1시간까지 입니다.

1 사전에 신청하면 수강료가 2,000엔이 된다.
2 수업을 견학하는 경우는 미리 신청하여야 한다.
3 강의의 음성 데이터는 누구나 다운로드 해서 들을 수 있다.
4 수강하고 싶은 사람은 반드시 반 배정 시험을 쳐야만 한다.　　　　　정답:2

어휘 プレイスメントテスト 반배치고사

Ⅹ 다음 글의 밑줄부분 '예정조화를 허문다'는 예로서 가장 적합한 것은 무엇입니까?　　10
　작사가이자 몇 년 전부터 젊은 여성 보컬 그룹 기획자로서 유명한 아키모토 야스시 씨는 독특한 경영방법을 주창했다. 그는 회사 경영에 있어서 마케팅은 필요하지 않다고 주장하고, 자신의 기획에 있어서 성공 비결은 예정조화를 허문다는 것에 있다고 한다.
　예컨대, 만약 '교가'를 일반 모집한 경우, 응모수가 1,000통 정도 있었다고 한다면, 그 중의 75%는 가사에 '희망'이나 '청춘' 등의 말이 들어가겠지만, 이처럼 누구나 떠올릴 것 같은 예정조화를 하나씩 허물어가는 것이야말로 새로운 발상을 낳고 반향을 일으킬 수 있다고 하는 것이다.

1 졸업식에서 신입생이 졸업증서를 수여했다.
2 가장대회에서 괴물 인형을 입고 내보였다.
3 대학 축제의 주제에 대해 설문조사를 바탕으로 답변자의 희망 사항을 반영시켰다.
4 새로운 기획안을 작성함에 있어서 해외 사례를 참고했다.　　　　　정답:1

어휘 壊_{こわ}す 망가뜨리다, 파괴하다　唱_{とな}える 외치다, 주창하다　秘訣_{ひけつ} 비결　反響_{はんきょう}を呼_よぶ 반향을 불러일으키다　披露_{ひろう}する 내보이다

XI 다음 글을 읽고 물음에 답하시오.

일반적으로 '꿈'이라고 매우 쉽게 말하지만, '꿈'에는 여러 가지 종류가 있다고 여겨진다.

우선 (A). 인간이 꾸는 꿈에 관한 이론이나 학설은 별도로 친다 하더라도, 그것은 대부분의 경우 그 사람의 의도와는 무관하게 전개된다. 아무리 예지몽이나 반대되는 꿈이라 하더라도 어차피 현실과는 거리가 있는 것에 지나지 않는다.

다음으로는 '희망' 또는 '소망'이라는 뜻을 가진 '꿈'이다. 이것은 적어도 본인의 의사에 의한 것이며, 실제로 그렇게 되었으면 좋겠다고 바라는 것이다. 하지만 그렇다고 해서 현실적이라고 할 수도 없다. 예를 들어서 '등에 날개가 나서 하늘을 날고 싶다'거나 '우주를 정복해 보고 싶다' 등과 같이 모두가 현실적이라고 할 수는 없기 때문이다.

마지막으로는 그야말로 '실현'을 지향하고 있는 '꿈'이다. 그것은 '뜻'이라고도 할 수 있는 것으로서, 장래에 무엇인가를 이루고 싶다는 상당히 현실적인 '꿈'이라고 할 수 있을 것이다.

여러 꿈이 있고 그리고 이것들을 갖는 것은 인생에 있어서 훌륭한 희망을 갖는 것이기도 하겠지만, 인간 그 자체에 있어서 보다 나은 미래를 만들어가기 위해서는 역시 현실성이 있는 '꿈'이 중요하지 않을까?

문제1　(A)에 들어가는 것으로서 가장 적합한 것은 무엇입니까?　　　　　11

　　1　현실적인 꿈이다

　　2　학문적인 꿈이다

　　3　수면 중에 꾸는 꿈이다

　　4　어렸을 때부터 갖는 꿈이다　　　　　　　　　　　　　　　　　　　정답:3

문제2　이 글에서 필자는 어떤 꿈을 가져야 한다고 합니까?　　　　　12

　　1　실현 가능한 꿈

　　2　실현과는 거리가 있는 꿈

　　3　자고 있을 때에 꾸는 꿈

　　4　꿈은 가져서는 안 된다　　　　　　　　　　　　　　　　　　　　정답:1

어휘　正夢(まさゆめ) 사실과 부합되는 꿈　逆夢(さかゆめ) 사실과 반대되는 꿈　所詮(しょせん) 결국　願望(がんぼう) 소원, 소망　翼(つばさ) 날개　現実味を帯びる(げんじつみをおびる) 현실미를 띠다
志(こころざし) (이루고자 하는) 뜻　成し遂げる(なしとげる) 성취하다　素晴らしい(すばらしい) 훌륭하다　幼い(おさない) 어리다

XII 다음 글을 읽고 물음에 답하시오.

일본에는 다양한 사투리가 존재한다. 활기찬 오사카 사투리나, 고도(古都)의 맛을 자아내는 교토 사투리, 재미있는 억양을 갖는 도호쿠 사투리 등과 같은 대표적인 사투리만이 아니라, 예를 들어 표준어를 사용하는 도쿄에 가까운 관동지방에서도 이바라키 사투리나 도치기 사투리 등도 있어, 그 작은 차이까지 파고 들면 들수록 종류는 많아질 것이다.

그렇다면 사투리의 다양함은 국토의 넓이와 비례하는가 하면, 꼭 그렇지만은 않은 것 같다. 미국의 경우를 예로 들어보자. 미국 면적은 일본의 약 25배의 넓이가 있어 동부와 서부, 남부와 북부로 사용되는 영어를 비교해 보면 분명 억양에 있어서 다소 변화는 있으나, 일본 것과 비교하면 그 차이는 상당히 적다.

나는 사투리에 있어서 그 차이가 두드러지기 위해서는 두 가지 요건이 필요하다고 생각한다. 하나는 그 나라의 역사이다. 일본은 건국에 대해서 이론은 있으나 일반적으로 기원전 660년이라고 되어 있다. 미국이 영국으로부터 독립을 선언한 것이 1776년이므로, 일본은 미국보다 약 2500년의 오래된 역사를 갖고 있는 것이 된다. 또 하나 표준어를 사용하고 있는 지역에서부터의 직선거리라고 할 수 있을 것이다. 세계적으로 보아 일본의 면적은 60위에 지나지 않지만, 그 구성은 본토 5도와 6,847의 작은 섬들로 되어 있고 일본열도의 길이는 약 3,100킬로에 이른다고 한다. 그리고 표준어가 사용되는 도쿄에서 홋카이도 최북단 소야 미사키까지는 1,500km 이상이며, 도쿄에서 오키나와까지는 약 1,600km나 된다. 즉, 일본에 여러 사투리가 있는 것은 단순한 우연이 아니라 이와 같은 두 가지 요건을 갖고 있기 때문인 것이다.

문제1　밑줄 '그 차이'란 무엇을 가리킵니까?　　　　　13

　　1　일본과 미국의 표준어와 사투리 차이

　　2　미국 동부와 서부 억양의 차이

　　3　일본과 미국의 면적 차이

　　4　일본의 표준어와 사투리의 차이　　　　　　　　　　　　　　　　　　　　　　정답:1

문제2　필자는 일본에 있어서 사투리가 다양한 지리적 요건으로서 어떤 점을 들고 있습니까?　　[14]

　　1　일본과 미국 간의 거리

　　2　일본을 구성하는 많은 수의 섬

　　3　일본 최북단과 최남단의 직선거리

　　4　표준어를 사용하고 있는 지역과 그 이외의 지역과의 거리　　　　　　　　　정답:4

> **어휘**　かもし出す 빚어내다, 자아내다　際立つ 뛰어나다, 두드러지다　離島 외딴 섬　有する 가지다, 소유하다

XIII　다음 글을 읽고 물음에 답하시오.

　저는 오랫동안 과학을 가르쳐왔습니다. 몇 번이고 연구를 거듭하여, 그 결과를 모아서 논문으로 발표하고, 제 제자 중에는 현재 대학교수로 재직하는 사람이 몇 명이나 됩니다.

　(A), 과학에 관한 제 견해라고 한다면, 분명 인간이 이루어낸 과학의 발전은 눈부십니다. 그것은 부정할 수 없는 사실이라고 할 수 있겠습니다. 하지만, 그렇다고 해서 저는 과학이야말로 모든 학문의 근원이며, 세계의 수수께끼를 풀 수 있는 유일한 도구라고 생각하지는 않습니다. 예를 들어 초능력 같은 것은 존재합니다. 물론 순간이동이나 예언 같은 것을 믿고 싶은 생각은 없습니다만, 투시나 예지 정도라면 믿는 것에 거부감은 느끼지 않습니다. 실제로 미국이나 유럽 등에서는 이와 같은 능력을 갖는 인물이 수사에 관여해서 별개의 사건을 해결했다는 기록도 있습니다.

　다만 이것을 과학적으로 또는 의학적으로 설명하는 것은 어려울 것입니다. 과학적으로 논증할 수 있다면 문제는 없겠습니다만, 그것을 할 수 없다면 제가 아무리 설명해도 상대방을 설득하는 것은 불가능에 가깝습니다. 즉, 제게 있어서 과학이란 적어도 다른 사람을 납득시킬 수 있는 편리한 도구에 지나지 않는 것입니다.

문제1　(A)에 들어가는 것으로서 가장 적합한 것은 무엇입니까?　　[15]

　　1　한편으로

　　2　자

　　3　그러나

　　4　그렇다고는 하나　　　　　　　　　　　　　　　　　　　　　　　　　　정답:2

문제2　과학에 대해서 필자는 어떻게 생각하고 있습니까?　　[16]

　　1　모든 학문의 근원

　　2　모든 수수께끼를 풀 수 있는 열쇠

　　3　초능력을 납득시킬 수 있는 도구

　　4　제 3자에게 설명할 수 있는 하나의 방법　　　　　　　　　　　　　　　　정답:4

> **어휘**　教え子 제자, 가르친 학생

XIV　다음 글을 읽고 물음에 답하시오.

　일본은 초등학교부터 중학교까지의 9년간을 이른바 의무교육을 받는 기간으로 하고 있다. 법률상으로는 연령만을 규정하고 있으며, '모든 국민은 법률이 정하는 바에 따라 그 보호하는 자녀에게 보통교육을 받도록 하는 의무를 진다. 의무교육은 이를 무상으로 한다'고 하는 일본국 헌법 제 26조 제 2항의 조문을 의무교육의 근거로 하고 있다. 즉 이 법조문에 의하면 '의무교육'의 '의무'는 아이들의 부모가 진다는 것이다. 나는 이 규정을 볼 때마다 무언가 중요한 것이 빠진 게 아닌가 하는 생각을 하게 된다.

　우선, 교육을 받는 것은 아이들 본인이다. 그리고 교육은 학교를 통해서 국가가 하는 것이다. 그런데도 이 교육에 있어서 의무를 지는 것은 아이들도 국가도 아닌 '부모'라고 한다면, 역시 앞뒤가 맞지 않는 것이 아닌가? '의무'의 반대편에는 반드시 '권리'가 존재한다.

219

이 '권리'를 아이들이 교육을 받을 '권리'라고 한다면, 아이들의 권리를 지키기 위한 책임은 부모에게 있고, 국가는 권리도 의무도 없이 제 3자로서 부모의 '도움'을 주고 있다는 것에 지나지 않는다고 여겨진다.

　국가는 더 의무교육의 주체가 되어, 아이들이 교육을 받을 권리를 위해 이 의무를 져야 하는 것이 아닐까?

문제1　밑줄 부분 '일본국 헌법 제 26조 제 2항의 조문'의 내용에 맞는 조합으로서 가장 적합한 것은 무엇입니까?　　17

　　　1　권리—기재 없음　　　의무—부모

　　　2　권리—아이들　　　의무—기재 없음

　　　3　권리—부모　　　의무—기재 없음

　　　4　권리—기재 없음　　　의무—아이들　　　　　　　　　　　　　　　　　　　정답:1

문제2　이 글에서 필자가 가장 말하고 싶은 것은 무엇입니까?　　18

　　　1　의무교육이란 아이들이 져야 하는 의무이다.

　　　2　국민의 교육에 있어서의 권리는 확대해가야 한다.

　　　3　교육에 있어서의 의무는 국가가 져야 하는 것이다.

　　　4　부모는 의무교육에 있어서 중심적 역할을 해야 한다.　　　　　　　　　　　정답:3

　　어휘　いわゆる 이른바　　義務を負う 의무를 지다　　抜ける 빠지다　　辻褄が合わない 말의 앞뒤가 맞지 않다

　　　　～に過ぎない ~에 불과하다, ~에 지나지 않다

XV　다음 글을 읽고 물음에 답하시오.

　'100엔 짜리 동전을 던져서 앞면이 나올 확률을 구하라'

　이 정도의 문제라면 중학생이라도 망설임 없이 "50%"라고 대답할 것이다. 물론 정답이다. 그러나 내가 가지고 있는 동전을 실제로 던져보면 이게 좀처럼 잘 되지 않는다. 10번 정도 던지면 처음에는 7번이나 앞면이 나왔으며, 그 다음은 두 번밖에 안 나왔다. 10엔 짜리나 500엔 짜리로도 시도해 보았지만, 당연하게도 결과는 비슷했다. 그렇다면 <u>도대체 몇 번 던져야 '정답'에 도달할 수 있는 것인가?</u>

　수학적 계산이라면 10번이든 1,000번이든 '50%'이므로 결과에 차이는 없을 텐데, 현실적으로는 그렇게 되지 않는 것 같다. 그렇다면 다음과 같은 문제는 어떨까?

　'100엔 짜리 동전을 1,000번 던져서 앞면이 나온 비율이 50%가 되는 확률을 구하라.'

　내가 생각해도 좀 짓궂은 문제라고 생각됐지만, 이 질문에 대해 납득할 만한 해를 얻지 못하는 한 수학의 초보적인 문제에서 발생한 내 의문은 해결되지 않는 것 같았다.

　그리고 어떤 수학자에게 이 문제를 물었더니, 그는 자신 있게 이렇게 말했다.

　'100엔 짜리 동전을 1,000번 던져서 앞면이 나온 비율이 50%가 될 확률은 100%다.'

　이것은 전혀 의외의 답변이다. 당연히 나는 현실적으로 그렇게 되지 않았다고 말했으나, 그는 역시 확신에 찬 표정으로 이렇게 말했다.

　'물론 실제로는 그렇게 되기 힘들겠지. 하지만 만약 그 명제를 부정한다면, 그것은 "수학"이라고 하는 학문 아니 "과학"이라는 학문의 근간이 자칫 흔들릴 수도 있게 된다.'

문제1　밑줄 부분 '몇 번 던져야 '정답'에 도달할 수 있는 것인가' 중에서 '정답'의 의미로서 가장 적합한 것은 무엇입니까?　　19

　　　1　100엔 짜리 동전을 던져서 앞면과 뒷면이 나온 비율이 각각 50%가 되는 것

　　　2　100엔 짜리 동전을 던진 회수와 앞면이 나온 회수가 동일해지는 것

　　　3　100엔 짜리 동전과 100엔짜리 동전 이외의 동전을 던졌을 때 앞면이 나온 비율이 같아지는 것

　　　4　100엔 짜리 동전을 10번 던져서 앞면이 나온 비율이 50%가 아니라는 것을 증명하는 것　　　　정답:1

문제2　본문 중의 수학자가 가장 말하고 싶은 것은 무엇입니까?　　20

　　　1　수학이나 과학은 현실과 거리가 먼 학문이다.

　　　2　이론과 현실이 일치하지 않는 학문은 의미가 없다.

3 명제는 현실 속에서 만들어져야 하는 것이다.

4 명제는 현실과 차이가 있다.   정답:4

XVI 다음 글을 읽고 물음에 답하시오.

만약 'A=B'를 증명하려고 한다면, 어떤 방법이 있을까? 여기에는 3가지 방법이 있다는 것을 알고 감명을 받은 것을 잘 기억하고 있다. 우선 'A'를 규명한 후 그 결과가 'B'와 같다는 것을 입증하는 방법과, 반대로 'B'를 규명한 후 그 결과가 'A'와 같다는 것을 입증하는 방법, 그리고 마지막으로 'A−B=0(제로)'를 증명하는 방법이라고 한다.

이처럼 설명을 들으면 지극히 단순한 논리지만, 내가 지금까지 살아오는 동안 이 방법이 얼마나 도움이 되었는지 모른다. 이것을 예컨대 다음 문제에 적용해 보기로 한다.

'〈인간=정신+육체〉를 증명하라.'

이 명제를 증명하는 방법은 의학적으로도 법학적으로도, 또는 철학적으로도 가능하겠지만, 역시 방법은 같다. 우선 인간이란 '호모 사피엔스' 즉 지혜를 가진 인간을 가리키고 있다. 지혜란 인간의 정신에 의해 나타나는 것이며, 그 정신이란 '뇌'라고 하는 육체의 일부에 내재되어 있다는 논리를 전개해가는 방법이 있다면, <u>인간으로부터 정신과 육체를 제외하면 아무것도 남지 않는다는 점을 근거로 명제의 옳음을 입증하는 것</u>도 가능하다고 할 수 있다.

문제1 밑줄 부분 '<u>인간으로부터 정신과 육체를 제외하면 아무것도 남지 않는다는 점을 근거로 명제의 옳음을 입증하는 것</u>'의 입증방법으로서 가장 적합한 것은 무엇입니까?   21

1 A = B

2 A의 규명 = B

3 A = B의 규명

4 A − B = 0(제로)   정답:4

문제2 필자가 가장 말하고 싶은 것은 무엇입니까?   22

1 명제를 증명하기 위해서는 여러 예를 들 필요가 있다.

2 명제에 관한 해석은 사람에 따라 차이가 있다.

3 명제를 증명하기 위해서 시점을 바꾸어 볼 필요는 없다.

4 명제를 증명하는 방법은 하나가 아니다.   정답:4

XVII 다음 글을 읽고 물음에 답하시오.

'평등'을 생각할 때에 항상 염두해야 하는 개념 중에 '차별'과 '구별'이 있다. 당연히 '차별'은 멀리 하여야겠으나, 사람에 따라서는 이 정의를 혼동하는 경우가 있다.

몇 년 전 설문조사에서 '이력서 항목 중 가장 쓰기 거북한 항목은 무엇입니까?'라는 질문에 대해 압도적으로 많았던 답이 '학력'이었다. 지금 시대는 전적으로 '평등'을 표방하고 있음에도 불구하고, 여전히 '학력'에 의해 부당한 대우를 받고 있다는 생각이 많은 것처럼 보인다. 기업의 모집요강에도 '4년제 대학 졸업자에 한함'이라고 명기되어 있는 경우도 적지 않게 있다. 물론 '○○대학 이상'이라고 구체적인 학교 이름까지 내건 곳은 없더라도, "어디 학교 어느 학부를 졸업한 것이 취직시험 합격여부와 무관하지 않다'는 사실 정도는 짐작할 수 있는 법이다. 그렇다면 이를 가지고 '불평등'하다고 할 수 있겠는가? 만약 이와 같은 점에 있어서 완전히 평등을 지향한다면, 공립 초·중학교처럼 대학도 의무교육으로 하여 무시험에 의한 진학과, 학교 선택의 여지를 없애고 본인이 사는 지역에 따라 배분된다고 하면 교육의 평등이 실현되는 것일까?

사람에 따라 견해의 차이는 있겠지만 (A). 물론 이와 같이 제도를 바꾼다면 지금과 같은 대학입시에 의한 입시전쟁이나 자녀에게 들어가는 교육비는 줄겠지만, 이것은 문제 해결이라기보다는 단순히 뒤로 미루고 있을 뿐이다. 대학을 졸업한 뒤에는 일반적으로 취직을 하거나 대학원에 진학하게 될 것이다. 대학의 경우는 현재 저출산 문제 등으로 정원과 진학희망자의 차이가 크지 않다고 하더라도, 기업이나 대학원이 되면 정원은 훨씬 줄고 만다. 그렇다면 이 경우에는 '선착순' 또는 '추첨'이라도 하여야 한단 말인가? 그뿐만이 아니다. 예를 들어 공무원 채용이나 회계사, 세무사와 같은 자격이라고 하면 아무리 그래도 여기까지 오면 설마 '선착순'이라고 할 수는 없을 것이다.

학력이란 '차별'이 아니라 '구별'의 영역이다. 즉, 구별이라고 하는 것은 차별과 같이 평등이라는 개념을 헤치는 요소가 아니라 오히려 그것을 실현시키기 위한 수단이라고 생각하여야 한다. 이를 잘못 이해해서 구별을 배제한다는 것은 평등 그 자체를 부정하는 결과로 이어질 수 있기 때문인 것이다.

문제1 (A)에 들어가는 것으로서 가장 적합한 것은 무엇입니까? ☐23

　　1 유럽과 미국의 예를 참고해야 한다.

　　2 시급히 제도를 개선해야 한다.

　　3 이 점에 있어서 동의하기 어렵다.

　　4 국민의 의견을 물어야 한다. 　　　　　　　　　정답:3

문제2 '평등', '구별', '차별'의 중요도를 적절하게 제시하고 있는 것은 무엇입니까? ☐24

　　(A < B　A보다 B가 중요, A = B　A와B의 중요도는 같다)

　　1 평등＝구별＝차별

　　2 평등＜구별＜차별

　　3 평등＞구별＝차별

　　4 평등＝구별＞차별 　　　　　　　　　　　　정답:4

문제3 앞으로의 교육제도에 대하여 필자의 의견과 같은 것은 무엇입니까? ☐25

　　1 현행 제도를 유지해야 한다.

　　2 구별의 정도를 강화해야 한다.

　　3 차별적 제도를 바꾸어야 한다.

　　4 보다 평등한 제도로 개정하여야 한다. 　　　　정답:4

어휘 念頭に置く 염두에 두다　敬遠する 멀리하다　依然として 여전히　合否 합격여부　受験戦争 입시전쟁　先送り 뒤로 미룸
少子化問題 저출산 문제　抽選 추첨　損なう 훼손하다

MEMO

저자 소개

홍성필

일본 도쿄에서 초 · 중 · 고 졸업
서울대학교 법과대학 졸업
前 일본어능력시험 (JLPT) N1, 일본유학시험(EJU), JPT 강사
現 이카호중앙교회 목사

日本語 독해의 비결

초판발행	2013년 7월 20일
1판 4쇄	2021년 11월 15일
저자	홍성필
책임 편집	조은형, 무라야마 토시오, 박현숙, 김성은, 손영은
펴낸이	엄태상
마케팅	이승욱, 전한나, 왕성석, 노원준, 조인선, 조성민
경영기획	마정인, 조성근, 최성훈, 정다운, 김다미, 오희연
물류	정종진, 윤덕현, 양희은, 신승진
펴낸곳	시사일본어사(시사북스)
주소	서울시 종로구 자하문로 300 시사빌딩
주문 및 교재 문의	1588-1582
팩스	0502-989-9592
홈페이지	www.sisabooks.com
이메일	book_japanese@sisadream.com
등록일자	1977년 12월 24일
등록번호	제300 - 1977 - 31호

ISBN 978-89-402-9121-4 13730